U0531252

本书撰稿人（按编写内容顺序）

莫于川　中国人民大学法学院

林鸿潮　中国人民大学纪检监察学院

赵艺绚　中国人民公安大学涉外警务学院

任肖容　最高人民检察院检察理论研究所

刘一弘　中国人民大学公共管理学院

代海军　应急管理部信息研究院法律研究所

刘飞琴　北京化工大学文法学院

崔俊杰　首都师范大学政法学院

杨伟东　中国政法大学法治政府研究院

侯　成　中国政法大学法学院

农武东　中国人民大学公共管理学院

中华人民共和国
突发事件应对法
理解与适用

莫于川 林鸿潮 ◎ 主编

ZHONGHUA RENMIN GONGHEGUO
TUFA SHIJIAN YINGDUIFA
LIJIE YU SHIYONG

中国法治出版社
CHINA LEGAL PUBLISHING HOUSE

绪言：突发事件应对法的修订背景和创新亮点

党的二十大报告强调，建设更高水平的平安中国，以新安全格局保障新发展格局。2024年7月召开的党的二十届三中全会强调指出，国家安全是中国式现代化行稳致远的重要基础，必须全面贯彻总体国家安全观，完善维护国家安全体制机制，实现高质量发展和高水平安全良性互动，切实保障国家长治久安。这要求通过形成中国特色突发事件应对工作更合理的领导体制和更完善的治理体系，实现高质效的新安全格局，从而保障新发展格局。《中华人民共和国突发事件应对法》2024年的修订回应了我国应急法律制度现代化发展的需求。以下谨就本次修法的宏观背景和创新亮点，以及本书的结构安排和适用要点略作介绍。

一、本次修法的背景

党和政府一直重视突发事件应对工作，突发事件应对制度体系逐步健全，应对突发自然灾害、事故灾难、公共卫生事件、社会安全事件等各类突发事件的能力逐步提高，化解了一个个重大安全风险，在实践中逐步形成自身特色。

我国于2007年推出了应急管理法制体系的龙头性法律《中华人民共和国突发事件应对法》，同时配套推出了应急预案体系，施行后发挥了重要的应急法律规范调整和保障作用；同时，由于社会情势、管理体制和治理格局的发展与变化，应急法治实践中实务界和学术界一直呼吁修法，具体修法工作也酝酿和推动已久，修订后的突发事件应对法在2024年6月28日由第十四届全国人民代表大会常务委员会第十次会议通过，自2024年11月1日起施行，这是我国应急法治建设在新时代新阶段的重大成果。

修订后的突发事件应对法（以下简称新法）积极回应应急法治实践需要和正确反映应急法治发展规律，努力体现人民性、科学性和现代性，具有一系列理念更新和制度创新内容，新增内容主要包括：明确中国共产党对突发事件应对工作的领导，完善突发事件应对管理与指挥体制，完善信息报送和发布机制，完善全方位应急保障制度，加强突发事件应对能力建设，全流程完善突发事件应对处置举措。新法所作新规定，值得高度重视、深刻理解和认真践行。新法更好地发挥立法在协调各方关系、规范各方行为、保障合法权益等方面的作用，依法推动科学应对、全民应对和全过程应对，体现出立法的科学化、民主化和现代化，故可将其理解为科学应对法、共同治理法。

二、新法的创新亮点

这次修法，从外观看，法律文本的体量大增，由原先的70条增至106条，从内容看，新理念、新制度、新机制和新方法很多，可谓一次大修。这里对调整完善基本制度体系、应急法治原则体系创新、保护特殊群体合法权益、厘清有关主体法律责任、依法加强心理健康服务等方面的创新亮点略作探析。这些创新亮点也是新法的实施难点，若能充分理解并努力推行，有助于更有质效地实施这部大修后的新法。

（一）调整完善基本制度体系

这一创新亮点可从如下两个方面加以探析：

首先，新法的立法目的条款，在原有五项立法目的之基础上，增加规定了一项立法目的，即"提高突发事件预防和应对能力"，从而构成由六项立法目的所完整表达的新法基本功用体系。新法第一条确立的六项立法目的是，"预防和减少突发事件的发生，控制、减轻和消除突发事件引起的严重社会危害，提高突发事件预防和应对能力，规范突发事件应对活动，保护人民生命财产安全，维护国家安全、公共安全、生态环境安全和社会秩序"。突发事件预防和应对能力，是国家治理、政府治理和社会治理能力的重要组成部分，新法后面章节许多条款对此作了一系列创新规定。

其次，新法新增的指导思想、管理体制和治理体系条款中（第一章第四条），在明确中国共产党对突发事件应对工作领导的根本要求下，强调提出突发事件应对工作坚持以马克思列宁主义、毛泽东思想、邓小平理论、"三个代表"重要思想、科学发展观、习近平新时代中国特色社会主义思想为指导；明确提出要建立健全集中统一、高效权威的中国特色突发事件应对工作领导体制（新增的第二章共10个条文对此集中做了专章规定和具体展开）；还明确提出要完善包含八项要义的突发事件应对治理体系，这八项要义是"党委领导、政府负责、部门联动、军地联合、社会协同、公众参与、科技支撑、法治保障"。例如，本法多个条款（如第五十六条、第五十八条、第八十条）增加了关于在突发事件应对工作中积极应用互联网、云计算、大数据、人工智能、数据库的规范。这些是多年来我国应急法治实践的经验总结和改革创新的重要成果。

(二) 应急法治原则体系创新

新法的法律原则条款（第一章第五条），在原法律法律原则（预防为主、预防与应急相结合的原则）的基础上，增加并完整地提出了突发事件应对工作应当坚持的四项法律原则，即总体安全、人民至上、科学应对、预防为主等原则构成的应急法治原则体系。法律原则也是条理法最重要的表现形式。① 从条理法的视角看，坚持这四项法律原则是新法的创新亮点，也是新法有关规范构建和运用的要点，应当完整读解和正确适用。

1. 坚持总体国家安全观，统筹发展与安全。

国家安全体系包括国家安全法治体系、战略体系、政策体系、风险监测预警体系、国家应急管理体系等，因此总体国家安全观要求在国家主权、经济、公共、社会、生态环境等多维度实现新安全格局，故需相应的应对管理与指挥体制，新法第二章对此做了专章的规范构建；新法规定，国土空间规划等规划应当符合预防、处置突发事件的需要，统筹安排突发事件应对工作所必需的设备和基础设施建设，合理确定应急避难、封闭隔离、紧急医疗救治等场所，实现日常使用和应急使用的相互转换（第三十条）；新法还规定国务院应急管理部门会同卫生健康、自然资源、住房城乡建设等部门统筹、指导全国应急避难场所的建设和管理工作，建立健全应急避难场所标准体系。县级以上地方人民政府负责本行政区域内应急避难场所的规划、建设和管理工作（第三十一条）。

2. 坚持人民至上、生命至上。

新法规定，突发事件应对措施应当秉持比例适应、最大保护、较小影响、动态调整等具体原则（第十条）。在突发事件应对工作中应当秉持对未成年人、老年人、残疾人、孕产期和哺乳期的妇女、需要及时就医的伤病人员等群体给予特殊、优先保护的方针（第十一条）。履行统

---

① 所谓条理法，是指立法目的、立法精神、法律价值、法律原则以及特殊条件下的社会公德和当地习惯等成文和不成文的广义法规范的总称，其最主要表现形式是法律原则。条理法主要存在于法律、法规、规章等法律文本的第一章总则中，主要价值在于解决法律文本的方向、品格、功能等问题，它指引着总则之后各章节有关实体法、程序法的规范构建和运用，且在特殊条件下的法律施行过程中发挥规范作用。参见莫于川：《行政权行使的条理法规制》，载《现代法治研究》2017年第4期。

一领导职责或者组织处置突发事件的人民政府及其有关部门，应当为受突发事件影响无人照料的无民事行为能力人、限制民事行为能力人提供及时有效帮助；建立健全联系帮扶应急救援人员家庭制度，帮助解决实际困难（第七十六条）。还规定，国家建立有效的社会动员机制，组织动员企业事业单位、社会组织、志愿者等各方力量依法有序参与突发事件应对工作，增强全民的公共安全和防范风险的意识，提高全社会的避险救助能力（第六条）。对于不履行或者不正确履行突发事件应对工作职责的行为，任何单位和个人有权向有关人民政府和部门投诉、举报（第九条）。

3. 坚持依法科学应对，尊重和保障人权。

发挥科学技术在突发事件应对中的作用，在突发事件应对中加强现代技术手段的依法应用，加强应急科学和核心技术研究，加大应急管理人才和科技人才培养力度，不断提高突发事件应对能力，这已渐成社会共识。将科技支撑因素引入新法，也体现了运用ESG理念和方法（环境、社会、治理兼顾协调的理念和方法）推进新时代应急法治工作的创新精神。这些也体现在了新法中，如专门规定了网络直报、自动速报的制度规范（第十七条第一款、第六十四条、第六十九条），信息共享、协调协同、预警信息快速发布的制度规范（第十八条、第六十五条第二款），基础科学、核心技术等现代科技手段运用和人才培养以提高突发事件应对能力的制度规范（第五十六条）。特别是新法增加了关于心理健康服务的专门条款（第八十一条）：国家采取措施，加强心理健康服务体系和人才队伍建设，支持引导心理健康服务人员和社会工作者对受突发事件影响的各类人群开展心理健康教育、心理评估、心理疏导、心理危机干预、心理行为问题诊治等心理援助工作。这是科技支撑因素的要义之一，也是现代科技进步和现代社会发展的双重要求；相比原法律，新法新增的这个专门条文，也是坚持人民至上、生命至上的生动体现。

4. 坚持预防为主、预防与应急相结合。

这项法律原则，在新法第三章预防与应急准备、第四章监测与预警等章的条款中得到较多体现。例如，规定国家建立健全突发事件应急预案体系，国务院制定总体应急预案和组织制定专项应急预案，国务院有关部门制定部门应急预案，地方政府和有关部门制定相应的突发事件应急预案并按规定备案（第二十六条）；又如，规定县级以上人民政府应急管理部门指导突发事件应急预案体系建设，综合协调应急预案衔接工作，增强有关应急预案的衔接性和实效性（第二十七条）；同时，还规定了听取意见、及时修法、应急宣教和应急演练等应急预案有关制度，这有助于将预防为主、预防与应急相结合的法律原则落到实处（第二十八条）。

（三）保护特殊群体合法权益

突发事件应对过程中一些特殊群体的合法权益如何予以依法有效保护，这是长期以来我国应急法治实践中的重要问题，新法对此作出了一系列创新规范予以特殊保护。

第一，关于未成年人、老年人、残疾人、孕产期和哺乳期的妇女、需要及时就医的伤病人员等群体的合法权益保护，新法第十一条明确规定了国家在突发事件应对工作中，应当对上述特殊群体给予特殊、优先保护。

第二，关于投诉人、举报人群体合法权益的依法有效保护，新法第九条第四款创新地作出规定，要求有关人民政府和部门对投诉人、举报人的相关信息应当予以保密，保护投诉人、举报人的合法权益。

第三，关于应急救援人员群体的合法权益保护难题，新法第四十条第一款规定了地方各级人民政府、县级以上人民政府有关部门、有关单位应当为其组建的应急救援队伍购买人身意外伤害保险，配备必要的防护装备和器材，防范和减少应急救援人员的人身伤害风险。

第四，关于受突发事件影响无人照料的无民事行为能力人、限制民事行为能力人，这样一个特殊群体的合法权益如何依法有效保护，也是应急管理实践中长期存在的工作难题，对此，新法第七十六条第三款专门规定，履行统一领导职责或者组织处置突发事件的人民政府及其有关部门，应当为上述人群提供及时有效帮助，还要建立健全联系帮扶应急救援人员家庭制度，帮助解决实际困难。

第五，公民作为应急志愿者积极参加应急救援活动，其与所在工作单位产生某些紧张关系和权益损害现象，也是应急管理实践中常见的社会矛盾和难题，针对此问题，新法第九十条专门规定了，公民参加应急救援工作或者协助维护社会秩序期间，其所在单位应当保证其工资待遇和福利不变，并可以按照规定给予相应补助，这就有利于相关各方依法有效地保护应急志愿者群体的合法权益。

第六，关于应急救援工作中伤亡人员群体的合法权益如何依法有效保护，也是我国应急法治实践中长期存在的制度短板和政策矛盾的一个社会难题，对此，新法第九十一条明确规定了，县级以上人民政府对在应急救援工作中伤亡的人员依法落实工伤待遇、抚恤或者其他保障政策，并组织做好应急救援工作中致病人员的医疗救治工作。

（四）厘清有关主体法律责任

现代法治政府也是责任政府，须有完善的责任机制，因而法治政府建设过程也是责任机制完善过程。既往的应急法治建设经验表明，必须特别注重法律责任机制建设。法律责任分为积极责任和消极责任，或曰主动责任和被动责任。我国的立法惯例是，就法律实施主体的责任而言，一般在法律文本的总则、主体、行为等章节规定积极责任或曰主动责任，而在法律责任章规定消极责任或曰被动责任。新法对于加强和完善法律责任机制予以高度重视，通过第七章对突发事件应对工作有关主体的法律责任作了专章规定。主要对三类主体作出法律责任制度规范：

第一类主体：地方政府、有关部门，即地方各级人民政府和县级以上人民政府有关部门。新法第九十五条规定了对上述主体的追责机制，即：违反本法规定，不履行或者不正确履行法定职责的，由其上级行政机关责令改正；有法定九种情形之一，由有关机关综合考虑突发事件发生的原因、后果、应对处置情况、行为人过错等因素，对负有责任的领导人员和直接责任人员依法给予处分。

第二类主体：有关单位。新法第九十六条规定了有关单位有法定四种情形之一的，由所在地履行统一领导职责的人民政府有关部门责令停产停业，暂扣或者吊销许可证件，并处五万元以上二十万元以下的罚款；情节特别严重的，并处二十万元以上一百万元以下的罚款。还增设第二款规定了如下但书：其他法律对前款行为规定了处罚的，依照较重的规定处罚。

第三类主体：单位或者个人。新法第九十七条至第一百零二条共6条针对六类主体分别规定了法律责任，即编造并传播有关突发事件的虚假信息者，不服从所在地人民政府及其有关部门依法发布的决定、命令或者不配合其依法采取的措施者，非法收集、使用、加工、传输、买卖、提供或者公开他人个人信息者，导致突发事件发生或者危害扩大而造成人身、财产或者其他损害者，采取避险措施不当者，构成违反治安管理行为者，由相关部门根据具体违法情形和严重程度，针对上述六类主体相应地给予行政处罚，依法追究民事责任、刑事责任及进行其他处分。

（五）依法加强心理健康服务

新法第五章（应急处置与救援专章）第八十一条规定："国家采取措施，加强心理健康服务体系和人才队伍建设，支持引导心理健康服务人员和社会工作者对受突发事件影响的各类人群开展心理健康教育、心理评估、心理疏导、心理危机干预、心理行为问题诊治等心理援助工作。"这个新增条文是贯彻新法确立的四项应急法治原则中的人民至上、生命至上原则和依法科学应对，尊重和保障人权原则的生动体现，也是新法的重要制度创新亮点。

新法第八十一条作出的创新规定是一种双层制度规范，可从如下两个层面加以认知：其一，规定国家责任，即国家应当采取措施加强心理健康服务体系和人才队伍建设，这为心理健康服务事业发展提供了最基础的国家保障条件。其二，规定政府责任和社会责任，一方面，政府责任主体要支持引导社会责任主体开展心理援助工作；另一方面，心理健康服务人员和社会工作者等社会责任主体要对受突发事件影响的各类人群开展心理援助工作，包括心理健康教育、心理评估、心理疏导、心理危机干预、心理行为问题诊治等。

需要指出的是，突发事件发生以后，受突发事件影响的各类人群难免受到强烈的心理冲击和伤害以致发生心理危机，在关键期予以科学适当的心理干预、心理援助是非常必要的，这是高度关注民生、保障身心健康、注重生命质量的重要举措，也是专业性强、成本高、见效慢的应对工作，更是需要高度重视长期投入、不断增强科技保障的人权事业。正因如此，2024年7月18日中国共产党第二十届中央委员会第三次全体会议通过的《中共中央关于进一步全面深化改革 推进中国式现代化的决定》中"十三、推进国家安全体系和能力现代化"的"（52）健全社会治理体系"专门作出规定，强调指出要"健全社会心理服务体系和危机干预机制"。有了此项社会治理工作方针政策，有了新法第八十一条的专门规定，应急处置与救援工作体系就更加完整，心理健康服务的人才培养、工作开展就有了专门依据，也有了细化完善制度规范体系的政策要求和法律基础，同时也为事后恢复与重建打下了更好的基础，对此，亟须形成更强的社会共识和共同行动，依法开展扎实的心理援助工作。

三、本书的结构安排和适用要点

本书由莫于川教授和林鸿潮教授共同主编，一批优秀的中青年应急管理和公法学者参加编写。本书结构安排是以修订后的突发事件应对法的 8 章、106 条为脉络，逐条解读各个条文，每一条文下一般包括【条文原文】【条文主旨】【条文解读】【适用指南】【关联规范】等部分，一些章的末尾设置了【案例评析】，选列典型案例加以分析。上述安排意在通过法条分析和案例分析，帮助读者更好地理解法律规范和创新意涵。本书编写分工是：

绪　言　莫于川
第一章　莫于川
第二章　林鸿潮、赵艺绚
第三章　第二十六条至第四十三条　任肖容
　　　　第四十四条至第五十七条　刘一弘
第四章　代海军、刘飞琴
第五章　林鸿潮、赵艺绚
第六章　崔俊杰
第七章　杨伟东、侯成
第八章　莫于川、农武东
附　录　农武东

初稿完成后，主编莫于川教授和林鸿潮教授进行了统稿，农武东博士生协助。本书可供公务人员、高校学生和社会人士阅读，适宜作为应急法治培训教材。

目 录
Contents

第一章 总 则

第 一 条 【立法目的】 …………………………………… 1
第 二 条 【基本概念】 …………………………………… 3
第 三 条 【突发事件分级】 ……………………………… 5
第 四 条 【领导体制】 …………………………………… 6
第 五 条 【基本原则】 …………………………………… 8
第 六 条 【社会动员】 …………………………………… 10
第 七 条 【信息发布】 …………………………………… 11
第 八 条 【宣传报道】 …………………………………… 13
第 九 条 【投诉举报】 …………………………………… 14
第 十 条 【科学理性应对】 ……………………………… 16
第 十 一 条 【特殊群体保护】 …………………………… 18
第 十 二 条 【紧急征用】 ………………………………… 20
第 十 三 条 【时效和程序中止】 ………………………… 21
第 十 四 条 【国际合作交流】 …………………………… 22
第 十 五 条 【表彰奖励】 ………………………………… 24

第二章 管理与指挥体制

第 十 六 条 【管理体制和工作体系】 …………………… 26
第 十 七 条 【分级负责、属地管理和报告机制】 ……… 30
第 十 八 条 【协调配合与协同应对】 …………………… 32
第 十 九 条 【行政领导机关与应急指挥机构】 ………… 34
第 二 十 条 【应急指挥机构职责权限】 ………………… 36
第二十一条 【部门职责】 ………………………………… 37
第二十二条 【基层职责】 ………………………………… 38

第二十三条	【个体义务】	39
第二十四条	【解放军、武警部队、民兵组织参与】	40
第二十五条	【本级人大监督】	41

案例评析

南京建立跨区域应急协同机制 ········ 42

第三章 预防与应急准备

第二十六条	【应急预案制定与备案】	44
第二十七条	【应急管理部门预案职责】	48
第二十八条	【应急预案基本内容与修订】	51
第二十九条	【突发事件应急规划】	53
第 三 十 条	【国土空间规划与突发事件预防处置】	55
第三十一条	【政府应急避难场所职责】	57
第三十二条	【突发事件风险评估】	60
第三十三条	【政府对危险源、危险区管理职责】	62
第三十四条	【社会安全类矛盾调解】	64
第三十五条	【单位预防突发事件义务】	65
第三十六条	【高危行业预防突发事件义务】	66
第三十七条	【人员密集场所预防突发事件的义务】	70
第三十八条	【突发事件应急管理培训】	72
第三十九条	【应急救援队伍建设】	73
第 四 十 条	【专业应急救援人员保障与要求】	76
第四十一条	【解放军、武警部队和民兵开展应急训练】	77
第四十二条	【应急知识宣传普及与应急演练】	78
第四十三条	【应急教育】	82
第四十四条	【经费使用】	83
第四十五条	【应急物资储备】	85
第四十六条	【应急储备和社会供给保障】	86
第四十七条	【应急运输】	88
第四十八条	【能源保障】	90
第四十九条	【通信保障】	91
第 五 十 条	【卫生应急】	94
第五十一条	【医疗服务】	96
第五十二条	【物质技术支持和捐赠社会监督】	97

第五十三条　【红十字会和慈善组织】 …………………………… 99
第五十四条　【应急救援资金、物资管理】 ………………………… 101
第五十五条　【巨灾保险】 ……………………………………… 102
第五十六条　【应急工作的科技赋能】 ……………………………… 103
第五十七条　【专家咨询】 ……………………………………… 105
案例评析
　　一个灾区农村中学校长非常宝贵的避险意识和行动 ………… 107

第四章　监测与预警

第五十八条　【突发事件监测】 ………………………………… 108
第五十九条　【突发事件信息系统】 ……………………………… 110
第 六 十 条　【突发事件信息收集与报告】 ………………………… 112
第六十一条　【突发事件信息报告】 ……………………………… 115
第六十二条　【突发事件信息评估处理】 …………………………… 117
第六十三条　【突发事件预警制度】 ……………………………… 119
第六十四条　【预警信息发布、报告和通报】 ……………………… 120
第六十五条　【预警发布平台建设】 ……………………………… 123
第六十六条　【三级、四级预警应当采取的措施】 ………………… 125
第六十七条　【一级、二级预警应当采取的措施】 ………………… 127
第六十八条　【预警期市场监测】 ………………………………… 131
第六十九条　【社会安全事件报告制度】 …………………………… 132
第 七 十 条　【预警级别调整和解除】 ……………………………… 134

第五章　应急处置与救援

第七十一条　【应急响应制度】 ………………………………… 136
第七十二条　【应急处置机制】 ………………………………… 138
第七十三条　【自然灾害、事故灾难、公共卫生事件应急处置措施】 … 141
第七十四条　【社会安全事件应急处置措施】 ……………………… 143
第七十五条　【严重影响国民经济运行的突发事件应急处置机制】 … 144
第七十六条　【应急征用机制和救援帮扶制度】 …………………… 145
第七十七条　【基层组织自救与互救】 …………………………… 146
第七十八条　【突发事件有关单位应急职责】 ……………………… 147
第七十九条　【突发事件发生地的个人义务】 ……………………… 150
第 八 十 条　【城乡社区应急工作】 ……………………………… 151

第八十一条　【心理援助工作】……………………………… 152
第八十二条　【遗体处置】…………………………………… 153
第八十三条　【政府及部门信息收集与个人信息保护】…… 154
第八十四条　【有关单位、个人获取信息及使用权限】…… 156
第八十五条　【个人信息用途、销毁和处理】……………… 157

案例评析

福建省泉州市×酒店"3·7"重大坍塌事故救援 …………… 158

第六章　事后恢复与重建

第八十六条　【应急状态终结】……………………………… 160
第八十七条　【损失调查评估、重建计划与公共设施的修复】…… 162
第八十八条　【政府间纵向支持与协调】…………………… 165
第八十九条　【国家优惠政策、善后计划制定】…………… 166
第九十条　　【单位职责】…………………………………… 168
第九十一条　【伤亡人员的保障】…………………………… 170
第九十二条　【分析原因、总结经验、提出报告】………… 172
第九十三条　【审计监督】…………………………………… 174
第九十四条　【档案管理】…………………………………… 176

第七章　法律责任

第九十五条　【行政机关及其工作人员不履行或者不正确履行
　　　　　　　法定职责的法律责任】…………………………… 178
第九十六条　【有关单位不履行法定义务的法律责任】…… 187
第九十七条　【编造、传播虚假信息的法律责任】………… 191
第九十八条　【违反决定、命令的法律责任】……………… 194
第九十九条　【违反个人信息保护规定的法律责任】……… 196
第一百条　　【违反本法规定的民事责任】………………… 197
第一百零一条　【突发事件中的紧急避险】………………… 198
第一百零二条　【违反本法规定的治安管理处罚与刑事责任】…… 199

第八章　附　　则

第一百零三条　【特别重大突发事件与紧急状态处置】…… 201
第一百零四条　【域外突发事件风险应对】………………… 203

第一百零五条　【境内的涉外突发事件应对】…………………………… 204
第一百零六条　【施行日期】…………………………………………… 206

附　录

中华人民共和国突发事件应对法 ……………………………………… 208

第一章 总　　则

本章为修订后的突发事件应对法的总则部分，围绕突发事件应对工作的基本方针原则和制度框架等内容的要点，即本法第一章第一条至第十五条展开解读，以助于对本法的正确理解与适用。

> **第一条　【立法目的】**[①] 为了预防和减少突发事件的发生，控制、减轻和消除突发事件引起的严重社会危害，提高突发事件预防和应对能力，规范突发事件应对活动，保护人民生命财产安全，维护国家安全、公共安全、生态环境安全和社会秩序，根据宪法，制定本法。

【条文主旨】

本条是关于立法目的、立法根据的规定。

【条文解读】

我国的立法惯例是，一部法律、法规或规章的第一章第一条，一般首先会开宗明义、提纲挈领地表述本法律文本的立法目的、立法根据，为本项立法建制确立基本方向、基本任务、基本逻辑和基本框架。因此，立法目的和根据条款，成为一部法律、法规或规章最重要的条文之一。

不同的法律文本，立法目的也有所不同，且可随修法进行调整，但各法律文本的一般表现之一，或者说立法目的之简明识别方法是：在法律文本第一章第一条开首的"为了"二字之后，立法根据相关表述之前的每一

[①] 简要条文主旨为编者所加，下同。

个逗号，都引导出一项立法目的。

十多年前原法律①在研究起草阶段，就曾对立法目的条文内容进行了深入讨论，最终确立了五项立法目的。本次大修后，对第一章第一条也进行了更系统深入的研究并形成新的共识，即在原有五项立法目的之基础上，增加了一项立法目的，调整丰富了一项立法目的，形成了六项立法目的构成的立法目的群。这里对新法的六项立法目的做简要分析。

第一项立法目的是"预防和减少突发事件的发生"，这是因为突发事件是风险高、预测难、伤害重、救援难、损失大、预后差的社会难题，必须秉持防风险、"治未病"、早干预的应急法治精神，注重前瞻性和制度化地依法采取措施，首先要预防和减少突发事件的发生。

第二项立法目的是"控制、减轻和消除突发事件引起的严重社会危害"，这是因为各类突发事件发生后会产生严重的社会危害，产生严重破坏经济社会发展的巨大社会成本，其次生、衍生、复合、叠加而形成的突发事件社会冲击和社会危害更难估量，故须依法采取有效措施及时有效地控制、减轻和消除突发事件引起的严重社会危害。

第三项立法目的是"提高突发事件预防和应对能力"，这是新法②增加的一项立法目的。对于突发事件，必须注重预防且有能力予以管控，这是原法律施行以来的应急法治实践中获得的新认知，也是提升国家治理体系和治理能力的内在要求和战略方针。

第四项立法目的是"规范突发事件应对活动"，这是针对突发事件及其应对活动的复杂多样性和高度风险性提出的基本要求，也意味着本法的基本品格是规范法，通过应急法律规范的调整作用，确保突发事件应对的所有活动能够规范化、制度化和高效化运行。

第五项立法目的是"保护人民生命财产安全"，这是以人为本、以人民为中心的中国特色应急法治体系和能力建设的根本目的。

第六项立法目的是"维护国家安全、公共安全、生态环境安全和社会秩序"。其中，原法律规定的"环境安全"，在新法中增加了"生态"二字，修改为"生态环境安全"，这是落实总体国家安全观、大安全观的体现。

补充调整后的上述六项立法目的，构成了立法目的群，引导着新法的制度框架和法条设计，指引着以本法为龙头的新时代中国特色社会主义应

---

① 即 2007 年发布的《中华人民共和国突发事件应对法》，下同。

② 即 2024 年 6 月 28 日十四届全国人大常委会第十次会议修订通过的《中华人民共和国突发事件应对法》，它替代了 2007 年发布的《中华人民共和国突发事件应对法》，下同。

急法治体系和能力建设的基本方向。突发事件预防和应对能力，是国家治理、政府治理和社会治理能力的重要组成部分，本法积极回应了应急法治的实践需求。

关于立法根据，新法明确增加规定了"根据宪法"，完整表述为"根据宪法，制定本法"，这使得本法的合宪性、合法性和正当性得以凸显，更易于明确理解和正确适用。

【适用指南】

新法第一章第一条表述的六项立法目的和一个立法根据，可以联系应急法治体系中有关法律的立法目的条文，加以比较分析和开放理解；还应当结合新法后面章节条款的逻辑结构、条文设计和规范要求，去加深理解，合目的性地适用。

【关联规范】

《中华人民共和国立法法》第十条、第十一条；《中华人民共和国行政处罚法》第十八条、第四十九条；《中华人民共和国行政强制法》第二条、第三条；《中华人民共和国民法典》第一百八十二条。

第二条　【基本概念】 本法所称突发事件，是指突然发生，造成或者可能造成严重社会危害，需要采取应急处置措施予以应对的自然灾害、事故灾难、公共卫生事件和社会安全事件。

突发事件的预防与应急准备、监测与预警、应急处置与救援、事后恢复与重建等应对活动，适用本法。

《中华人民共和国传染病防治法》等有关法律对突发公共卫生事件应对作出规定的，适用其规定。有关法律没有规定的，适用本法。

【条文主旨】

本条是关于突发事件的基本概念和基本类型、本法适用范围和例外优先适用的规定。

【条文解读】

本条共有三款，分别规定了突发事件的基本概念和基本类型、本法适用范围、本法例外优先适用。

一项法律制度、一个法律文本，首先需要解决的关键问题是明确基本概念。突发事件，也称为突发公共事件，这就是本法的基本概念。本法第一条第一款对突发事件作了描述性定义。此定义包括认定条件、应对措施、应对对象三个要素。认定条件是：该事件是突然发生的，且造成或者可能造成严重社会危害；应对措施是：应急处置措施，这一类措施是围绕突发事件所采取的应对措施，其不同于常态下针对社会矛盾的常规治理措施；应对对象是：自然灾害、事故灾难、公共卫生事件和社会安全事件，这是四类基本的突发公共事件，实际上这也是从自然因素、人为因素、自然因素为主或人为因素为主等角度来划分突发事件基本类型的。

适用范围或称调整范围，也是一部法律最重要的内容，本法第二条第二款对本法适用范围作出了明确规范。依循突发事件演进规律和应对活动一般流程，本款将应对活动划分为"备、警、救、复"四个环节或称四个阶段，也即预防与应急准备、监测与预警、应急处置与救援、事后恢复与重建，作为本法的适用范围。这四个环节是按突发事件的风险因素张力由低渐高、由常转非、由紧转缓的规律作出分析判断和应对安排的。

除了明确规定适用范围之外，是否规定以及如何规定例外优先适用，也是一部法律必须先行解决的重要问题。本法第二条第三款就本法的例外优先适用作出了明确规定，包括四个方面的要义：一是规定了例外优先适用的突发事件类型是突发公共卫生事件，这是四类基本的突发公共事件之一，与其他几类突发公共事件相比，突发公共卫生事件具有更突出的广泛性、频繁性和专业性等特点，在我国现行的行政管理体制机制下和社会认知里也具有独特性；二是规定了应对突发公共卫生事件的法律依据是《中华人民共和国传染病防治法》等有关法律，这里的"有关法律"应当理解为公共卫生领域的法律规范；三是规定了优先适用性，即有关法律对于突发公共卫生事件应对作出规定的则适用其规定，从本款规定的逻辑性来解析，也就是应对突发公共卫生事件时若已有公共卫生法律规范则优先加以适用；四是规定了"若无例外仍按一般"，即公共卫生法律对于突发公共卫生事件应对没有规定的，适用本法。

【适用指南】

新法第二条就突发事件的基本概念和基本类型、本法适用范围和例外优先适用等作出了特别简明的规定，包括突发事件基本概念的四要素、突发事件的四种基本类型、作为本法适用范围的四个环节、本法例外优先适用的四个要义，完整把握这四要素、四类型、四环节、四要义，并结合我国突发事件应对实践中的典型案例和经验教训加以分析思考，有助于正确认识和妥善适用突发事件概念和制度规范。

【关联规范】

《中华人民共和国立法法》第九条、第十条、第十一条；《中华人民共和国传染病防治法》第三条、第四条。

> **第三条 【突发事件分级】** 按照社会危害程度、影响范围等因素，突发自然灾害、事故灾难、公共卫生事件分为特别重大、重大、较大和一般四级。法律、行政法规或者国务院另有规定的，从其规定。
>
> 突发事件的分级标准由国务院或者国务院确定的部门制定。

【条文主旨】

本条是关于突发事件分级及其分级标准制定主体的规定。

【条文解读】

我国的突发事件分级制度由本条作出基本规定，包括五项内容：分级考量因素、分级事件类型、分级等级体系、分级例外规定和分级标准制定主体。

1. 分级考量因素。重点考量如下两个因素：其一，社会危害程度因素，包括经济损失大小，人员伤亡数量，影响社会稳定、社会发展和社会声誉的严重性等因素；其二，影响范围因素，这需要依关涉人群、关涉空间、持续时间等因素作出判断。

2. 分级事件类型。本条作出级别划分的突发事件类型有三种，即突发自然灾害、事故灾难、公共卫生事件。

3. 分级等级体系。按照前述的考量因素和突发事件类型，本条将突发事件划分为四级：特别重大、重大、较大和一般。它们构成我国的突发事件等级体系。对四种级别突发事件的应对，本法及其他相关法律文件都有针对性地分别作出了许多具体规定。

4. 分级例外规定。本条从考量因素、事件类型、等级体系等方面对突发事件作出分级规定，也有例外情形，即法律、行政法规或者国务院另有规定的，从其规定。这项例外规定的依据层次很高，包括三种：一是法律；二是行政法规；三是国务院的另行规定。

5. 分级标准制定主体。本条第二款专门规定了突发事件分级标准的制定主体，仅规定了两类：一是国务院；二是国务院确定的部门，具体根据突发事件的类型和特殊情形所需予以确定。

【适用指南】

新法第三条就我国突发事件分级制度作出了基本规定，其中需要重点把握的是分级考量因素和分级事件类型，特别需要知晓此处划分级别的仅包括突发自然灾害、事故灾难、公共卫生事件等三类突发事件，突发社会安全事件的分级另作规定。

【关联规范】

《中华人民共和国立法法》第十二条、第十三条、第十四条；《中华人民共和国传染病防治法》第二条、第五条；《中华人民共和国防震减灾法》第三条、第十条。

第四条　【领导体制】 突发事件应对工作坚持中国共产党的领导，坚持以马克思列宁主义、毛泽东思想、邓小平理论、"三个代表"重要思想、科学发展观、习近平新时代中国特色社会主义思想为指导，建立健全集中统一、高效权威的中国特色突发事件应对工作领导体制，完善党委领导、政府负责、部门联动、军地联合、社会协同、公众参与、科技支撑、法治保障的治理体系。

【条文主旨】

本条是关于突发事件应对工作的党的领导、指导思想、领导体制和治理体系的规定。

【条文解读】

本条是新增条文，规定了特别重要、非常丰富、具有宏观性和基础性的内容，主要包括党的领导、指导思想、领导体制和治理体系四个方面，它们是一个系统的多个要素、一个事物的多个侧面、一项工作的多个环节。

1. 关于党的领导。本法在第四条首先规定了"突发事件应对工作坚持中国共产党的领导"。打下了我国应急法治建设的重要政治基础。

2. 关于指导思想。新法在第四条增加规定了包含六项内容的本法指导思想，内容表述与现行宪法规定一致。打下了我国应急法治建设的重要思想基础。

3. 关于领导体制。本次修订前，本法没有关于领导体制的专门规定；但大修后的新法第四条，就突发事件应对工作领导体制作了专门规定，体现出三个特点或曰三项要求：一是集中统一；二是高效权威；三是中国特色。本法后续许多条款，也从不同角度体现出突发事件应对工作领导体制上述三个特点。例如，本法新增的第二章对此集中作了专章规定。

4. 关于治理体系。与突发事件应对工作领导体制紧密联系的制度要素是治理体系，这是本法首次作出了规定的内容。包含党委领导、政府负责、部门联动、军地联合、社会协同、公众参与、科技支撑、法治保障八个要素、三十二字的治理体系，系统地呈现了强调集中统一、追求高效权威、坚持中国特色等应对工作领导制度特点，须深化认识、增强共识、不断完善和认真践行。

【适用指南】

新法第四条表述的内容，要从坚持党的领导、明确指导思想、遵行领导体制和完善治理体系等方面去把握，特别是重点把握三个特点的领导体制和八个要素的治理体系，它们充分体现了突发事件应对工作的中国特色。

【关联规范】

《中华人民共和国立法法》第三条、第九条。

> **第五条　【基本原则】** 突发事件应对工作应当坚持总体国家安全观，统筹发展与安全；坚持人民至上、生命至上；坚持依法科学应对，尊重和保障人权；坚持预防为主、预防与应急相结合。

【条文主旨】

本条是关于应急法治四项基本原则或曰应急法律制度建设四项基本原则的规定。

【条文解读】

我国的立法惯例是，一般会在法律文本第一章总则中，分项规定或总括规定该法贯穿制度建构和运行全过程的基本法律原理和准则，即基本的法律原则，简称法律原则。本法在新增的法律原则条款（第一章第五条）中，明确提出了突发事件应对工作的四项原则或曰应急法治原则，它们体现出应急法治建设的创新意涵。法律原则正是条理法最重要的表现形式。从条理法的视角看，坚持这四项法律原则是应急法治建设的创新亮点，也是本法有关规范构建和运用的要点，应当正确读解和认真运用。

1. 坚持总体国家安全观，统筹发展与安全。

健全的国家安全体系包括国家安全法治体系、战略体系、政策体系、风险监测预警体系、国家应急管理体系，因此总体国家安全观要求在国家主权、经济、公共、社会、生态环境等多个维度实现新安全格局，故需新的应对管理与指挥体制，本法第二章对此做了专章的规范构建；本法第三十条规定，国土空间规划等规划应当符合预防、处置突发事件的需要，统筹安排突发事件应对工作所必需的设备和基础设施建设，合理确定应急避难、封闭隔离、紧急医疗救治等场所，实现日常使用和应急使用的相互转换。本法第三十一条还规定，国务院应急管理部门会同卫生健康、自然资源、住房城乡建设等部门统筹、指导全国应急避难场所的建设和管理工作，建立健全应急避难场所标准体系。县级以上地方人民政府负责本行政区域内应急避难场所的规划、建设和管理工作。

2. 坚持人民至上、生命至上。

这项法律原则具有丰富内涵，本法后续许多条款的规定具体体现了此项原则。例如，本法第十条规定，突发事件应对措施应当秉持比例适应、最大保护、较小影响、动态调整等具体原则。第十一条规定，在突发事件应对工作中应当秉持对未成年人、老年人、残疾人、孕产期和哺乳期的妇女、需要及时就医的伤病人员等群体给予特殊、优先保护的方针。第七十六条规定，履行统一领导职责或者组织处置突发事件的人民政府及其有关部门，应当为受突发事件影响无人照料的无民事行为能力人、限制民事行为能力人提供及时有效帮助；建立健全联系帮扶应急救援人员家庭制度，帮助解决实际困难。第六条规定了，国家建立有效的社会动员机制，组织动员企业事业单位、社会组织、志愿者等各方力量依法有序参与突发事件应对工作，增强全民的公共安全和防范风险的意识，提高全社会的避险救助能力。第九条第二款还规定，对于不履行或者不正确履行突发事件应对工作职责的行为，任何单位和个人有权向有关人民政府和部门投诉、举报。

3. 坚持依法科学应对，尊重和保障人权。

发挥科学技术在突发事件应对中的作用，在突发事件应对中加强现代技术手段的依法应用，加强应急科学和核心技术研究，加大应急管理人才和科技人才培养力度，不断提高突发事件应对能力，这已渐成社会共识。将科技支撑因素引入本法，也体现了运用 ESG 理念和方法（环境、社会、治理兼顾协调的理念和方法）推进新时代应急法治建设的创新精神。这体现在本法中，第十七条第一款、第六十四条、第六十九条专门规定了网络直报、自动速报的制度规范，第十七条第三款、第六十五条第二款专门规定了信息共享、协调协同、预警信息快速发布的制度规范，第五十六条专门规定了基础科学、核心技术等现代科技手段运用和人才培养以提高突发事件应对能力的制度规范。本法新增的第八十一条完整地规定了关于心理健康服务的内容，这是坚持人民至上、生命至上原则和依法科学应对、尊重和保障人权原则的生动体现，也是中国特色应急法治建设的重要制度创新亮点。因为突发事件发生后，受突发事件影响的各类人群难免受到强烈的心理冲击和伤害以致发生心理危机，在关键期予以科学适当的心理干预、心理援助是非常必要的，这既是高度关注民生、保障身心健康、注重生命质量的重要举措，也是专业性强、成本高、见效慢的应对工作，更是需要高度重视长期投入、不断增强科技保障的人权事业。

4. 坚持预防为主、预防与应急相结合。

这项法律原则，在本法第三章预防与应急准备、第四章监测与预警等章节条款中得到较多体现。例如，本法第二十六条规定，国家建立健全突发事件应急预案体系，国务院制定总体应急预案和组织制定专项应急预案，国务院有关部门制定部门应急预案，地方政府和有关部门制定相应的突发事件应急预案并按规定备案；又如，第二十七条规定，县级以上人民政府应急管理部门指导突发事件应急预案体系建设，综合协调应急预案衔接工作，增强有关应急预案的衔接性和实效性；同时，第二十八条还规定了听取意见、及时修法、应急宣教和应急演练等应急预案有关制度，这有助于预防为主、预防与应急相结合的法律原则落到实处。

【适用指南】

本法第一章第五条确立的四项法律原则，对于中国特色应急法律制度建设和本法的正确理解施行，具有重要的突发事件应对工作指导意义。

【关联规范】

《中华人民共和国立法法》第六条、第七条；《中华人民共和国国家安全法》第三条、第四条。

第六条　【社会动员】国家建立有效的社会动员机制，组织动员企业事业单位、社会组织、志愿者等各方力量依法有序参与突发事件应对工作，增强全民的公共安全和防范风险的意识，提高全社会的避险救助能力。

【条文主旨】

本条是关于社会动员机制、社会力量构成、安全风险意识和避险救助能力的规定。

【条文解读】

本法在原先法条规定的社会动员机制、安全风险意识和避险救助能力三个要素基础上，增加规定了社会力量构成的因素，体现出公众参与的现代应急法治要求。首先，本法第六条规定明确了建立有效的社会动员机制是国家责任，这体现出对于国家在推动社会治理体系建设和提升社会治理水平过程中的特殊职能要求。其次，本条增加规定了组织动员的对象，即依法有序参与突发事件应对工作的社会力量，可谓类型多样、范围广泛，既有组织类型也有个体类型，具体包括企业事业单位、社会组织、志愿者等社会主体类型。最后，通过组织动员各类社会主体依法有序参与突发事件应对工作，可增强全民的公共安全和防范风险的意识，提高全社会的避险救助能力。

【适用指南】

本法第一章第六条规定的社会动员机制，需要企业事业单位、社会组织、志愿者等社会主体予以高度重视、形成普遍共识和明确法定责任，通过增强安全风险意识、提高避险救助能力，依法有序且有效地参与突发事件应对工作。

【关联规范】

《中华人民共和国立法法》第一条、第七条；《中华人民共和国国防动员法》第四条、第五条、第七条、第九条。

第七条　【信息发布】 国家建立健全突发事件信息发布制度。有关人民政府和部门应当及时向社会公布突发事件相关信息和有关突发事件应对的决定、命令、措施等信息。

任何单位和个人不得编造、故意传播有关突发事件的虚假信息。有关人民政府和部门发现影响或者可能影响社会稳定、扰乱社会和经济管理秩序的虚假或者不完整信息的，应当及时发布准确的信息予以澄清。

【条文主旨】

本条是关于建立健全突发事件信息发布制度，包括突发事件相关信息和有关突发事件应对信息发布制度的规定。

【条文解读】

在现代信息社会，建立健全信息发布制度是建设法治国家、法治政府和法治社会的重大课题。特别是突发事件应对工作，必须有完善的突发事件信息发布制度予以保障，我国在此方面曾做过很多探索，本次修法将原法律的两条规定（第十条、第五十四条）予以整合，增加了许多新的内容，形成了本法第七条共两款的突发事件信息发布制度规范。

本条第一款从两个角度作出规定：第一个角度是明确规定国家建立健全突发事件信息发布制度，把建立健全突发事件信息发布制度明确为国家的积极责任；第二个角度是明确规定有关人民政府和部门应当及时向社会公布突发事件相关信息和有关突发事件应对的决定、命令、措施等信息，即把及时向社会公布突发事件相关信息和有关突发事件应对信息规定为行政主体的积极责任，特别是规定了行政主体应当及时向社会公布有关突发事件应对的决定、命令、措施等信息，此乃本次修法的新增内容。

本条第二款也从两个角度作出规定：第一个角度是规定任何单位和个人不得编造、故意传播有关突发事件的虚假信息，这是法律上的一种消极责任，即禁止任何单位和个人的虚假信息行为，这是因为既往突发事件应对实务中，这种虚假信息行为危害很大，必须立法加以严格规范；第二个角度是明确规定有关人民政府和部门具有发现信息风险必须进行矫正的行政职能，这是法律上的一种积极责任，即要求有关人民政府和部门发现信息风险——影响或者可能影响社会稳定、扰乱社会和经济管理秩序的虚假或者不完整信息的——应当及时发布准确的信息予以澄清进行矫正，这也是因为既往突发事件应对实务中大量存在此类信息风险，鉴于此，本次修法新增了此项行政主体应当积极作为的责任制度创新内容。

【适用指南】

本法第七条规定的信息发布制度，主要从国家的制度建构职责、行政主体的积极信息责任、其他主体的消极信息责任三个方面加以认识和适用。

【关联规范】

《中华人民共和国传染病防治法》第三十条至第三十八条；《中华人民共和国防震减灾法》第十四条、第二十四条、第二十五条、第五十二条、

第六十九条、第八十九条、第九十二条；《中华人民共和国政府信息公开条例》第五条至第八条。

> **第八条 【宣传报道】** 国家建立健全突发事件新闻采访报道制度。有关人民政府和部门应当做好新闻媒体服务引导工作，支持新闻媒体开展采访报道和舆论监督。
> 新闻媒体采访报道突发事件应当及时、准确、客观、公正。
> 新闻媒体应当开展突发事件应对法律法规、预防与应急、自救与互救知识等的公益宣传。

【条文主旨】

本条是关于突发事件采访报道、行政指导、职业规范和公益宣传的规定。

【条文解读】

本条从突发事件采访报道、行政指导、职业规范和公益宣传四个方面对新闻采访报道制度作出了规范。这是本次修订新增的条文。

首先，将建立健全突发事件新闻采访报道制度作为国家职责加以明确规定。突发事件的发生、次生、衍生必然会引起社会震动、社会影响和社会关注，相关信息会大量产生、堆积和蔓延，需要及时、准确和完整的信息供给，才能满足社会各方应对突发事件的信息需求。特别是在信息来源和传播渠道日益广泛多样的信息化、多媒体和自媒体时代，对于突发事件应对工作而言，符合现代社会治理要求且规范高效的突发事件新闻采访报道制度保障是非常重要的，需要建立健全突发事件新闻采访报道制度。

其次，规定了突发事件新闻采访报道制度运行中的行政指导职责。本条主要从两个方面作出了规范：一是规定有关人民政府和部门应当做好新闻媒体服务引导工作；二是规定有关人民政府和部门应当支持新闻媒体开展采访报道和舆论监督。这是从服务型政府和法治政府的角度作出的制度安排，即行政主体应当依法行政，积极履行做好服务引导、支持采访报道、支持舆论监督的行政指导职责。

再次，规定了新闻媒体采访报道突发事件的四项职业要求。由于突发事件具有突然发生性、严重危害性、应急处置性等特点，采访报道突发事件有更高要求，所以本条将及时、准确、客观、公正规定为新闻媒体采访报道突发事件所必须遵循的职业行为规范要求。这四项要求是针对采访报道突发事件的特殊性提出的，它们是递进的、基本的、系统的规范要求，是先后有序、缺一不可、内在互洽的，新闻媒体及其从业人员应当依此自我约束突发事件采访报道行为。

最后，规定了新闻媒体开展有关公益宣传的社会责任。在突发事件新闻采访报道制度体系中，新闻媒体承担着重要角色，除了做到采访报道行为规范，还需要积极履行社会责任，发挥出增进社会共识、改善社会环境、提升社会治理能力、释放社会正能量的作用。所以本条明确规定，新闻媒体应当开展突发事件应对法律法规、预防与应急、自救与互救知识等的公益宣传。

【适用指南】

本条关于突发事件采访报道、行政指导、职业规范和公益宣传的系列规范，主要从两个方面加以理解和适用：一是行政主体的角色和职责，二是新闻媒体的角色和责任。

【关联规范】

《中华人民共和国传染病防治法》第三十四条至第三十八条；《中华人民共和国防震减灾法》第五十二条、第八十九条；《中华人民共和国政府信息公开条例》第四十七条、第五十一条、第五十五条；《突发公共卫生事件应急条例》第二十五条。

第九条　【投诉举报】国家建立突发事件应对工作投诉、举报制度，公布统一的投诉、举报方式。

对于不履行或者不正确履行突发事件应对工作职责的行为，任何单位和个人有权向有关人民政府和部门投诉、举报。

接到投诉、举报的人民政府和部门应当依照规定立即组织调查处理，并将调查处理结果以适当方式告知投诉人、举报人；投诉、举报事项不属于其职责的，应当及时移送有关机关处理。

有关人民政府和部门对投诉人、举报人的相关信息应当予以保密，保护投诉人、举报人的合法权益。

【条文主旨】

本条是关于突发事件应对工作投诉、举报制度和相关信息保密、合法权益保护制度的规定。

【条文解读】

投诉、举报制度是一个国家的监督法律制度的重要组成部分，突发事件应对工作投诉、举报制度也是我国应急法律制度的重要组成部分。本条共四款，从多个方面对突发事件应对工作投诉、举报制度作出了专门规定。这是本次修订新增的条文。

首先，本条第一款将建立突发事件应对工作投诉、举报制度，公布统一的投诉、举报方式，规定为一种国家职能、职责。即规定了国家要就突发事件应对工作，建立投诉、举报制度，公布统一的投诉、举报方式。这是建立和实施投诉、举报制度的一个总体要求。

其次，本条第二款专门针对突发事件应对工作，明确规定了行政相对人享有投诉、举报的权利。本法以专门条款规定了对于不履行或者不正确履行突发事件应对工作职责的行为，任何单位和个人有权向有关人民政府和部门投诉、举报。

再次，本条第三款从调查处理和移送处理两个方面规定了投诉、举报的回应制度。本法以专门条款规定了接到投诉、举报的人民政府和部门应当依照规定立即组织调查处理，并将调查处理结果以适当方式告知投诉人、举报人；投诉、举报事项不属于其职责的，应当及时移送有关机关处理。这里规定的及时移送也是一种职责要求，是区别于处理职责的移送职责。

最后，本条第四款从保守举报秘密和保护合法权益两个方面规定了投诉、举报的保障制度。批评建议、申告检举是公民一项基本权利，宪法对此作出了系统的保护制度安排：除了第四十一条第一款规定了批评建议和申报检举权利、第二款规定了国家机关负责调查处理并禁止压制报复的职责要求,还用专门条款就权利受损获得救济作出了专门规定。[①] 因此,本法以专门条款规定了有关人民政府和部门对投诉人、举报人的相关信息应当予以保密,保护投诉人、举报人的合法权益。这里需要指出,本条第四款保护的是合法权益,若存在通过违法失德的虚假投诉、举报来谋求非法、不当利益的情形,则有关人民政府和部门应当予以追责。

【适用指南】

本条通过多个层面作出完整规范的突发事件应对工作投诉、举报制度,在法律适用中须特别注重解决好回应投诉、举报,依规调查处理,保守举报秘密,保护合法权益等制度环节存在的问题。

【关联规范】

《中华人民共和国国家安全法》第十五条、第八十二条;《中华人民共和国政府信息公开条例》第六条、第九条、第五十一条;《信访工作条例》第一条、第二条、第十七条、第十八条。

第十条　【科学理性应对】 突发事件应对措施应当与突发事件可能造成的社会危害的性质、程度和范围相适应;有多种措施可供选择的,应当选择有利于最大程度地保护公民、法人和其他组织权益,且对他人权益损害和生态环境影响较小的措施,并根据情况变化及时调整,做到科学、精准、有效。

【条文主旨】

本条是关于突发事件应对措施与社会危害相适应、有利于保护行政相对人以及损害影响较小的规定。

[①] 宪法第四十一条第三款规定,由于国家机关和国家工作人员侵犯公民权利而受到损失的人,有依照法律规定取得赔偿的权利。

【条文解读】

协调、平衡、相应、合比例、最大效益、最小损害，是现代公法的科学理性价值追求，也常被称为管控适当原则、治理效益原则、过罚相当原则、比例原则等，将其适用于突发事件应对工作，可概称为应对措施科学理性要求，其总体要求是科学、精准、有效。本次修法对本条内容做了很多补充完善。可从三个方面来解读本条：

其一，突发事件具有相当多、相当大的社会风险和冲击性、危害性，必须及时采取相应措施加以应对，这是不言而喻的；同时须看到，突发事件应对措施本身是有高成本和伤害性的，这里存在社会的可支付性、可承受性、可接受性的问题，措施不足或措施超限都不可取。因此，本条首先规定，突发事件应对措施应当与突发事件可能造成的社会危害的性质、程度和范围相适应，这是一个基本的要求，能够解决社会可支付性、可承受性、可接受性的实际问题。

其二，突发事件的类型很多、级别不同、程度各异，可用于应对突发事件的措施也可能很多、有选择余地，也可能很少甚至缺乏、没有选择余地，这就需要因时因地因情而异。但是，只要应对突发事件的过程中存在选择余地，有多种措施可供选择，就应当从"一大一小"两个角度加以考量：一是应当选择能够最大程度地保护公民、法人和其他组织权益的应对措施，二是选择对他人权益损害和生态环境影响较小的措施。这两个角度应当同时考量，以做出理性的措施选择。

其三，突发事件的发生和变化是非常复杂的过程，应对突发事件采取的措施也不可能一成不变，而应当是一个动态调整过程，因此，本条最后还强调采取的突发事件应对措施须根据情况变化及时调整，做到科学、精准、有效，即应当保持科学、精准、有效的应对措施实施状态。

【适用指南】

本条要求采取突发事件应对措施要做到科学、精准、有效，故在法律规范适用过程中须注重措施与危害相适应、最大程度保护与较小影响、动态调整措施等科学理性应对要求。

【关联规范】

《中华人民共和国行政许可法》第十一条至第十三条；《中华人民共和

国行政处罚法》第五条、第六条；《中华人民共和国行政强制法》第五条；《中华人民共和国防震减灾法》第三条、第七十二条。

> **第十一条 【特殊群体保护】** 国家在突发事件应对工作中，应当对未成年人、老年人、残疾人、孕产期和哺乳期的妇女、需要及时就医的伤病人员等群体给予特殊、优先保护。

【条文主旨】

本条是关于突发事件应对工作中对特殊群体给予特殊、优先保护的规定。

【条文解读】

依法保护特殊群体的合法权益是现代法治的重要内容。宪法以专章（第二章）确立了公民的基本权利和义务。其中，通过多个条文集中规定了国家对于特殊群体的特别保护制度。例如，宪法第四十五条规定了公民在年老、疾病、丧失劳动能力的情况下有权从国家和社会获得物质帮助，残废军人、烈士家属、军人家属有权受到特别保障、抚恤和优待，盲、聋、哑和其他有残疾的公民有权受到国家和社会帮助；[①] 第四十九条规定了婚姻、家庭、母亲和儿童受国家保护，未成年子女有权得到抚养教育，禁止虐待老人、妇女和儿童。[②]

在突发事件应对过程中，对某些特殊群体的合法权益如何予以依法有效保护，是长期以来我国风险防控、危机应对和应急法治实践中的一个重要课题。本次修订特别增设了本条，专门规定了突发事件应对工作中应当对特殊群体给予特殊、优先保护的基本方针："国家在突发事件应对工作中，应当对未成年人、老年人、残疾人、孕产期和哺乳期的妇女、需要及

[①] 宪法第四十五条规定，中华人民共和国公民在年老、疾病或者丧失劳动能力的情况下，有从国家和社会获得物质帮助的权利。国家发展为公民享受这些权利所需要的社会保险、社会救济和医疗卫生事业。国家和社会保障残废军人的生活，抚恤烈士家属，优待军人家属。国家和社会帮助安排盲、聋、哑和其他有残疾的公民的劳动、生活和教育。

[②] 宪法第四十九条规定，婚姻、家庭、母亲和儿童受国家的保护。夫妻双方有实行计划生育的义务。父母有抚养教育未成年子女的义务，成年子女有赡养扶助父母的义务。禁止破坏婚姻自由，禁止虐待老人、妇女和儿童。

时就医的伤病人员等群体给予特殊、优先保护。"

此外,本法还有许多条文也体现了突发事件应对过程中对特殊群体实行特别保护的法治方针,这里先做简要提示,后面章节还要进行具体论述:

第一,关于投诉人、举报人群体的合法权益如何依法有效保护,是我国监督法制建设中的一个长期疑难课题,本法新增的第九条第四款就此作出创新规定:有关人民政府和部门对投诉人、举报人的相关信息应当予以保密,保护投诉人、举报人的合法权益。

第二,关于受突发事件影响无人照料的无民事行为能力人、限制民事行为能力人,这一特殊群体的合法权益如何依法有效保护,也是应急管理实践中长期存在的工作难题,鉴于此,本法第七十六条新增一款(作为第三款)专门作出创新规定:履行统一领导职责或者组织处置突发事件的人民政府及其有关部门,应当为上述人群提供及时有效的帮助,还要建立健全联系帮扶应急救援人员家庭制度,帮助解决实际困难。

第三,公民作为应急志愿者积极参加应急救援活动,其与所在工作单位产生某些紧张关系和权益损害现象,也是应急管理实践中常见的社会矛盾和难题,针对此问题,本法第九十条作出了更完善、更明确的规定:公民参加应急救援工作或者协助维护社会秩序期间,其所在单位应当保证其工资待遇和福利不变,并可以按照规定给予相应补助,这就有利于相关各方依法有效地保护应急志愿者群体的合法权益。

第四,对于应急救援工作中伤亡人员群体的合法权益如何依法有效保护,也是我国应急法治实践中长期存在制度短板和政策矛盾的一个社会难题,鉴于此,本法第九十一条作出更完善、更明确的规定:县级以上人民政府对在应急救援工作中伤亡的人员依法落实工伤待遇、抚恤或者其他保障政策,并组织做好应急救援工作中致病人员的医疗救治工作。

【适用指南】

对于本条规定的突发事件应对工作中对特殊群体给予特殊、优先保护的法治方针,以及多个章节条款作出的特别保护规范,需要从宪法和专项法律的立法精神和专门规范的角度去加深理解和正确适用。

【关联规范】

《中华人民共和国法律援助法》第八条至第十条、第十七条;《中华人民共和国未成年人保护法》第三条、第四条、第六条、第十一条;《中华人民共和国慈善法》第三条、第四条。

> 第十二条 【紧急征用】县级以上人民政府及其部门为应对突发事件的紧急需要，可以征用单位和个人的设备、设施、场地、交通工具等财产。被征用的财产在使用完毕或者突发事件应急处置工作结束后，应当及时返还。财产被征用或者征用后毁损、灭失的，应当给予公平、合理的补偿。

【条文主旨】

本条是关于应对突发事件过程中紧急征用财产、用毕及时返还、给予公平与合理补偿的规定。

【条文解读】

本条从三个方面递进地规范了突发事件应对工作中的紧急征用制度。

其一，规定了可以紧急征用。本条规定，县级以上人民政府及其部门为应对突发事件的紧急需要，可以征用单位和个人的设备、设施、场地、交通工具等财产。此规定，为应急行政部门采取紧急征用措施提供了法律规范依据。需要指出，紧急征用对象既包括单位，也包括个人；紧急征用物品包括设备、设施、场地、交通工具等。

其二，规定了应当及时返还。本条规定，被征用的财产在使用完毕或者突发事件应急处置工作结束后，应当及时返还。此规定，能够促使征用机构在征用财产使用完毕、应急处置工作结束这两个节点注意及时返还、防止延宕，避免造成财产使用上的浪费，促成社会资源的有效率使用。

其三，规定了应当公平、合理补偿。本条规定，财产被征用或者征用后毁损、灭失的，应当给予公平、合理的补偿。行政补偿是我国行政法律制度的薄弱环节，紧急征用补偿在行政补偿法律制度中是特别薄弱的环节。公平补偿与合理补偿具有共同的正向价值追求，呈现出一种辩证关系。公平是现代市场经济和现代法治的共同价值追求和基本原则要求：公平补偿体现了市场交易机制的基本特性和总体要求，同时，它也体现了广义的合理补偿的要求，即公平性也具有合理性，公平补偿也是合理补偿；狭义的合理补偿，有时候也表达一种特殊情形，体现了法定条件之外、市场交易机制之外的特殊处理，体现了一种底线保障的法治思维。

【适用指南】

本条规定的紧急征用制度,重点从征用财产范围、用毕及时返还、给予公平与合理补偿等三个环节和特别要求去理解和适用。

【关联规范】

《中华人民共和国传染病防治法》第四十五条;《中华人民共和国行政强制法》第五条、第六条;《中华人民共和国行政诉讼法》第十二条;《国有土地上房屋征收与补偿条列》第二条、第十二条。

> **第十三条 【时效和程序中止】** 因依法采取突发事件应对措施,致使诉讼、监察调查、行政复议、仲裁、国家赔偿等活动不能正常进行的,适用有关时效中止和程序中止的规定,法律另有规定的除外。

【条文主旨】

本条是关于依法采取突发事件应对措施的情况下如何适用时效中止和程序中止的规定。

【条文解读】

常态下的监督救济行为由严格的程序制度加以规范和保障,若有特殊的阻却因素导致监督救济行为不能正常进行,则需要特殊程序作出例外安排,以确保监督救济行为在法治轨道运行;在突发事件的背景下,有关监督救济行为往往难以正常进行,更需要通过特殊程序法规范作出例外安排,以确保监督救济行为能够在应急法治轨道内运行。因此,本条规范针对依法采取突发事件应对措施,致使监督救济不能正常进行的情形予以积极回应,从中止规定和例外规定两个方面作出了专项制度安排。

其一,中止规定。因依法采取突发事件应对措施,致使诉讼、监察调查、行政复议、仲裁、国家赔偿等活动不能正常进行的,适用有关时效中止和程序中止的规定。从本条规定的时效中止规范的性质看,它是保证监督救济行为合法合理有效率的公法制度,有助于维护必要的公法秩序制度的安定性，它本身也是一种广义的公法程序制度，所以对于时效中止，也可理解为一种程序中止；从本条规定的程序中止的性质看，它包含诸多形态的监督救济行为的程序中止，本条列举的监督救济行为包括诉讼、监察调查、行政复议、仲裁、国家赔偿等诸多形态，包括的程序类型也很多，包括诉讼程序、监察调查程序、行政复议程序、仲裁程序、国家赔偿程序。

其二，例外规定。由于突发事件应对措施应对工作的特殊性，易于产生阻却因素，特别适用或优先适用有关的规定；但是，若法律另有规定，则适用作为例外而设定的法律规范，即无须中止时效或中止程序。这里需要指出：因依法采取突发事件应对措施，导致诉讼、监察调查、行政复议、仲裁、国家赔偿等监督救济活动不能正常进行，适用例外规定的规范依据只能是法律，即只能法律例外，可见此处规范依据的要求很高。

这里需要补充说明一点：一般的法律文本很少在第一章总则部分就安排程序规范，大多在法律文本总则之后的行为、措施、监督、救济等章节安排程序规范；本法在主要安排条理法规范的第一章总则就安排了程序法规范，即提出监督救济行为程序制度的总规范、总要求，恰好体现了应急行政法律制度和应急行政法学的特殊性，这值得高度关注、深刻认识和正确适用。

【适用指南】

因依法采取突发事件应对措施，致使监督救济活动不能正常进行的，适用时效和程序中止的规定，作为例外而不中止时效和程序则须有法律规定，宜从这两个方面来理解和适用监督救济行为特别程序。

【关联规范】

《中华人民共和国行政复议法》第三十九条、第四十条；《中华人民共和国行政诉讼法》第三十六条、第四十八条。

第十四条　【国际合作交流】 中华人民共和国政府在突发事件的预防与应急准备、监测与预警、应急处置与救援、事后恢复与重建等方面，同外国政府和有关国际组织开展合作与交流。

【条文主旨】

本条是关于突发事件应对工作中开展国际合作交流的规定。

【条文解读】

在改革开放的步伐越来越大，特别是我国提出三大倡议（全球发展倡议、全球安全倡议、全球文明倡议），[①] 需要更高水平加强发展、安全和文明的国际合作交流的背景下，注重涉外和国际的合作与交流是必然趋势和重大课题，日益凸显其重要性。本条从三个方面对突发事件应对工作的国际合作交流机制作出了法律规范，这是我国涉外法治的重要组成部分：

其一，国际合作交流的责任主体。本条规定了突发事件应对工作的国际合作与交流的责任主体是中华人民共和国政府，这是法律关系上的唯一主体，也就是将推动突发事件应对工作的国际合作与交流，确立为中央人民政府的重要职能。当然，在突发事件应对工作的涉外和国际的合作与交流实务中，根据本法第四条、第十六条、第十七条等条款确立的应对突发事件的领导体制、治理体系、管理体制、工作体系和协同机制等制度规范，仍由有关职能机构根据国务院作出的职能分工承担具体事务。

其二，国际合作交流的事项范围。本条规定了突发事件应对工作的国际合作与交流的事项范围，包括突发事件的预防与应急准备、监测与预警、应急处置与救援、事后恢复与重建等方面，而"备、警、救、复"等突发事件应对活动所有环节正是本法全部的调整范围，可谓事项范围做到全覆盖。

其三，国际合作交流的主要对象。本条规定了突发事件应对工作的国际合作与交流对象，是外国政府和有关国际组织，对此可以理解为此处规范的是官方的合作与交流。当然，在突发事件应对工作国际合作与交流的实务中，由于涉及突发事件的预防与应急准备、监测与预警、应急处置与救援、事后恢复与重建等诸多方面和环节，面广、量大、频度高且专业性强，承担具体事务的工作伙伴也可能是经过外国政府和有关国际组织授权或委托的代理机构。可见在突发事件应对工作的国际合作与交流中多种活动形态都会存在，但本法主要规范和调整的是官方合作与交流。

---

① 《中华人民共和国外交部和中非共和国外交部关于共同推动落实三大全球倡议的联合声明（全文）》，载新华网，http://www.xinhuanet.com/20240416/686c5d7ff47443139c18d3c13b6eed23/c.html，最后访问时间：2024年9月10日。

【适用指南】

本条规定的突发事件应对工作国际合作交流法律制度,需要从主体、事项和对象等三个方面去全面认识和正确适用。

【关联规范】

《中华人民共和国防震减灾法》第十一条;《中华人民共和国法律援助法》第六十九条;《中华人民共和国政府信息公开条例》第十四条。

第十五条 【表彰奖励】 对在突发事件应对工作中做出突出贡献的单位和个人,按照国家有关规定给予表彰、奖励。

【条文主旨】

本条是关于对突发事件应对工作突出贡献者给予表彰、奖励的规定。

【条文解读】

任何一个地方、一个机构、一项事业、一项工作,表彰奖励制度和正向激励机制的重要意义都是不言而喻的。因此,我国的一个立法惯例是,在法律、法规、规章等各级各类法律文本中,往往都在第一章总则中安排一个专门条文,总括和明确地规定表彰奖励制度。本法也不例外,通过本条明确规定了对在突发事件应对工作中做出突出贡献的单位和个人,按照国家有关规定给予表彰、奖励。这里有四点需要全面认识和妥善处理:

其一,表彰、奖励的事由。在突发事件应对工作中做出了突出贡献,是受到表彰、奖励的基本事由。

其二,表彰、奖励的对象。在突发事件应对工作中做出了突出贡献的单位和个人受到表彰、奖励,即表彰、奖励的对象既包括单位也包括个人,激励机制是覆盖全社会的。

其三,表彰、奖励的依据。表彰、奖励在突发事件应对工作中做出了突出贡献者的依据是国家有关规定。这里所述国家有关规定,类型、层次和强度可能是很多的,只要有利于进行正面激励且合法合理合规即可。

其四,表彰、奖励的主体。本条没有明确表述由谁负责组织进行表彰、奖励；但换一个角度看，责任主体可以是多种类型、层次的机构。

【适用指南】

本条作为总则的最后一条，规定了表彰奖励机制，在法律实施中应当抓住"在突发事件应对工作中做出突出贡献"这个关键点加以全面认识和正确适用，以放大表彰奖励机制的正向激励作用。

【关联规范】

《中华人民共和国防震减灾法》第十一条；《志愿服务条例》第三十二条。

第二章 管理与指挥体制

本章的主体内容是应急管理体制和应急指挥体制的大体框架。我国在总结上一轮应急管理体制改革经验的基础之上，结合新时代背景下我国应急管理体系的特色和优势，对原法律进行了有保留的修改，本章从管理与指挥体制的角度突出地反映了这一背景和重点。

> **第十六条 【管理体制和工作体系】** 国家建立统一指挥、专常兼备、反应灵敏、上下联动的应急管理体制和综合协调、分类管理、分级负责、属地管理为主的工作体系。

【条文主旨】

本条是关于应急管理体制和应急工作体系的概括式规定，也是本章的总括性规定。

【条文解读】

一、应急管理体制

（一）统一指挥

"统一指挥"是在党和政府统筹之下的"统一指挥"。在重大突发事件的应对过程中，多元力量短时间内会在现场汇集。统一指挥可以让应急管理活动相互协调，防止无序与混乱，进而提高应急管理的效率。

（二）专常兼备

"专常兼备"的基本含义是应急管理要兼具常备性和专门性的部门或队伍配置，主要包括两个方面的内容。其一，在应急管理机构的设置上，自 2018 年机构改革之后，与应急管理部门职权对应的是自然灾害、事故灾难和综合救援的"小应急",还有很多应急管理职能由其他部门分别承担,[1] 这个意义上的"专常兼备"强调既要有常态性、综合性的应急管理部门,发挥应急管理部门的跨灾种综合应对职能,也要有专门负责公共卫生事件和社会安全事件的卫生行政部门和公安部门,发挥其在各自职责领域的专业优势。其二,在应急救援力量的配置上,既有综合性常备应急救援力量,又有针对各个行业专门的应急救援力量。为了保障和提升应急救援队伍的能力,应当建立起一套应急救援队伍建设和管理的制度,通过配套出台应急救援组织方面的规范,厘清不同类型应急救援队伍的建设定位、分类管理、分级评估、培训演练、应急响应、激励保障等问题。

(三) 反应灵敏

"反应灵敏"是对应急管理能力提出的新要求。适应新时代的应急管理体制要求反应灵敏,即对突发事件具有敏锐的感知力并灵活、快速地整合应急资源和队伍,对突发事件进行有效的应对。具体而言,突发事件应对的负责机关在接到突发事件预警信息的时候,必须立即做出反应,研判事态,迅速调动应急储备资源和应急救援力量,并协调相关部门第一时间采取应急处置措施,防止事态的扩大、危害的蔓延。"反应灵敏"一方面要求各级政府必须提升治理突发事件的"软实力";另一方面要求政府在将来的应急管理建设中,要加大对应急科学研究的投入力度,必要时可引入民间的科研力量,开发先进的应急管理信息技术,通过提升监测预警平台的准确度和灵敏度,提升突发事件预防能力,建立跨部门的突发事件信息共享平台,建立信息评估系统等提升突发事件处置的"硬实力"。

(四) 上下联动

"上下联动"针对的是上下级政府及其部门之间的关系,是对本法所确立的"分级负责、属地管理为主"原则的补充。分级负责原则的本意是将各级政府的应急能力和突发事件的等级、危害程度等相匹配,但是,突发事件的发生一般具有紧急性和发展性,突发事件的等级和危害难以在第一时间内判断,这就导致理论和实践出现了不对应的情况。属地管理为主的原则虽然具有一定的合理性,但可能存在缺乏跨区域突发事件应对机制等问题。"上下联动"原则的引入有利于修正上述弊端。通俗地讲,"上下联动"是说上级和下级一起行动,不能由上级人民政府"大包大揽",也不能交给某一级人民政府单独负责。对于一般的突发事件,应当由属地人

---

[1] 参见《深化党和国家机构改革方案(摘要)》,载应急管理部网站,https://www.mem.gov.cn/jg/zyzz/201804/t20180416_232220.shtml,最后访问时间:2024年9月10日。

民政府主要负责，中央政府或者其上级人民政府提供指导和帮助，即要实现突发事件应对的"重心下移"，让属地政府负起责任，以较小的反应半径确保灵敏性；对于超出属地人民政府应急处置能力的突发事件，则应当让上级地方人民政府乃至中央人民政府及时介入，统一指挥，属地人民政府予以配合和协助。由于突发事件发生时的第一要务是研判事态、控制形势，采取危机预控或者处置措施，所以不管是属地的县级人民政府，还是市级、省级人民政府，在获知突发事件信息的第一时间都必须采取行动，不得推诿，并及时通知相关的单位。

二、应急工作体系

（一）综合协调

正如上文所述，党的集中统一领导作为应急管理的基本原则应当在新法中得到体现，特别是在应急管理的领导机构上得到体现。但是，党的组织不能直接作为对外承担应急管理责任的主体，也不能作为常设性的应急管理行政事务承担机关，扮演这一角色的，仍然应该是各级人民政府及其职能部门。我国曾长期实施单灾种应急管理体系，即不同的政府部门负责不同类型的灾害和突发事件的应急管理和应急力量建设，如民政部门负责自然灾害救灾，消防部门负责火灾事故救援，安监部门负责安全生产监管和矿山事故灾难救援，卫生部门负责公共卫生事件处置。各个部门都有自己的专业应急救援力量，实行垂直化管理、专业化建设。然而突发事件应对过程中伴生的各种问题非单一部门可以解决的，如自然灾害的应急救援需要交通、卫健等多部门协同配合。应急管理部组建后，我国将分散在十一个部门的十三项应急职能整合为一体，赋予应急管理部整合优化应急管理资源和力量、牵头健全公共安全体系、综合防灾减灾等综合协调职能。[①]具体而言，从应急系统内部来看，应急管理部整合了安监、消防、民政等多个部门以及国家减灾委、国家防汛抗旱总指挥部等几个高层级议事协调机构的职能，形成了自然灾害和事故灾难应对的"小应急"综合格局；从应急系统外部来看，应急管理部门虽然没有将各级应急办一同并入，但2018年《深化党和国家机构改革方案（摘要）》已明确规定，应急管理部应当充分发挥对各地区和部门应急管理工作的指导职能，加强与相关部门的协调与合作，形成全灾种协同响应的"大应急"综合格局。

[①] 《深化党和国家机构改革方案（摘要）》，载应急管理部网站，https://www.mem.gov.cn/jg/zyzz/201804/t20180416_232220.shtml，最后访问时间：2024年9月10日。

（二）分类管理

我国将突发事件分为四大类——自然灾害、事故灾难、公共卫生事件和社会安全事件。在政府内部，应急管理部门是负责自然灾害、事故灾难应对的主要部门；卫生行政部门是负责公共卫生事件应对的主要部门；公安部门是负责社会安全事件应对的主要部门。分类管理的主要意义在于明确突发事件应对的主要责任主体，既保证突发事件日常防控工作的正常运行，又避免突发事件发生后政府内部各职能部门之间相互推诿。

（三）分级负责

"分级负责"是指按照政府的行政层级确定突发事件的响应范围，避免响应不足或者响应过度。在四大类突发事件中，社会安全事件的发展是非线性的，没有分级。其他三类突发事件被分为四级，其级别、称谓、颜色标志、最高响应主体都比较清楚，易于理解和运用。机构改革后，一般性的突发事件由各级地方人民政府负责，应急管理部代表中央统一响应支援；发生特别重大灾害时，应急管理部作为指挥部协助中央组织应急处置工作。[1] 需要特别说明的是，此次修法打破了突发事件分级和应急响应的一一对应关系，突发事件本身的级别只是决定应急响应主体的因素之一，而非唯一的因素，具体由哪一级政府进行响应，还要根据突发事件的性质、特点、可能造成的危害程度和影响范围等因素综合确定。

（四）属地管理为主

"属地管理为主"是指由突发事件发生地的人民政府负责突发事件应对处置，即以"块"的管理为主。之所以做出这样的安排，一方面是因为属地人民政府对突发事件的起因、经过、影响和应急处置过程中可支配的各种资源更加熟悉，能够实现快速响应；另一方面是因为属地人民政府的综合协调能力更强，即使是单一类型的突发事件，其应急处置工作也需要涉及多个部门的协同工作。当然，以"块"的管理为主并不意味着"条"的专业化管理不重要，实行系统内垂直"条条管理"行业、领域的主责部门应当与属地人民政府齐抓共管，协助属地人民政府做好突发事件应急管理工作。

【适用指南】

本条规定了应急管理体制和应急工作体系，是对机构改革成果的巩

---

[1] 《关于国务院机构改革方案的说明》，载中国政府网，https://www.gov.cn/xinwen/2018-03/14/content_5273856.htm，最后访问时间：2024年9月10日。

固，也是对新时代应急管理体系和能力现代化命题的回应。其中，"统一指挥、专常兼备、反应灵敏、上下联动"为此次修法新增内容，而"综合协调、分类管理、分级负责、属地管理为主"则承袭自上一轮应急体制改革的成果。相比于原法律，此次修法删除了"统一领导"，原因在于原法条中的"统一领导"主要指政府对其部门的统一领导，而修法后的"统一指挥"已经概括了各方面的关系，不必再作重复规定。

【关联规范】

《中华人民共和国防震减灾法》第五条、第六条；《突发事件应急预案管理办法》第四条、第五条；《自然灾害救助条例》第二条、第三条；《地质灾害防治条例》第七条。

> **第十七条　【分级负责、属地管理和报告机制】**县级人民政府对本行政区域内突发事件的应对管理工作负责。突发事件发生后，发生地县级人民政府应当立即采取措施控制事态发展，组织开展应急救援和处置工作，并立即向上一级人民政府报告，必要时可以越级上报，具备条件的，应当进行网络直报或者自动速报。
>
> 　　突发事件发生地县级人民政府不能消除或者不能有效控制突发事件引起的严重社会危害的，应当及时向上级人民政府报告。上级人民政府应当及时采取措施，统一领导应急处置工作。
>
> 　　法律、行政法规规定由国务院有关部门对突发事件应对管理工作负责的，从其规定；地方人民政府应当积极配合并提供必要的支持。

【条文主旨】

本条是关于突发事件应对中的纵向府际关系的规定。

【条文解读】

一、应急管理权责重心是县级人民政府

本条第一款除了明确应急管理的权责重心，还明确了县级人民政府先期处置的权力。

值得关注的是，此次修法在本条第一款新增规定县级人民政府在突发事件发生后向上级人民政府报告时可以采用网络直报或者自动速报的方式，实际上为应急管理领域一些新技术、新方法的应用预留了空间。

二、各级人民政府在应急管理中应上下联动

将县级人民政府确定为应急管理的基本单元具有合理性，但并不意味着所有的突发事件一概由县级人民政府主责，由县级人民政府主责的突发事件也并不意味着只有县级人民政府"孤军奋战"。根据应急管理的规律，政府的行政级别越高，其能调动的应急资源越丰富，突发事件应急处置能力越强，因此本条第二款规定当县级人民政府不能消除或者不能有效控制突发事件引起的严重社会危害时，应急权责重心就会发生转移，根据"分级负责"的工作原则转移至相应的上级人民政府，由上级人民政府统一领导应急处置工作。问题在于，在上一级政府接过突发事件应对的"指挥棒"之前，先行获知突发事件事态的县级人民政府是否应当采取力所能及的先期处置措施？笔者认为，无论是哪一级政府领导突发事件的处置工作，都应当保证更加接近事仵中心的下级政府拥有先期处置权。原因在于本条所规定的上级人民政府扩大响应的机制并非为了通过层层权力保留来控制紧急权力的滥用，而是为了实现应急响应速度和能力的平衡。尽管下级政府在能力上可能无法应对整个事件，但如果下级政府能够采取有效的先期处置措施，也许能够控制事态的进一步恶化。

三、"属地管理为主"的例外规定

在属地管理原则的基础上，我国逐步建立了属地管理为主的应急体制，大致实现了应急体制内部的整合，但实践中亦存在一些高度特殊的突发事件不由属地人民政府进行应对，这些特殊事件的特点是超出了属地政府的综合协调能力范畴，更强调专业分工和专业应对，因此本条规定在法律、行政法规另有规定的前提下由国务院有关部门担任突发事件应对的主责机关。

【适用指南】

所谓纵向府际关系，即上下级政府之间的关系。纵向府际关系之所以

成为应急管理中的一项重要问题,主要原因在于虽然理论上可以将突发事件按照规模与等级与相应层级政府相对应,但实践中突发事件的发展往往是突然的、多变的,因此必须首先确定政府应急管理权责的中心,即明确应当由哪一级政府对大多数突发事件承担主要应对职责,再从该级政府出发,确定它与上下级政府之间的协作关系。其中"具备条件的,应当进行网络直报或者自动速报"为本次修法的创新性规定。

【关联规范】

《中华人民共和国防震减灾法》第五十二条;《生产安全事故报告和调查处理条例》第十条、第十三条、第十五条;《生产安全事故应急条例》第三条。

> **第十八条** 【协调配合与协同应对】突发事件涉及两个以上行政区域的,其应对管理工作由有关行政区域共同的上一级人民政府负责,或者由各有关行政区域的上一级人民政府共同负责。共同负责的人民政府应当按照国家有关规定,建立信息共享和协调配合机制。根据共同应对突发事件的需要,地方人民政府之间可以建立协同应对机制。

【条文主旨】

本条是关于跨行政区域突发事件应对管理工作的规定。

【条文解读】

为有效应对跨行政区域突发事件,原法律确立了"上级介入"的应对思路,即当跨行政区域突发事件发生时,突发事件应对管理的权责重心由属地人民政府转向共同的上一级政府或者有关行政区域的上一级人民政府共同负责。应当认为,在绝大多数的情境下,"上级介入"的思路是适用的。具体而言,对于跨小区域的突发事件,"上级介入"在实践中操作起来较为容易,因为突发事件的事发地毕竟同属一个层级不太高的行政区,此时由事发地的共同上一级政府(如设区的市人民政府)负责应对即可。而对于跨大区域突发事件,如果事件的严重程度高,由共同上一级政府承担也是高效恰当的，毕竟更高级别的人民政府突发事件应对能力更强，更能有效地控制复杂的跨区域突发事件事态发展。然而，一旦发生大规模跨区域但事件严重程度没有那么高的突发事件，倚重上级政府介入的纵向协同模式将难以为继。首先，负责突发事件应对的政府层级太高必将影响决策效率。政府的反应能力和反应速度对应急处置工作的成败至关重要，确定政府在应急管理中的层级分工，关键在于把握好反应能力和反应速度之间的平衡。应对层级不太高且经常发生的跨大行政区域突发事件，对反应速度的要求优先于反应能力。如果负责的层级太高，可能会因政府间链接环节过多，使得行动僵化、反应迟钝。其次，高层级的政府在职权上未必与事件的性质和等级相匹配。地方人民政府之间建立横向协同机制成为纾解区域突发事件的新思路，有别于以共同的上级政府的临时介入为基础纵向协同，该模式得以运行的基础是不存在上下级关系的地方政府之间自愿、自主、自发的合作意愿。本次修法的亮点之一，就是在法律上正式承认了地方人民政府之间横向协同机制的法律地位。

【适用指南】

所谓跨行政区域突发事件是指跨越两个或两个以上不相隶属的行政区域的突发性事件，强调突发事件发生或直接影响在地理意义上的动态扩展性。其中，"共同负责的人民政府应当按照国家有关规定，建立信息共享和协调配合机制。根据共同应对突发事件的需要，地方人民政府之间可以建立协同应对机制"为本次修法新增部分。实践中，在大安全大应急框架下，我国建立了一系列区域联动和防范救援救灾一体化应急管理机制并取得了诸多成就。为巩固这些实践成果，此次修法进行了两个方面的改动：其一，如果跨行政区域突发事件由各有关行政区域的上一级人民政府共同负责，共同负责的人民政府之间应当建立信息共享和协调配合机制。其二，为应对某些频发的跨行政区域突发事件，地方政府之间可以建立常态化的跨行政区域应急协同机制，包括但不限于建立跨行政区域联席会议、编制跨区域联合应急预案、进行区域联合应急演练、开展区域联合风险隐患普查等。

【关联规范】

《生产安全事故应急条例》第三条；《破坏性地震应急条例》第三十三条至第三十五条；《核电厂核事故应急管理条例》第四条、第五条、第七条。

> **第十九条　【行政领导机关与应急指挥机构】** 县级以上人民政府是突发事件应对管理工作的行政领导机关。
>
> 国务院在总理领导下研究、决定和部署特别重大突发事件的应对工作；根据实际需要，设立国家突发事件应急指挥机构，负责突发事件应对工作；必要时，国务院可以派出工作组指导有关工作。
>
> 县级以上地方人民政府设立由本级人民政府主要负责人、相关部门负责人、国家综合性消防救援队伍和驻当地中国人民解放军、中国人民武装警察部队有关负责人等组成的突发事件应急指挥机构，统一领导、协调本级人民政府各有关部门和下级人民政府开展突发事件应对工作；根据实际需要，设立相关类别突发事件应急指挥机构，组织、协调、指挥突发事件应对工作。

【条文主旨】

本条是关于突发事件应对管理工作的行政领导机关、国务院的应对指挥权、突发事件应急指挥机构设立与职责的规定。

【条文解读】

本条对原法第八条、第九条的规定进行了整合和调整。

第一，本条第一款规定："县级以上人民政府是突发事件应对管理工作的行政领导机关。"按照属地管理为主的原则，县级以上地方人民政府是本行政区域突发事件应急管理的行政领导机关，是此项工作的责任主体。县级以上地方人民政府应急管理工作的领导权主要表现为指挥权、协调权。

第二，在我国应急管理工作组织体系中，国务院是突发事件应急管理工作的最高行政领导机构。本条第二款明确规定："国务院在总理领导下研究、决定和部署特别重大突发事件的应对工作；根据实际需要，设立国家突发事件应急指挥机构，负责突发事件应对工作；必要时，国务院可以派出工作组指导有关工作。"国务院履行突发事件应急管理工作行政领导职责的方式很多，其中一种重要方式是派出工作组。国务院工作组一般由国务院总理或者相关部委有关负责同志担任组长，代表国务院深入一线，靠前指挥，这是在历次防范和处理重大突发事件中取得的一条宝贵经验。这里需要注意，本条第二款专门强调了"必要时，国务院可以派出工作组指导有关工作"。这里的"必要时"，是指是否派出"工作组"需要视情况而定。其中较为典型的情况是，突发事件发生后，当地方政府应急处置能力不足或应对不力，或者危机较为严重、引发严重负面影响，国务院需要"高位介入"。国务院工作组通常既前往现场指挥解决问题、化解危机，也履行督导检查与严格问责的职责。

第三，由于参与突发事件现场处置与救援的部门众多，各方力量归口不一，如何协调、统率好各方成为应急指挥决策机构面临的一个重点难点问题。对此，本条第三款特别规定，县级以上地方人民政府设立突发事件应急指挥机构，统一领导、协调本级人民政府各有关部门和下级人民政府开展突发事件应对管理工作。同时明确了应急指挥机构的组成人员，具体包括本级人民政府主要负责人、相关部门负责人、国家综合性消防救援队伍和驻当地中国人民解放军、中国人民武装警察部队有关负责人。其主要目的就是通过整合应急力量，建立扁平化组织指挥架构，破除部门间各自为政、"一盘散沙"等弊病，保证快速协调、步调一致应对突发事件。

【适用指南】

设置各级应急指挥机构及配置相应的指挥权是应急管理体制的核心，是以政府为代表的国家公权力体系在紧急情况下在最短的时间内最大限度地驱动全社会资源用于应对突发事件的关键。应急指挥体制涉及三个层面的问题：首先，整合政府系统内部的指挥关系，这个问题颇为复杂，涉及不同层级的政府之间、政府与部门之间、部门与部门之间等纵向、横向、斜向府际关系。其次，协调公共部门系统间指挥关系。最后，统筹公共部门外部指挥关系，即公共部门在突发事件应对中有效动员并指挥社会力量。

【关联规范】

《中华人民共和国防震减灾法》第五条；《生产安全事故应急条例》第二十条。

> 第二十条 【应急指挥机构职责权限】突发事件应急指挥机构在突发事件应对过程中可以依法发布有关突发事件应对的决定、命令、措施。突发事件应急指挥机构发布的决定、命令、措施与设立它的人民政府发布的决定、命令、措施具有同等效力，法律责任由设立它的人民政府承担。

【条文主旨】

本条是关于突发事件应急指挥机构的职权、效力与责任承担的规定。

【条文解读】

笔者认为，应急指挥机构应属于《国务院行政机构设置和编制管理条例》《地方各级人民政府机构设置和编制管理条例》规定的议事协调机构。从行政法的角度来看，议事协调机构是指为了完成某项特殊性或临时性任务而设立的跨部门组织。本条是对于突发事件应急指挥机构的特别授权，在紧急情况下授权突发事件应急指挥机构履行相关权力。本条虽然对突发事件应急指挥机构进行了特别授权，但规定了特殊权力行使的限制：首先，必须是在突发事件应对过程中，也就是从危机开始到结束的过程中。其次，必须依法发布，即使在突发事件应对的情境下，有关决定、命令和措施也不得逾越法律的限制。最后，决定、命令、措施必须与突发事件应对相关，如涉及危机的紧急处置、应急资源的调配等。

此次修法还明确了突发事件应急指挥机构发布的决定、命令、措施与设立它的人民政府发布的决定、命令、措施具有同等效力。也就是说，应急指挥机构的决定、命令、措施将由国家强制力保证实施，拒不执行的，可根据《中华人民共和国传染病防治法》《中华人民共和国刑法》《中华人民共和国行政处罚法》《中华人民共和国治安管理处罚法》《中华人民共和国人民警察法》和《突发公共卫生事件应急条例》等法律法规进行处理。

【适用指南】

本条是此次修法新增条款，从法律上确定了突发事件应急指挥机构在突发事件应对过程中依法发布有关突发事件决定、命令、措施的权力，并明确事件应急指挥机构发布的决定、命令、措施的法律效力及责任承担机制。

【关联规范】

《生产安全事故应急条例》第二十一条;《重大动物疫情应急条例》第二十六条。

> 第二十一条　【部门职责】县级以上人民政府应急管理部门和卫生健康、公安等有关部门应当在各自职责范围内做好有关突发事件应对管理工作,并指导、协助下级人民政府及其相应部门做好有关突发事件的应对管理工作。

【条文主旨】

本条是关于县级以上人民政府主管部门及有关部门的突发事件应对管理工作职责的规定。

【条文解读】

在突发事件应对中,县级以上人民政府各职能部门的工作包括两个方面:其一,根据相关法律法规、三定方案等规范性法律文件的规定,在各自职责范围内做好分内的专业性工作,如在突发事件发生后,应急管理部门收集统筹各类灾情信息、卫生健康部门负责突发事件遇难伤员的救治、公安部门负责维持突发事件应急处置期间的社会治安与稳定等;其二,发挥自身层级和专业优势,指导、协助下级人民政府及有关部门的突发事件应对管理工作。这种指导、协助不限于突发事件应急处置期间,而贯穿突发事件应对的整个流程,从事前的日常行政监督工作到事中的应急处置救援再到后期的事后恢复重建,县级以上人民政府的各部门均应当积极履行法定职责。

【适用指南】

从本次修法的立场来看,未来应当努力理顺应急管理部门的职能定位。应急管理部门的职能定位是"综合监管"部门,所谓"综合监管",

既不是"大包大揽""什么都管",也不是"凌驾"于其他部门之上的"监管之监管",应急管理部门主要负责组织编制预案和应急规划、推动预案建设和预案演练、建立灾情报告系统并统一发布灾情、统筹应急力量建设和物资储备并在救灾时统一调度、组织灾害救助体系建设等"合优于分"的事项。

【关联规范】

《生产安全事故应急条例》第三条;《突发公共卫生事件应急条例》第三条、第四条。

> **第二十二条 【基层职责】** 乡级人民政府、街道办事处应当明确专门工作力量,负责突发事件应对有关工作。
> 居民委员会、村民委员会依法协助人民政府和有关部门做好突发事件应对工作。

【条文主旨】

本条是关于基层应急职责和能力建设的规定。

【条文解读】

本条为本次修法新增条款。基层应急能力直接关系广大人民群众的生命财产安全,是筑牢应急管理防线、夯实应急管理基础的关键所在。只有使乡镇、街道办、居民委员会、村民委员会等基层单元充分发挥"救早、救小、救初期"的作用,打通突发事件应对的"最后一公里",才能最大限度地减轻突发事件对正常社会秩序的危害。

【适用指南】

笔者认为,加强基层应急能力建设应当从以下几个方面入手:

第一,培育基层应急救援队伍。乡级人民政府、街道办事处可以以辖区内可调动的应急队伍力量为基础,依托基层网格资源,组织现有警务、医务、民兵、森林消防、消防站、物业管理、企事业单位及志愿者等人员组成一支半专业化的综合性应急救援队伍,负责灾害事故先期处置、受困群众现场救援、受威胁群众转移撤离等工作。行政村（社区）可根据实际情况，组织村（居）民小组长、民兵、卫生所（室）、青壮劳力等人员组成本村（社区）的救援队，在突发事件发生后组织互救自救。此外，还应当引导基层应急救援队伍与国家综合性消防救援队伍、政府专职综合性应急救援队伍、各种专业化应急救援队伍与社会应急救援力量开展联合培训、演练和日常交流，形成应急救援合力。

第二，推动应急网格建设。为推动联防联控、群防群治，乡级人民政府、街道办事处应当引导城乡村居（社区）依托现有的综合治理、城市管理等功能性网格建立健全应急网格，统筹完善基础治理网格体系。具体而言，整合行政村（社区）现有的山洪地质灾害群测群防员、水库巡查员、护林员、灾情信息员、安全生产管理员，"多员合一"为应急网格员。应急网格员应当在政府和有关部门的指导下，积极向所在村居（社区）成员宣传普及应急管理基本知识、常识和技能；定期排查网格内安全生产、自然灾害等风险隐患；进行经常性的巡查监控，第一时间向行政村（社区）报告险情、灾情和违规非法生产经营行为；组织网格内各单位和村（居）民进行应急逃生、自救互救演练；熟悉本村（社区）转移避险路线、安全避难场所；突发事件来临时组织群众转移避险安置，承担网格内灾情统计报送、核查、损失评估和救助管理等相关工作。明确每村（社区）至少配备一名应急网格员，应急网格员应当符合一定的任职资格，不能由村委会干部（居委会干部）兼任。定期组织辖区内应急专员进行业务培训，提升应急专员的专业能力。

【关联规范】

《中华人民共和国防震减灾法》第八条；《重大动物疫情应急条例》第三十七条。

第二十三条　【个体义务】公民、法人和其他组织有义务参与突发事件应对工作。

【条文主旨】

本条是关于公民、法人和其他组织参与突发事件应对工作的义务的规定。

【条文解读】

在应急管理领域，社会动员被视为一项基本原则。我国积极鼓励社会力量参与到应急管理当中，并且社会力量也显现出了巨大的优势，在资源汇集、风险沟通、专业化程度、运作效率等方面与政府之间形成优势互补。本条的意义在于，让社会力量以法治化身份和方式参与应对重大突发事件，明确应急管理是以政府为主、社会力量为辅的多元公共治理格局。

【适用指南】

社会公众参与突发事件应对管理工作具有公益性质，必要的、制度化的利益保障机制是社会公众源源不断地涌入应急领域的保障。笔者认为，应当从两个方面保障参与者的利益：一是建立激励机制，如对参与企业实行税收优惠政策，对参与个人提供交通费、生活补助等物质补偿，对做出突出贡献的组织和个人给予公开表彰等；二是建立抚恤保障机制，如对因参与应急救援而遭受伤亡的按照一定标准加以抚恤，为参与应急救援的个人购买人身保险等。

【关联规范】

《突发公共卫生事件应急条例》第二十四条、第四十四条；《生产安全事故应急条例》第二十八条。

第二十四条　【解放军、武警部队、民兵组织参与】 中国人民解放军、中国人民武装警察部队和民兵组织依照本法和其他有关法律、行政法规、军事法规的规定以及国务院、中央军事委员会的命令，参加突发事件的应急救援和处置工作。

【条文主旨】

本条是关于突发事件应对中解放军、武警部队、民兵组织参加应急救援和处置工作职责的规定。

【条文解读】

从本条的规定来看，中国人民解放军、中国人民武装警察部队和民兵组织参与应急救援和处置的方式有两种：一是根据有关法律、行政法规、军事法规的特别规定，如《军队参加抢险救灾条例》第二条第一款规定，军队是抢险救灾的突击力量，执行国家赋予的抢险救灾任务是军队的重要使命。二是根据国务院、中央军委的命令而参与。

【适用指南】

在重大的、非常规的突发事件应对中，军队作为突击力量参与应急救援和处置工作是我国集中力量应对急难险重任务的制度优势体现。因此，有必要注重信息沟通、信息共享、协同演练方面的制度建设，为应急协作机制的构建切实提供保障。

【关联规范】

《中华人民共和国防震减灾法》第九条；《核电厂核事故应急管理条例》第八条；《破坏性地震应急条例》第五条。

> **第二十五条　【本级人大监督】**县级以上人民政府及其设立的突发事件应急指挥机构发布的有关突发事件应对的决定、命令、措施，应当及时报本级人民代表大会常务委员会备案；突发事件应急处置工作结束后，应当向本级人民代表大会常务委员会作出专项工作报告。

【条文主旨】

本条是关于人大常委会在突发事件应对中的监督权和监督重点的规定。

【条文解读】

本条与本法第二十条前后呼应。首先，突发事件应急指挥机构在前条中被授予发布有关突发事件应对的决定、命令、措施的权力，本条将县级以上人民政府与其并列，规定二者发布有关突发事件应对的决定、命令、措施应当及时向本级人大常委会备案，并在应急处置工作结束后向本级人大常委会作出专项工作报告；其次，本条规定了国家权力机关对突发事件应对管理工作的监督形式，包括备案和事后报告两种形式。

【适用指南】

突发事件法律规范应当由两方面组成：一是规定突发事件应对管理的机制、流程，以保证尽快度过公共危机；二是规定紧急权力的来源、行使的限制等，以尽可能保证紧急权力行使的合法性。本条之所以将县级以上人民政府及其设立的应急指挥机构在突发事件应对过程中的决定、命令、措施纳入国家权力机关的监督视野，是因为：一方面，政府及其所设立的应急指挥机构作为突发事件应对的执行机关，在应急管理过程中拥有比平时更重大、更特殊的各项权力，在具体实施各项应急措施的过程中又需要对公民权利做出必要限制。因此，紧急权力需受到监督，而国家权力机关是最为合适的监督主体。另一方面，突发事件应对工作作为县级以上人民政府的一项重要职能，其履行过程同样需要接受权力机关的监督。

【关联规范】

《中华人民共和国各级人民代表大会常务委员会监督法》第二十九条、第三十条；《生产安全事故应急条例》第二十四条。

案例评析

南京建立跨区域应急协同机制

一、案情简介

为深入贯彻落实国家"长三角一体化"跨区域协作战略部署，切实提升突发事件的预警和应对能力，江苏省南京市应急管理局与滁州市、马鞍山市、宣城市、芜湖市应急管理局签订跨区域应急联动协议，并举行苏浙皖毗连地区第六联防区跨区域森林火灾应急演练活动，检验联防联控工作机制，锻炼应急队伍，保障全市及毗连地区安全稳定发展，为解决应急资源共享交流不充分、专业救援队伍不足等问题提供了方法路径。应急联动协议的签订，将进一步完善五地跨区域应急管理合作布局，促进五地安全生产及自然灾害信息、突发事件预警信息、救援队伍、应急物资、救援装备、救援专家等资源合作共享，推动建立区域应急响应联动机制，为五地经济社会高质量发展提供坚实安全保障。①

二、专家评析

跨区域协作机制应当贯穿应急管理的全流程，即风险管理、事前准备、事中处置和救援、事后重建和反思各个阶段。在这些阶段中，事前准备和事后反思环节的跨区域协作在实践中较为缺乏，但对突发事件应对效果的呈现极其重要。通过将合作协议的实施常态化，即在突发事件的事前管理中就引入合作框架，如共同制定应急规划、共同编制应急预案、建立信息共享机制、共同开展应急演练、共同开展风险评估等，一方面有利于强化协作机制的制度惯性，将区域合作机制融入地方政府应急管理常态化的工作中；另一方面也能够增强协作机制的运行实效，保证这些机制在公共危机发生后能够真正运转，实现关口前移。至于事后反思环节，在一般的突发事件发生后，往往在突发事件中的责任追究中被遗忘。但是，对于跨行政区域但级别不高的突发事件，以及跨区域、高级别突发事件中的非全局性问题，总结和反思类别突发事件的发生规律、演变方式等，能够为将来可能发生的类似事件的应对提供不可多得的经验，而这也是建立跨区域应急协作机制以应对此类事件的重要理由所在。对于事中处置和救援环节，为了避免地方政府在共同应对突发事件过程中因推诿扯皮、权责不明而降低应急决策的效率，府际协作机制应当对应急指挥权的配置作出明确，并且结合处置结束后的反思情况做好及时的更新、优化。笔者认为，在应急指挥权的配置上可以遵循这样的基本原则：突发事件发生区域的事态能够区分主次的，由主要发生地政府承担主要职责；不能区分主次的，由首发地政府承担主要职责；不能区分主次也不能判别首发地的，由首先启动应急响应的政府承担主要职责。在确定了对应急响应承担主要职责的地方政府之后，协作机制中的其他地方政府应当承担约定的配合协助义务。

---

① 参见《江苏南京建立跨区域应急联动机制》，载应急管理部网站，https：//www.mem.gov.cn/xw/gdyj/202301/t20230105_440068.shtml，最后访问时间：2024年9月11日。

第三章　预防与应急准备

本章围绕突发事件应对工作的预防与应急准备环节，就本法第三章预防与应急准备的第二十六条至第五十七条展开解读，帮助读者完整理解和正确适用。由于突发事件应对工作在预防与应急准备阶段特别集中，所以第三章的容量很大，是本法条文最多的一章。

> **第二十六条　【应急预案制定与备案】**国家建立健全突发事件应急预案体系。
>
> 国务院制定国家突发事件总体应急预案，组织制定国家突发事件专项应急预案；国务院有关部门根据各自的职责和国务院相关应急预案，制定国家突发事件部门应急预案并报国务院备案。
>
> 地方各级人民政府和县级以上地方人民政府有关部门根据有关法律、法规、规章、上级人民政府及其有关部门的应急预案以及本地区、本部门的实际情况，制定相应的突发事件应急预案并按国务院有关规定备案。

【条文主旨】

本条是关于突发事件应急预案制定与备案的规定。

【条文解读】

本条第一款是对突发事件应急预案的原则性规定，要求"国家建立健全突发事件应急预案体系"。这里的"国家"主要是指中央和地方各级政府及其部门，"突发事件应急预案体系"包括各层级多种类的应急预案，即中央和地方的突发事件应急预案、总体应急预案、专项应急预案、部门应急预案。这里提到"建立健全",是指既要从"无"到"有"地"建立"个别应急预案,也要从"有"到"优"地在已有应急预案的基础上"健全"完善各类突发事件的应急预案。

本条第二款规定了国务院及其有关部门制定应急预案的职责,即制定国家一级的突发事件应急预案。首先,国务院负责制定国家突发事件总体应急预案,总体应急预案用于指导全国的突发事件应对工作,如《国家突发事件总体应急预案》。其次,国家突发事件专项应急预案由国务院组织制定。专项应急预案是国务院及其有关部门为应对某一类型或某几种类型突发公共事件而制定的应急预案,如《国家自然灾害救助应急预案》。由于这种应急预案的实施往往涉及数个国务院组成部门,因此需要由国务院统一组织协调。最后,国家突发事件部门应急预案由国务院有关部门制定。部门应急预案是国务院有关部门根据其职责和国务院相关应急预案(包括国家总体应急预案、国家专项应急预案),为应对突发事件制定的预案。这种预案主要依据各部门的职责分工进行划分,如铁路方面的应急预案、农业方面的应急预案、建设工程方面的应急预案等。国务院部门制定应急预案要向国务院备案。

本条第三款规定了地方各级人民政府及其有关部门的职责,即制定地方一级的突发事件应急预案。对这一规定有三点必须注意:一是地方各级人民政府及政府有关部门制定本地方的突发事件应急预案,必须根据法律、法规、规章、上级人民政府及有关部门的应急预案,如县级人民政府制定本地方的应急预案,必须根据省级、市级人民政府应急预案的相关规定;二是应急预案制定要有针对性,要符合本地区、本部门的真实情况,切勿照搬照抄,不切实际;三是地方各级人民政府和政府有关部门都应当制定本地方的突发事件应急预案。地方的突发事件应急预案也包括三类:一是本地区的突发事件总体应急预案;二是由地方人民政府组织制定的本地区突发事件专项应急预案;三是由地方人民政府有关部门制定的本地区突发事件部门应急预案。地方一级应急预案报备要按国务院有关规定执行,即按照《突发事件应急预案管理办法》规定备案。

【适用指南】

一、突发事件应急预案概述

（一）突发事件应急预案

2006年1月，国务院发布《国家突发公共事件总体应急预案》①，之后，国务院各有关部门业已编制了各种国家专项预案和部门预案；各省、自治区、直辖市的省级突发公共事件总体应急预案也均编制完成。目前，我国已初步建立了完整的突发公共事件预案体系。

（二）应急预案类型

应急预案是我国当前"一案三制"应急管理体系建设的重要组成部分，是指根据法律、法规和各项规章制度，综合本部门、本单位的历史经验、实践积累和当地特殊的地域、政治、民俗等实际情况，针对各种突发事件而事先制订的一套能切实迅速、有效、有序解决突发事件的行动计划或方案，从而使政府应急管理工作更为程序化、制度化，做到有法可依、有据可查。② 除本条规定的政府及其部门制定应急预案外，突发事件应急预案还包括本法第三十六条和第三十七条规定的"矿山、金属冶炼、建筑施工单位和易燃易爆物品、危险化学品、放射性物品等危险物品的生产、经营、运输、储存、使用单位""公共交通工具、公共场所和其他人员密集场所的经营单位或者管理单位"制定的具体应急预案。

（三）应急预案制定与应急管理体制

本法第十六条规定"国家建立统一指挥、专常兼备、反应灵敏、上下联动的应急管理体制和综合协调、分类管理、分级负责、属地管理为主的工作体系"。本条有关应急预案制定与报备的规定正是第十六条要求的具体体现。首先，国家建立健全突发事件应急预案体系，制定国家突发事件总体应急预案，且各地、各部门制定预案都要以国务院有关预案为依据，这体现了"统一领导"的原则。其次，国家组织制定国家突发事件专项应急预案，这体现了"综合协调"的原则。再次，国务院有关部门根据其职责和国务院相关应急预案，制定国家突发事件部门应急预案，这体现了"分类管理"的原则。最后，地方各级人民政府和县级以上地方各级人民政府有关部门制定相应的突发事件应急预案，则体现了"分级负责、属地

---

① 已被废止。
② 钟开斌：《"一案三制"：中国应急管理体系建设的基本框架》，载《南京社会科学》2009年第11期。

管理"的原则。

二、应急预案报备要求

应急预案备案是此次修法新增的规定。现行的防震减灾法、核安全法、环境保护法、固体废物污染环境防治法、大气污染防治法、水污染防治法、传染病防治法、食品安全法、野生动物保护法等对相关类型的应急预案备案提出了要求，也明确了相关部门开展应急预案备案的职责。同时，《突发事件应急预案管理办法》对各级各类应急预案备案也有明确规定。本条第三款涉及的备案主要是指《突发事件应急预案管理办法》第二十六条前六项。该条规定："应急预案审批单位应当在应急预案印发后的20个工作日内，将应急预案正式印发文本（含电子文本）及编制说明，依照下列规定向有关单位备案并抄送有关部门：（一）县级以上地方人民政府总体应急预案报上一级人民政府备案，径送上一级人民政府应急管理部门，同时抄送上一级人民政府有关部门；（二）县级以上地方人民政府专项应急预案报上一级人民政府相应牵头部门备案，同时抄送上一级人民政府应急管理部门和有关部门；（三）部门应急预案报本级人民政府备案，径送本级应急管理部门，同时抄送本级有关部门；（四）联合应急预案按所涉及区域，依据专项应急预案或部门应急预案有关规定备案，同时抄送本地区上一级或共同上一级人民政府应急管理部门和有关部门；（五）涉及需要与所在地人民政府联合应急处置的中央单位应急预案，应当报所在地县级人民政府备案，同时抄送本级应急管理部门和突发事件应对牵头部门；（六）乡镇（街道）应急预案报上一级人民政府备案，径送上一级人民政府应急管理部门，同时抄送上一级人民政府有关部门。村（社区）应急预案报乡镇（街道）备案……"

【关联规范】

《中华人民共和国粮食安全保障法》第四十八条；《中华人民共和国海洋环境保护法》第二十八条；《中华人民共和国农产品质量安全法》第五十九条；《中华人民共和国数据安全法》第二十三条；《中华人民共和国草原法》第五十三条；《中华人民共和国食品安全法》第一百零二条；《中华人民共和国海上交通安全法》第十六条；《中华人民共和国动物防疫法》第四十五条；《中华人民共和国长江保护法》第三十五条；《中华人民共和国森林法》第三十四条；《中华人民共和国基本医疗卫生与健康促进法》第十九条；《中华人民共和国药品管理法》第一百零八条；《中华人民共和国疫苗管理法》第七十八条；《中华人民共和国旅游法》第七十八条；《中

华人民共和国大气污染防治法》第九十四条；《中华人民共和国精神卫生法》第十四条；《中华人民共和国水污染防治法》第七十九条。

> **第二十七条 【应急管理部门预案职责】** 县级以上人民政府应急管理部门指导突发事件应急预案体系建设，综合协调应急预案衔接工作，增强有关应急预案的衔接性和实效性。

【条文主旨】

本条是关于县级以上人民政府应急管理部门应急预案职责的规定。

【条文解读】

2018年3月，根据第十三届全国人民代表大会第一次会议批准的国务院机构改革方案，中华人民共和国应急管理部设立。根据《深化党和国家机构改革方案》[①]规定，其主要职责包括"组织编制国家应急总体预案和规划，指导各地区各部门应对突发事件工作，推动应急预案体系建设和预案演练"。本条明确了应急管理部门牵头抓总预案管理工作的职责，县级以上地方人民政府应急管理部门在应急预案工作中有两项职责："指导建设"和"综合协调"。"指导建设"是指"县级以上人民政府应急管理部门指导突发事件应急预案体系建设"。在指导过程中，应急管理部门要注意区分不同主体、不同领域应急管理任务的轻和重、主和辅、难和易等，重点提升薄弱环节、薄弱领域、薄弱单位的应急预案质量。"综合协调"是县级以上人民政府应急管理部门在征求意见、审核审批、备案管理、数据库管理等过程中要进行预案衔接性把关。本条是本次修法的新增内容，县级以上人民政府应急管理部门通过履行"指导建设"和"综合协调"两项职责，可以实现"增强有关应急预案的衔接性和实效性"的目的，即充分发挥应急管理部门的综合优势和各相关部门的专业优势，根据职责分工承担各自责任，确保责任链条无缝对接，形成和增强整体合力和应对效果。

---

① 《深化党和国家机构改革方案》，载中国政府网，https://www.gov.cn/zhengce/202203/content_3635301.htm#3，最后访问时间：2024年9月4日。

【适用指南】

一、应急预案的衔接性

（一）应急预案的衔接性问题

应急预案衔接性是指各级、各类应急预案在内容、组织、资源、信息等方面能够相互协调、密切配合，形成一个高效、有序的应急响应体系。但当前应急预案在信息平台建设、预案演练、预案涉及责任部门划分、跨部门合作等方面衔接不畅。应急预案衔接出现问题，就易导致部门责任不清、推诿扯皮、信息孤岛等现象，进而影响应急响应效率和应急预案的顺利实施。

（二）应急预案衔接性要求

加强应急预案的衔接性是提升应急管理能力的关键所在。具体来说，应急预案衔接性应满足以下要求：

一是内容衔接。各级、各类应急预案在内容上应相互补充、相互完善，避免重复和矛盾，确保在应急处置过程中能够形成统一的行动方案。

二是组织衔接。应急预案应明确各级组织在应急处置中的职责和权限，建立统一的指挥体系，确保在紧急情况下能够迅速、有效地调动和组织相关力量。

三是资源衔接。应急预案应充分考虑资源的合理配置和共享，确保在应急处置过程中能够充分利用各种资源，提高应对突发事件的能力和效率。

四是信息衔接。应急预案应建立高效的信息沟通机制，实现信息的及时传递和共享，确保各级组织和人员能够准确掌握应急处置的进展情况和需求，做出正确的决策和行动。

二、应急预案的实效性要点

为了改善低阶应急预案过度模仿的积弊，应急预案制定单位要紧密结合本地区、本部门和单位的特点，加强对各种危险源和风险因素的分析评估，进一步区分和细化职责，有针对性地提出有效的处置程序和应对措施、办法，应急管理部门要在其中发挥指导作用。具体包括：

一是将风险评估作为预案编制的根本前提。为了保证应急预案的科学性和可操作性，必须全面系统认识和评估预案所针对的潜在突发事件，要识别重要的潜在事件、性质、区域、分布和事故后果，并根据风险分析的后果，分析应急救援力量和可用资源的情况，为所需的应急资源准备提供建设性意见，这一过程可以增强对动态变化的预测能力，提高对可能发生的突发事件的预测能力。风险评估的目的是明确应急的对象、突发事件的性质及影响范围、后果严重程度，为应急准备、应急响应和恢复措施提供决策依据。风险分析要结合事件的具体情况进行，分析可能出现的事故，针对某种潜在的事故分析本地区相应的脆弱性情况，哪些人群、哪些单位和哪些地区属于弱势，应该加强防护。将风险评估与应急预案的制定紧密结合，不仅有助于确定应急工作重点，为划分预案编制优先级别提供依据，也能够为应急准备和应急响应提供必要的信息和资料。

二是低阶预案内在结构的调整。低阶预案的内容可进一步区分为基本实施方案和具体操作方案。其中，基本实施方案与当前低阶预案的现状大致相当，其目的在于贯彻各类应急法律规范的要求，指明本地区（行业、部门、单位）应对突发事件的特殊事项。具体操作方案则以保证预案可操作性的各类支持附件为主，包括应急处置工作方案、相关风险及隐患列表、应急预案和执行程序名录、相关应急资源名录、各相关单位通信录、力量部署及交通流线图、事件处置规范性表格、政府宣传口径、政府内部工作流程及其他相关敏感信息等。这类支持附件在突发事件发生时，可以根据应对的需要及时进行调整，以极大地增强现场应急处置的灵活性和针对性。

三是充实低阶预案的标准操作程序。就追求可操作性的低阶预案而言，对预案标准操作程序的描述应当尽量做到简单清晰，一般应包括适用范围、职责、具体任务说明、操作步骤、负责人员等要素，作为组织或个人履行应急预案所规定的职责和任务的详细指导。标准操作程序应尽量采用活动检查表的形式，对每一活动留有记录区，供逐项检查核对时使用。已经做过核对标记的检查表，自动成为应急活动记录的一部分。通过标准操作程序规定和描述的"可操作化处理"，突发事件发生后，各类应对主体可在第一时间启动预案，从而提高应急响应的速度和质量。[①]

【关联规范】

《突发事件应急预案管理办法》第五条。

[①] 参见莫于川主编：《应急预案法治论》，法律出版社2020年版，第24~25页。

> **第二十八条　【应急预案基本内容与修订】** 应急预案应当根据本法和其他有关法律、法规的规定，针对突发事件的性质、特点和可能造成的社会危害，具体规定突发事件应对管理工作的组织指挥体系与职责和突发事件的预防与预警机制、处置程序、应急保障措施以及事后恢复与重建措施等内容。
>
> 　　应急预案制定机关应当广泛听取有关部门、单位、专家和社会各方面意见，增强应急预案的针对性和可操作性，并根据实际需要、情势变化、应急演练中发现的问题等及时对应急预案作出修订。
>
> 　　应急预案的制定、修订、备案等工作程序和管理办法由国务院规定。

【条文主旨】

本条是关于应急预案基本内容与修订的规定。

【条文解读】

本条第一款和原法律第十八条内容相同，主要规定了应急预案的基本内容。根据本条第一款规定，应急预案的内容编制依据包括法规依据和现实依据两类。法规依据包括本法和其他有关的法律法规。如食品类应急预案编制依据包括《中华人民共和国食品安全法》第一百零二条、第一百零三条，《中华人民共和国农产品质量安全法》第五十九条，《中华人民共和国食品安全法实施条例》第五十四条，《突发公共卫生事件应急条例》第十条、第十一条等。现实依据主要包括三类，即"突发事件的性质、特点和可能造成的社会危害"。根据本条第一款规定，一般突发事件应急预案的内容应当包括以下几个部分：（1）应对突发事件的组织指挥体系与职责。主要规定突发事件的工作机构和工作职责等内容。（2）突发事件的预防与预警机制。突发事件的预防主要通过风险隐患的普查和监控实现。突发事件的预警主要是指政府对突发事件信息进行分析、研判之后，认为突发事件即将发生或者发生的可能性增大，或已经发生且可能升级扩大时，向社会发布警报信息，并采取与预警级别相对应的措施，以最大限度遏制或降低突发事件给社会造成的各种损失。① 预警信息一般通过广播、电视、报刊、通信、信息网络、警报器、宣传车或组织人员逐户通知等方式发布、调整和解除。②（3）突发事件的处置程序。当突发事件发生后，有关机关应当根据职责和权限启动相关应急预案，及时有效进行处置、控制事态，因此，预案的这一部分内容包括其启动程序和具体的处置措施。（4）应急保障措施。主要包括为应对突发事件而提供的人、财、物、技术、信息等方面的保障。（5）事后恢复与重建措施。包括损失评估、制定恢复重建工作方案、检查监督等事项。

本条第二款主要规定了应急预案制定应广泛听取意见并适时作出修订。应急预案的制定不能关门决策、闭门造车，应广泛吸纳有关部门、单位有利于增进防治决策科学化的相关信息，注意尊重专家建议，倾听民众意见，从而增强应急预案的针对性和可操作性。应急预案的制定不是封闭的过程，应尽可能地了解民意，尊重社会共识，尽量采取基于社会共识的应急处理措施。同时，本条第二款规定了应急预案的修订，即根据实际需要、情势变化、应急演练中发现的问题适时修订应急预案。本条第二款提到的应急预案制定机关包括国务院、国务院有关部门、地方人民政府及其有关部门，因此，上述各级机关都有依法适时修订应急预案的义务。

本条第三款规定了应急预案的制定、修订、备案等工作程序和管理办法的规定单位为国务院。本条第三款的管理办法主要指《突发事件应急预案管理办法》。

【适用指南】

一、应急预案听取意见

行政主导下制定的应急预案尽管在制定过程中也不同程度地征求了相关单位的意见，但应急预案一旦启动，其实施主体不仅是行政机关自身，还涉及其他一系列相关单位和个人，尤其是非政府组织和个人。那么，为了确保低阶预案真正切合应急管理实践的需要，在应急预案的编制过程中，就必须充分吸收预案启动后可能涉及的各类主体（或其代表）的参与。谁可能参与预案的实施，谁就应当参与预案的编制。因此，本条规定应当广泛听取有关部门、单位、专家和社会各方面意见。参加应急预案编

---

① 林鸿潮：《应急法概论》，应急管理出版社2020年版，第186页。
② 李飞主编：《〈中华人民共和国突发事件应对法〉释义及使用指南》，中国民主法制出版社2007年版，第107页。

制的主体应当包括但不限于编制机关的行政首长或其代表、应急管理机构的一线工作人员、关联部门的工作人员、应急救援组织（企业、专家）、相关领域的技术专家、法学和管理学专家、相关企事业单位代表、志愿者（组织）代表、相关非政府组织代表等。①

二、应急预案修订

《突发事件应急预案管理办法》第三十五条规定："有下列情形之一的，应当及时修订应急预案：（一）有关法律、法规、规章、标准、上位预案中的有关规定发生重大变化的；（二）应急指挥机构及其职责发生重大调整的；（三）面临的风险发生重大变化的；（四）重要应急资源发生重大变化的；（五）在突发事件实际应对和应急演练中发现问题需要作出重大调整的；（六）应急预案制定单位认为应当修订的其他情况。"

【关联规范】

《突发事件应急预案管理办法》第三十五条。

第二十九条　【突发事件应急规划】 县级以上人民政府应当将突发事件应对工作纳入国民经济和社会发展规划。县级以上人民政府有关部门应当制定突发事件应急体系建设规划。

【条文主旨】

本条是关于突发事件应急规划的规定。

【条文解读】

本条是新增条文，规定了两类行政主体的突发事件应急规划职能。一类是县级以上人民政府，该类行政主体应将突发事件应对工作纳入国民经济和社会发展规划。国民经济和社会发展规划是国家加强和改善宏观调控的重要手段，也是政府履行经济调节、市场监管、社会管理和公共服务职责的重要依据。国民经济和社会发展规划按行政层级分为国家级规划、省

---

① 参见莫于川主编：《应急预案法治论》，法律出版社2020年版，第25页。

（区、市）级规划、市县级规划；按对象和功能类别分为总体规划、专项规划、区域规划。本条为此次修订新增规定。我国政府将"强化应急体系建设"纳入国家"十一五"国民经济和社会发展规划纲要，[1] 连续多年制定国家突发事件应急体系建设规划，[2] 明确了不同时期应急体系建设目标、主要任务、重点建设项目、政策措施等。例如，2024 年 3 月 5 日，十四届全国人大二次会议审查了《关于 2023 年国民经济和社会发展计划执行情况与 2024 年国民经济和社会发展计划草案的报告》。[3] 其中提出，2024 年，要强化安全生产和防灾减灾救灾；深入落实安全生产责任制，扎实开展安全生产治本攻坚三年行动，坚决防范和遏制重特大事故发生；全力抓好灾后恢复重建；等等。

另一类主体是县级以上人民政府有关部门，该类行政主体应当制定突发事件应急体系建设规划。这里的"有关部门"主要指应急管理部门。

【适用指南】

一、应急规划的意义

在应急管理领域，从表面上看，突发事件具有的突发性、紧迫性和不确定性与行政规划所具有的全局性、长远性和方向性似乎相抵触，但应急管理工作的经验色彩较为浓厚，编制应急规划的意义正在于根据长期积累的应急管理工作经验，逐渐摸索并制定出较为科学的应急管理方案以应对未来突发事件的不确定性，引导和促进事态向有利的方向发展，以最大限度地防控风险和消除隐患。

二、应急规划的必要性

建立应急规划制度顺应风险社会的发展趋势，有助于提高应急管理工作的前瞻性和科学性，合理有效地规避和防范风险。在新的历史时期，我国应急管理工作面临一系列巨大的挑战，风险防控和危机管理正成为应急

---

[1] 《"十一五"国民经济和社会发展规划纲要》，载国家发展和改革委员会网站，https://www.ndrc.gov.cn/xwdt/gdzt/ghjd/quanwen/，最后访问时间：2024 年 9 月 4 日。

[2] 《"十四五"国家应急体系规划》，载中国政府网，https://www.gov.cn/gongbao/content/2022/content_5675949.htm，最后访问时间：2024 年 9 月 4 日；《国家突发事件应急体系建设"十三五"规划》，载中国政府网，https://www.gov.cn/zhengce/content/2017-07/19/content_5211752.htm，最后访问时间：2024 年 9 月 4 日。

[3] 《关于 2023 年国民经济和社会发展计划执行情况与 2024 年国民经济和社会发展计划草案的报告（摘要）》，载中国政府网，https://www.gov.cn/yaowen/liebiao/202403/content_6936796.htm，最后访问时间：2024 年 9 月 4 日。

管理工作的重点内容。① 面对突发事件呈现出的日益复杂化、复合化的趋势，建立健全应急体系建设规划将是有效应对风险的前提和必要条件。

制定应急规划是应急管理发展的必然要求，因为政府需要运用"应急规划"这样一个"工具"来统筹谋划应急管理布局，合理调配各项应急资源，安排各种类型的建设计划，实现良好的社会管理职能。

【关联规范】

《国务院关于全面加强应急管理工作的意见》。

> 第三十条 【国土空间规划与突发事件预防处置】国土空间规划等规划应当符合预防、处置突发事件的需要，统筹安排突发事件应对工作所必需的设备和基础设施建设，合理确定应急避难、封闭隔离、紧急医疗救治等场所，实现日常使用和应急使用的相互转换。

【条文主旨】

本条是关于国土空间规划与突发事件预防处置的规定。

【条文解读】

本条规定了为应对突发事件，国土空间规划应当统筹设置应急设施、设备、各类场所等。由于应急设施和避难等场所均属于大型基础建设项目，因此本条专门规定了国土空间规划应当考虑到突发事件的需要，进行统筹安排。这在我国其他法律中也有所体现，如城乡规划法第三十三条规定"城市地下空间的开发和利用，应当与经济和技术发展水平相适应，遵循统筹安排、综合开发、合理利用的原则，充分考虑防灾减灾、人民防空和通信等需要，并符合城市规划，履行规划审批手续"。防洪法第十二条规定："受风暴潮威胁的沿海地区的县级以上地方人民政府，应当把防御风暴潮纳入本地区的防洪规划，加强海堤（海塘）、挡潮闸和沿海防护林

---

① 滕五晓：《新时代国家应急管理体制：机遇、挑战与创新》，载《人民论坛·学术前沿》2019年第5期。

等防御风暴潮工程体系建设，监督建筑物、构筑物的设计和施工符合防御风暴潮的需要。"《危险化学品安全管理条例》第十一条第三款规定："地方人民政府组织编制城乡规划，应当根据本地区的实际情况，按照确保安全的原则，规划适当区域专门用于危险化学品的生产、储存。"

在面对这类未知、新发非常态突发公共卫生事件时，虽然有关事态尚不明朗，但由于存在巨大的不确定性风险，有关部门可能需采取针对一般区域和一般人群的大范围封锁、隔离等防控措施，以降低对社会整体利益带来的严重威胁。因此，本次修订增加规定了"封闭隔离""紧急医疗救治"两类应急场所。

本条还增加规定了国土空间规划"平急转换"的要求，即日常使用和应急使用之间的相互转换，这主要是出于提高空间利用率，避免资源浪费的考虑。各地在建设应急场所时，应坚持"平急结合、平急两用"理念，遵循总量够用、既有尽用、新建赋能、共建共用和区域协同的原则，结合城市发展和乡村振兴需要，统筹利用各类应急避难资源合理建设，强调既要满足各类灾害事故的应急避难需求，也要防止造成资源浪费。

【适用指南】

2018年1月中共中央办公厅、国务院办公厅印发《关于推进城市安全发展的意见》，[1] 从国家层面系统提出了对防灾减灾、区域安全发展的基本要求。应急管理部贯彻落实党中央、国务院决策部署，推动发挥国土空间规划在防灾减灾领域的基础性作用，主动与自然资源部对接，将防灾减灾纳入国土空间规划编制要求，强化灾害风险源头管控。

一是加强防灾减灾和城市安全发展等专项规划的编制。应急管理部强化规划体系顶层设计与统筹，牵头编制并推动印发了《"十四五"国家应急体系规划》《"十四五"国家综合防灾减灾规划》[2]《"十四五"国家安全生产规划》[3]《"十四五"国家防震减灾规划》[4] 以及《"十四五"国家消

---

[1] 《关于推进城市安全发展的意见》，载中国政府网站，https://www.gov.cn/gongbao/content/2018/content_5257371.htm，最后访问时间：2024年9月4日。

[2] 《"十四五"国家综合防灾减灾规划》，载应急管理部网站，https://www.mem.gov.cn/gk/zfxxgkpt/fdzdgknr/202207/t20220721_418698.shtml，最后访问时间：2024年9月4日。

[3] 《"十四五"国家安全生产规划》，载应急管理部网站，https://www.mem.gov.cn/gk/zfxxgkpt/fdzdgknr/202204/t20220412_411518.shtml，最后访问时间：2024年9月4日。

[4] 《"十四五"国家防震减灾规划》，载应急管理部网站，https://www.mem.gov.cn/gk/zfxxgkpt/fdzdgknr/202205/t20220525_414288.shtml，最后访问时间：2024年9月4日。

防工作规划》①，将防灾减灾和城市安全发展等相关内容纳入规划，明确加强规划协同，将安全和韧性、灾害风险评估等纳入国土空间规划编制要求，强化安全底线约束。指导各地结合实际编制区域应急体系、防灾减灾、城市安全发展等规划，强化灾害风险防控要求，促进城乡防灾减灾能力与区域经济社会协调发展。

二是完善现有国土空间规划中"城市（城乡或区域）防灾减灾和安全发展规划"的内容。应急管理部结合部门职责，统筹发展和安全，提出将防灾减灾和城市安全发展等相关内容纳入国家国土空间规划，明确要求将开展自然灾害综合风险防控区划定工作，结合第一次全国自然灾害综合风险普查风险评估区划相关成果，科学划定地震、地质、洪涝等灾害综合风险重点防控区划，统筹应急避难场所、救灾物资储备库、应急救援设施、转移安置和恢复重建等各类防灾减灾和公共安全设施等用地需求，优化防灾减灾、应急救援和公共安全基础设施空间布局。通过建立健全灾害事故分区分类用地管控机制，充分发挥国土空间规划对灾害防治的刚性约束作用，推动形成有效防控重大灾害事故风险的城乡空间安全发展格局和风险防控体系。

【关联规范】

《中华人民共和国城乡规划法》第三十三条；《中华人民共和国防洪法》第十二条；《中华人民共和国动物防疫法》第二十四条；《危险化学品安全管理条例》第十一条。

> **第三十一条　【政府应急避难场所职责】**国务院应急管理部门会同卫生健康、自然资源、住房城乡建设等部门统筹、指导全国应急避难场所的建设和管理工作，建立健全应急避难场所标准体系。县级以上地方人民政府负责本行政区域内应急避难场所的规划、建设和管理工作。

---

① 《"十四五"国家消防工作规划》，载应急管理部网站，https：//www.mem.gov.cn/gk/zfxxgkpt/fdzdgknr/202204/t20220414_411713.shtml，最后访问时间：2024年9月4日。

【条文主旨】

本条是关于应急避难场所政府职责的规定。

【条文解读】

本条是本次修订新增条文，规定了多种行政主体有关应急场所的"统筹""指导""规划""建设""管理"以及建立健全标准体系等职责。根据本条规定，国务院应急管理部门负责"统筹""指导"全国范围内应急场所"建设""管理"工作和"建立健全应急避难场所标准体系"。国务院在履行应急避难场所行政职责时，要做好与其他部门的协调，包括卫生健康、自然资源、住房城乡建设等部门。县级以上地方人民政府根据应急避难场所属地管理的原则，负责本行政区域内的规划、建设和管理工作。《"十四五"国家应急体系规划》规定，要完善应急避难场所规划布局，健全避难场所建设标准和后评价机制，严禁随意变更应急避难场所和应急基础设施的使用性质。国务院应急管理部门牵头抓总，要通过规范性文件、国家标准、行业标准等形式确保《"十四五"国家应急体系规划》关于"应急避难场所"规定的落地落实。县级以上地方人民政府应急避难场所规划要遵照应急管理部、自然资源部联合印发的《应急避难场所专项规划编制指南》，[①] 应急避难场所建设要符合应急避难场所标准体系。应急避难场所管理包括但不限于以下内容：制定并落实应急避难场所管理与维护制度，建立管理维护档案，记录日常管理与维护重大事项；在显要位置设置场所疏散安置示意图，包括设施位置、棚宿区区域、方向指示图标、图例等；设置符合相关标准的应急避难场所标识、场所内道路指示标识和场所设施指示标识，并保持外形完好、清晰醒目、方向指示准确；组织应急避难建筑物、避难设施设备和标志标识的检查维护，保证其安全和正常使用，并采取措施保持应急避难场所出入口、主要疏散通道、消防通道的通畅；开展应急演练；等等。

【适用指南】

一、应急避难场所的意义

应急避难场所是公共安全和应急管理的重要组成部分，作为防灾减灾

[①] 《应急避难场所专项规划编制指南》，载应急管理部网站，https://www.mem.gov.cn/gk/zfxxgkpt/fdzdgknr/202312/t20231226_473145.shtml，最后访问时间：2024 年 9 月 2 日。

救灾基础设施，在重大突发事件预警响应、抢险救援、过渡安置过程中，发挥转移避险、安置避难群众和维护社会稳定的重要作用。经过多年发展，我国已积累了相当规模的应急避难场所资源，目前正着力推动全国应急避难场所建设新发展，推动由量的积累向质的提升方向转变，但我国应急避难场所还缺乏统一的分级分类、场址选择、设计建设、功能分区、设施设备配置、标志标识和管护使用等技术要求。

二、应急避难场所标准体系

（一）《应急避难场所 术语》《应急避难场所 分级及分类》《应急避难场所 标志》国家标准①

为适应建立大安全大应急框架和健全完善国家应急管理体系新任务新要求，按照应急管理部、市场监管总局等12个部门关于加强应急避难场所建设的有关意见，应急管理部提出并会同相关单位编制了应急避难场术语、分级及分类、标志三项国家标准，以进一步统筹指导和规范全国应急避难场所规划、建设、管护和使用全生命周期工作科学、有效开展。

2024年5月，市场监管总局（国家标准委）批准发布了《应急避难场所 术语》（GB/T 44012—2024）《应急避难场所 分级及分类》（GB/T 44013—2024）《应急避难场所 标志》（GB/T 44014—2024）② 三项新制定的国家标准。这三项国家标准是适应建立大安全大应急框架和健全完善国家应急管理体系新任务新要求，根据应急管理部、市场监管总局等12个部门关于加强应急避难场所建设的有关意见，由应急管理部会同相关单位制定。本次发布的三项国家标准对避难场所分级分类、场址选择、设计建设、功能分区、设施设备配置、标志标识和管护使用等方面进行统筹规范。其中，《应急避难场所 术语》标准规定了应急避难场所分级分类、规划建设、管护使用等方面相关术语，主要解决当前各类标准中术语和名称概念不统一、各地执行差异大等问题。《应急避难场所 分级及分类》标准将全国应急避难场所划分为省级、市级、县级、乡镇（街道）级和村（社区）五级避难场所，同时为适应多种分类管理需要，进一步划分为室内型、室外型、综合性、单一性（含特定）和紧急、短期、长期避难场所，主要解决

---

① 《应急管理部和市场监管总局（国家标准委）相关司局负责人解读〈应急避难场所 术语〉〈应急避难场所 分级及分类〉〈应急避难场所 标志〉国家标准》，载应急管理部网站，https：//www.mem.gov.cn/gk/zcjd/202405/t20240510_487806.shtml，最后访问时间：2024年9月2日。

② 《应急避难场所 术语》《应急避难场所 分级及分类》《应急避难场所 标志》，载应急管理部网站，https：//www.mem.gov.cn/xw/yjglbgzdt/202405/t20240510_487805.shtml，最后访问时间：2024年9月4日。

当前各类标准中出现的分级分类与分级负责、分类管理不相适应，以及避难场所应对灾种单一、功能技术指标不统一、规划布局缺乏分级分类指导等问题。《应急避难场所 标志》标准规定了应急避难场所标志的图形符号、标志型式、标志尺寸，以及标志制作与设置等要求，主要解决标志系统不统一、标志内容不完整、标志制作与设置不规范等问题。三项国家标准的发布实施，对统筹规范应急避难场所相关技术标准，完善全国应急避难场所标准体系，进一步加强应急避难场所全生命周期工作，推动全国应急避难场所建设新发展具有重要指导意义。

（二）《应急避难场所设施设备及物资配置》① 行业标准

为推动科学合理规划、高标准建设、高效能管护和使用应急避难场所，指导和规范各地应急避难场所设施设备及物资配置，应急管理部公布了《应急避难场所设施设备及物资配置》行业标准。标准提出，要与建立大安全大应急框架和多种应急避难资源共建共用的要求相适应，明确省、市、县、乡镇（街道）、村（社区）各级避难场所设施设备及物资配置应根据依托场地条件，满足分级管护、应急避难服务保障需求，兼顾跨区域人员转移避险安置需求。与相关级别对应的紧急、短期、长期避难场所内的设施设备及物资，应根据规划和功能设计合理配置。同时，具体提出了应急集散、应急宿住、指挥管理等25类功能设置、设施设备及物资配置的技术要求。

【关联规范】

《中华人民共和国防震减灾法》第四十一条；《中华人民共和国无障碍环境建设法》第四十七条；《"十四五"国家应急体系规划》；《国家自然灾害救助应急预案》。

> **第三十二条　【突发事件风险评估】** 国家建立健全突发事件风险评估体系，对可能发生的突发事件进行综合性评估，有针对性地采取有效防范措施，减少突发事件的发生，最大限度减轻突发事件的影响。

---

① 《应急避难场所设施设备及物资配置》，载中国政府网，https://www.gov.cn/zhengce/zhengceku/202403/content_6941238.htm，最后访问时间：2024年9月4日。

【条文主旨】

本条是关于突发事件风险评估的规定。

【条文解读】

本条明确了国家建立健全突发事件风险评估体系的义务。"健全"是此次修订新增表述,意味着国家不仅有责任建立突发事件风险评估体系,也有责任根据情势变化完善风险评估体系,使风险评估体系日臻完善。风险评估是风险管理制度的核心。所谓"突发事件风险评估",指的是根据一个国家或地区有关突发事件在过去和现在的数据、情报和资料,运用逻辑推理和科学预测的方法、技术,对公共危机的出现及未来发展趋势和演变规律等做出的估计和推断,进而指导人们有计划、有步骤地进行公共危机预防和应对的一系列活动。[①] 原法律只对"重大"突发事件风险评估作了规定。修订后,统一删去"重大"表述,要求国家对"可能发生的突发事件"都负有风险综合评估的义务,并应"有针对性地采取有效防范措施"。随着我国经济社会快速发展,城市人口、功能和规模不断扩大,城市运行系统日益复杂,城市安全新旧风险交织叠加。党的二十大报告指出,要完善国家"风险监测预警体系"。《"十四五"国家应急体系规划》提出,建立健全突发事件风险评估标准规范,对城市安全风险进行全面辨识评估。

【适用指南】

本条明确了国家建立健全突发事件风险评估体系的义务,为风险评估体系建构提供明确法律依据,推动各级政府建立风险评估机制。应急管理领域的风险评估宜坚持"全国统筹、属地管理"的原则,国务院应急管理部门负责全国的突发事件综合风险评估工作,编制突发事件综合风险评估导则,指导地方各级人民政府应急管理部门开展本行政区域的综合风险评估工作。地方各级人民政府应急主管部门具体实施本行政区域的综合风险评估工作。相应地,国务院各相关部门按照职责分工负责全国范围内的突发事件风险专项评估工作,编制相应的风险评估导则,指导地方各级人民政府相关部门开展本行政区域内相应的风险评估工作。

---

① 肖鹏军主编:《公共危机管理导论》,中国人民大学出版社2006年版,第51页。

【关联规范】

《中华人民共和国生物安全法》第三十八条；《中华人民共和国粮食安全保障法》第五十九条；《中华人民共和国海洋环境保护法》第四十三条；《中华人民共和国青藏高原生态保护法》第四十一条；《中华人民共和国黄河保护法》第八十条；《中华人民共和国安全生产法》第八条；《中华人民共和国食品安全法》第五条；《中华人民共和国动物防疫法》第十五条。

> **第三十三条　【政府对危险源、危险区管理职责】** 县级人民政府应当对本行政区域内容易引发自然灾害、事故灾难和公共卫生事件的危险源、危险区域进行调查、登记、风险评估，定期进行检查、监控，并责令有关单位采取安全防范措施。
>
> 省级和设区的市级人民政府应当对本行政区域内容易引发特别重大、重大突发事件的危险源、危险区域进行调查、登记、风险评估，组织进行检查、监控，并责令有关单位采取安全防范措施。
>
> 县级以上地方人民政府应当根据情况变化，及时调整危险源、危险区域的登记。登记的危险源、危险区域及其基础信息，应当按照国家有关规定接入突发事件信息系统，并及时向社会公布。

【条文主旨】

本条是关于政府对危险源、危险区域登记、监控、公布等管理职责的规定。

【条文解读】

本条规定了地方各级人民政府应当在所管辖的行政区域内，对容易引发突发事件的危险源和危险区域调查、登记、风险评估，并定期复查、监控，同时还应当责令有关单位采取安全防范措施。本条所规定的突发事件的种类只包括自然灾害、事故灾难和公共卫生事件，这是因为这三种突发事件都有可能由自然环境中的某些致害因素引发。因此，为应对这些与所在地理位置密切相关的突发事件，必须调查、登记可能存在的危险源、危险区域，做好预防工作。

本条第一款规定了县级人民政府的职责。由于县级人民政府管辖的范围较小，可以组织足够的人力、物力对本辖区进行较为彻底的排查，因此规定县级人民政府应当对本行政区域内所有容易引发自然灾害、事故灾难和公共卫生事件的危险源、危险区域进行调查、登记、风险评估。调查是指发动人力、物力寻找可能会引发自然灾害、事故灾难和公共卫生事件的危险源、危险区域；登记是指将政府自主寻找到的危险源、危险区域，以及各单位依法上报的各类危险源、危险区域登记建档，以备查询；风险评估是指对危险源、危险区域可能造成的影响进行评估，以便采取相应的防范措施；检查、监控是指通过各种技术手段，对危险源、危险区域的变化情况进行监视。

本条第二款规定了省级和设区的市级人民政府的职责，即对本行政区域内容易引发特别重大、重大突发事件的危险源、危险区域进行调查、登记、风险评估。这一规定是符合实际状况的，因为省级和设区的市级人民政府管辖的行政区域较大，适合其对等级较高的两类突发事件的危险源、危险区域进行排查。

本条第三款规定了危险源、危险区域公布制度，即县级以上地方各级人民政府应接入突发事件信息系统，应按照国家规定及时公布登记在案的危险源、危险区域。本法第五十九条具体规定了政府建立建设统一的突发事件信息系统的职责，本次修订特别新增了关于"接入突发事件信息系统"的规定，旨在强调危险源、危险区域作为基础信息的重要性，要按照规定接入突发事件信息系统，以提升以数据为支撑的应急智能预测预警水平。公布危险源、危险区域相关信息是为了保障公众知情权，增强防范能力。公布形式包括公示牌、标志、告示等。

【适用指南】

本条适用须特别注意做好危险源、危险区域的调查、登记、风险评估工作以及采取安全防范措施和及时进行社会公布等环节。

【关联规范】

《关于加强应急基础信息管理的通知》；《危险化学品安全管理条例》

第十九条；《危险化学品建设项目安全监督管理办法》[①] 第六条、第七条；《危险化学品重大危险源监督管理暂行规定》[②] 第五条；《港口危险货物重大危险源监督管理办法》[③] 第二十四条至第二十八条；《危险化学品企业重大危险源安全包保责任制办法（试行）》[④] 第十二条至第十四条。

> **第三十四条 【社会安全类矛盾调解】** 县级人民政府及其有关部门、乡级人民政府、街道办事处、居民委员会、村民委员会应当及时调解处理可能引发社会安全事件的矛盾纠纷。

【条文主旨】

本条是关于基层政府和群众自治组织调解处理可能引发社会安全事件的矛盾纠纷的规定。

【条文解读】

本条规定了针对社会安全事件这一种类突发事件的预防措施。与其他三类突发事件不同，社会安全事件的主要诱因在于人本身，可能是人与人之间的矛盾，也可能是公民与政府、公民与社会之间的矛盾。因此，矛盾纠纷调解处理工作是主要的预防措施。本条规定，开展矛盾纠纷调解处理工作的部门为县级人民政府及其有关部门、乡级人民政府、街道办事处、居民委员会、村民委员会，这是因为县级及县级以下的基层单位更能把握矛盾的关键点。通过调解处理、化解疏导，将矛盾解决在微小萌芽状态，是最佳预防措施。

[①] 《危险化学品建设项目安全监督管理办法》，载应急管理部网站，https：//www.mem.gov.cn/gk/zfxxgkpt/fdzdgknr/gz11/201201/t20120130_405681.shtml，最后访问时间：2024 年 9 月 4 日。

[②] 《危险化学品重大危险源监督管理暂行规定》，载应急管理部网站，https：//www.mem.gov.cn/gk/gwgg/agwzlfl/zjl_01/201108/t20110808_233783.shtml，最后访问时间：2024年9月4日。

[③] 《港口危险货物重大危险源监督管理办法》，载中国政府网，https：//www.gov.cn/gongbao/content/2022/content_5671120.htm，最后访问时间：2024 年 9 月 4 日。

[④] 《危险化学品企业重大危险源安全包保责任制办法（试行）》，载中国政府网，https：//www.gov.cn/zhengce/zhengceku/2021－02/07/content_5585718.htm，最后访问时间：2024 年 9 月 4 日。

【适用指南】

本条适用须注意发挥社会安全事件类矛盾纠纷及时调处过程中的政府作用。

【关联规范】

《中华人民共和国人民调解法》第八条。

> **第三十五条 【单位预防突发事件义务】**所有单位应当建立健全安全管理制度,定期开展危险源辨识评估,制定安全防范措施;定期检查本单位各项安全防范措施的落实情况,及时消除事故隐患;掌握并及时处理本单位存在的可能引发社会安全事件的问题,防止矛盾激化和事态扩大;对本单位可能发生的突发事件和采取安全防范措施的情况,应当按照规定及时向所在地人民政府或者有关部门报告。

【条文主旨】

本条是关于单位预防突发事件义务的规定。

【条文解读】

本法规定单位内部安全管理制度,该制度适用对象为"所有单位",包括机关、企业、事业单位、人民团体等。对于一般单位内部,针对事故隐患,应当建立健全安全管理制度,定期检查本单位各项安全防范措施的落实情况;针对引发社会安全事件的苗头性问题,应当开展矛盾纠纷的排查化解工作。本条同样依据突发事件的类型将安全管理分为检查落实本单位各项安全防范措施和掌握处理本单位存在的可能引发社会安全事件的问题。此次修订特别新增"定期开展危险源辨识评估"的规定。根据安全生产法的规定,"重大危险源,是指长期地或者临时地生产、搬运、使用或者储存危险物品,且危险物品的数量等于或者超过临界量的单元(包括场所和设施)"。"危险源辨识评估"就是识别危险源并对其特性加以判断,对可能造成的危害、影响提前进行预防,以确保安全和稳定。本条还规定了报告制度，即对可能发生的突发事件和采取安全防范措施的情况，应当按规定及时向所在地人民政府或人民政府有关部门报告。

【适用指南】

安全生产法第二十二条第一款规定："生产经营单位的全员安全生产责任制应当明确各岗位的责任人员、责任范围和考核标准等内容。"其责任范围包括执行安全规章制度、履行岗位操作规程等内容。刑法修正案（十一）将"关闭、破坏直接关系生产安全的监控、报警、防护、救生设备、设施，或者篡改、隐瞒、销毁其相关数据、信息"等不安全行为纳入刑法惩治范畴，进行法律约束。应急管理部出台的《危险化学品企业特殊作业安全规范》（GB 30871-2022），① 聚焦动火、受限空间等事故多发作业类型，明确了企业应建立作业前许可管理制度，为有效防范化解重大安全风险发挥支撑保障作用。

【关联规范】

《中华人民共和国安全生产法》第二十二条、第二十五条；《中华人民共和国水污染防治法》第七十七条；《危险化学品安全管理条例》第八条；《应急管理部关于加强安全生产执法工作的意见》。②

第三十六条　【高危行业预防突发事件义务】矿山、金属冶炼、建筑施工单位和易燃易爆物品、危险化学品、放射性物品等危险物品的生产、经营、运输、储存、使用单位，应当制定具体应急预案，配备必要的应急救援器材、设备和物资，并对生产经营场所、有危险物品的建筑物、构筑物及周边环境开展隐患排查，及时采取措施管控风险和消除隐患，防止发生突发事件。

---

① 《危险化学品企业特殊作业安全规范》，载全国标准信息公共服务平台，https://std.samr.gov.cn/gb/search/gbDetailed?id=DAB6B92C0762FC96E05397BE0A0A5F84，最后访问时间：2024年9月4日。

② 《应急管理部关于加强安全生产执法工作的意见》，载应急管理部网站，https://www.mem.gov.cn/gk/zfxxgkpt/fdzdgknr/202104/t20210415_383246.shtml，最后访问时间：2024年9月4日。

【条文主旨】

本条是关于高危行业预防突发事件义务的规定。

【条文解读】

对隐患进行排查，并有针对性地采取措施，是避免或减少突发事件发生的一种预防手段。根据《生产安全事故应急条例》第十七条的规定，发生生产安全事故后，生产经营单位应当立即启动生产安全事故应急救援预案，采取下列应急救援措施：迅速控制危险源，组织抢救遇险人员；根据事故危害程度，组织现场人员撤离或者采取可能的应急措施后撤离；及时通知可能受到事故影响的单位和人员；采取必要措施，防止事故危害扩大和次生、衍生灾害发生；根据需要请求邻近的应急救援队伍参加救援，并向参加救援的应急救援队伍提供相关技术资料、信息和处置方法；维护事故现场秩序，保护事故现场和相关证据；等等。

一、危险化学品生产企业安全管理

工业和信息化部联合发展改革委、科技部印发《安全应急装备应用试点示范工程管理办法（试行）》，[①] 组织征集和遴选石化行业第一批示范工程，重点推动"危险化学品安全生产智能监测预警系统应用试点示范""化工安全教育公共服务平台"等项目。应急管理部制定实施行业标准《化工过程安全管理导则》（AQ/T 3034），[②] 推进以化工过程安全要素管理为基础的安全生产标准化建设。应急管理部印发《化工园区安全风险智能化管控平台建设指南（试行）》《危险化学品企业安全风险智能化管控平台建设指南（试行）》，[③] 构建化工园区和危险化学品企业两个风险智能化管控平台，有效指导化工园区和危险化学品企业完善风险感知和防范设施设备建设。

[①]《安全应急装备应用试点示范工程管理办法（试行）》，载工业和信息化部网站，https://www.miit.gov.cn/jgsj/aqs/wjfb/a-t/2020/art_ebe3c7741bc14e0388b4b638e654cc2f.html，最后访问时间：2024年9月4日。

[②]《化工过程安全管理导则》，载应急管理部网站，https://www.mem.gov.cn/xw/yjglbgzdt/202212/t20221220_436715.shtml，最后访问时间：2024年9月4日。

[③]《应急管理部办公厅关于印发〈化工园区安全风险智能化管控平台建设指南（试行）〉和〈危险化学品企业安全风险智能化管控平台建设指南（试行）〉的通知》，载应急管理部网站，https://www.mem.gov.cn/gk/zfxxgkpt/fdzdgknr/202202/t20220209_407680.shtml，最后访问时间：2024年9月4日。

二、配备必要的应急救援器材、设备和物资

该内容是此次修订新增内容。早在 2012 年国家安全监管总局《关于加强科学施救提高生产安全事故灾难应急救援水平的指导意见》[①] 就明确："各级安全监管监察部门和有关中央企业要结合本地区、本企业安全生产应急救援队伍建设实际，科学制定地方各级安全生产应急救援队伍装备配备标准，推动各类生产经营单位尤其是小煤矿、小非煤矿山合理配置各类应急救援装备。同时，要建立健全安全生产应急救援物资储备制度，依托国家（区域）、骨干安全生产应急救援队伍以及有关企业、单位，储备必要的救援物资和救援物资生产能力，提高应急救援物资尤其是大型成套应急救援装备的储备水平。有条件的地区要专门设立安全生产应急救援物资储备库，加强对储备物资的动态管理，保证及时补充和更新。暂时没有条件建立储备库的，要与相关装备设施拥有单位建立协调机制，确保能够紧急调用，保障事故灾难应急处置需要。"安全生产法第八十二条第二款规定："危险物品的生产、经营、储存、运输单位以及矿山、金属冶炼、城市轨道交通运营、建筑施工单位应当配备必要的应急救援器材、设备和物资，并进行经常性维护、保养，保证正常运转。"结合安全生产法第七十九条可知，配备必要的应急救援器材、设备和物资对一般企业来说是鼓励性的，但对于高危行业来说是必不可少的，是企业的义务。

三、高危行业突发事件预防执法重点[②]

根据应急管理部开展的重点行业领域安全生产专项执法检查要求，将高危行业突发事件预防执法重点提示如下：

（一）危险化学品

按照《化工和危险化学品生产经营单位重大生产安全事故隐患判定标准（试行）》，[③] 对所有涉及硝化反应的化工企业进行全覆盖专项执法检查。一查自动化控制设施改造使用情况；二查硝化反应装置安全仪表系统配备使用情况；三查硝化反应系统泄爆管和紧急排放系统设置使用情况；

[①] 《关于加强科学施救提高生产安全事故灾难应急救援水平的指导意见》，载应急管理部网站，https：//www.mem.gov.cn/gk/gwgg/agwzlfl/gfxwj/2012/201212/t20121218_243018.shtml，最后访问时间：2024 年 9 月 4 日。

[②] 参见《国务院安委会办公室、应急管理部、关于开展危险化学品等重点行业领域安全生产专项执法检查的通知》，载应急管理部网站，https：//www.mem.gov.cn/gk/zfxxgkpt/fdzdgknr/202012/t20201207_374059.shtml，最后访问时间：2024 年 9 月 4 日。

[③] 《化工和危险化学品生产经营单位重大生产安全事故隐患判定标准（试行）》，载应急管理部网站，https：//www.mem.gov.cn/gk/gwgg/agwzlfl/gfxwj/2017/201711/t20171114_242809.shtml，最后访问时间：2024 年 9 月 4 日。

四查硝化工艺操作人员专业、学历等情况；五查硝化反应产品（含中间产品）储存安全管理情况；六查涉及硝化反应的危险废物储存情况和监管责任落实情况。同时，要对化工园区区域安全风险评估与整改情况，特别是园区内企业对周边单位的安全影响情况进行检查。

（二）煤矿

对煤与瓦斯突出、冲击地压、高瓦斯、水文地质类型复杂和极复杂、采深超千米、单班下井人数多和本地区的C、D类等8类矿井进行重点执法检查。一查煤矿企业安全生产主体责任落实情况，各类专业技术人员配备是否齐全，是否严格执行矿长带班下井、安全生产承诺等制度。二查是否存在"五假五超三瞒三不"违法违规行为（"五假"：假整改、假密闭、假数据、假图纸、假报告；"五超"：超层越界、超能力、超强度、超定员、证照超期；"三瞒"：隐瞒作业地点、隐瞒作业人数、瞒报谎报事故；"三不"：不具备法定办矿条件、不经批准擅自复工复产、拒不执行指令仍然生产）；是否存在非正规开采、以掘代采、违法用工等违规行为。三查矿井主要生产安全系统和重大灾害治理情况，是否存在通风系统不完善、不可靠，采掘接续紧张，安全监控、井下人员位置监测系统等运行不正常，人为损坏监控系统传感器，篡改监控数据，瓦斯、水、火、冲击地压等重大灾害治理机构和人员不健全，灾害治理工程不到位、效果不达标，等等。四查煤矿复工复产验收，是否落实《煤矿复工复产验收管理办法》（煤安监行管〔2019〕4号），严把验收审查关口，复工复产前是否全面排查各生产系统、各环节、各岗位事故隐患，并组织进行安全风险分析研判等。

（三）非煤矿山

以尾矿库为重点开展专项执法检查。一查坝体是否出现贯穿性横向裂缝，且出现较大范围管涌，局部坝体隆起的情况；二查安全超高和最小干滩长度值是否小于设计文件规定值；三查浸润线埋深是否小于控制浸润线埋深；四查排洪系统是否存在严重堵塞或坍塌，不能排水或排水能力急剧降低，排水井是否存在显著倾斜，有倒塌的迹象；五查是否存在设计以外的尾矿排放管道进行尾矿、废料或者废水排放。要突出汛期关键时段，以"头顶库"、病库为重点，通过执法检查保障尾矿库企业防汛度汛安全。

（四）消防

以大型商业综合体、劳动密集型企业、娱乐场所、博物馆和文物建筑、商住楼以及群租房、高层住宅为重点，一查单位消防安全管理责任落实以及自查自改情况；二查违规采用易燃可燃材料装修、违规设置库房、电动车违规停放充电问题；三查锁闭占用疏散楼梯、疏散通道堆放可燃杂物问题；四查防火分隔不到位、电缆竖井管道防火封堵不到位问题；五查消防设施损坏停用、消防给水系统关闭问题；六查违规敷设电气线路、违规电气焊作业问题；七查违规搭建易燃可燃彩钢板房问题。

【适用指南】

根据本条，矿山、建筑施工单位和易燃易爆物品、危险化学品、放射性物品等危险物品的生产、经营、储运、使用单位，属于事故易发、频发单位，必须制定具体应急预案，并及时开展隐患排查，消除隐患，避免突发事件发生。具体来说，须重点关注：（1）制定本单位的应急预案；（2）配备必要的应急救援器材、设备和物资；（3）对生产经营场所、有危险物品的建筑物、构筑物及周边环境开展隐患排查；（4）发现隐患后及时采取应对措施。

【关联规范】

《中华人民共和国安全生产法》第八十二条；《煤矿安全生产条例》第十八条、第十九条；《煤矿重大事故隐患判定标准》；《生产安全事故应急条例》第五条、第十七条；《生产安全事故应急预案管理办法》第三十三条；《冶金企业和有色金属企业安全生产规定》[①] 第十六条；《关于全面实施危险化学品企业安全风险研判与承诺公告制度的通知》。[②]

第三十七条　【人员密集场所预防突发事件的义务】公共交通工具、公共场所和其他人员密集场所的经营单位或者管理单位应当制定具体应急预案，为交通工具和有关场所配备报警装置和必要的应急救援设备、设施，注明其使用方法，并显著标明安全撤离的通道、路线，保证安全通道、出口的畅通。

[①] 《冶金企业和有色金属企业安全生产规定》，载应急管理部网站，https://www.mem.gov.cn/gk/gwgg/agwzlfl/zjl_01/201801/t20180107_233689.shtml，最后访问时间：2024年9月4日。

[②] 《关于全面实施危险化学品企业安全风险研判与承诺公告制度的通知》，载应急管理部网站，https://www.mem.gov.cn/gk/zfxxgkpt/fdzdgknr/202012/t20201207_373998.shtml，最后访问时间：2024年9月4日。

> 有关单位应当定期检测、维护其报警装置和应急救援设备、设施，使其处于良好状态，确保正常使用。

【条文主旨】

本条是关于公共交通工具、公共场所和其他人员密集场所的经营单位或者管理单位预防突发事件义务的规定。

【条文解读】

人员密集场所是容易出现突发事件的危险区域，一旦该场所出现突发事件，其损害后果、影响程度将会非常大。因此本法要求其经营单位或管理单位履行预防突发事件的义务。公共交通工具和公共场所比较容易理解，其他人员密集场所指的是除公共交通工具和公共场所以外的其他场所，如饭店、电影院等。这些场所的职责是：（1）制定具体应急预案。这主要要求各单位根据本单位所经营或管理场所的具体情况制定详细的应急预案。（2）配备报警装置和必要的应急救援设备、设施，并注明其使用方法。这是对配备应急设施的要求。各单位同样是根据实际情况选择合适的应急设施。（3）显著标明安全撤离的通道、路线，保证安全通道、出口的畅通。这主要是对公共场所和其他人员密集场所提出的要求。因为这类场所以建筑物为主，因此当发生突发事件时，场所中的人员需要通过一定的通道、路线逃生。本条第二款是对第一款职责的进一步规定，要求公共交通工具、公共场所和其他人员密集场所的经营单位或者管理单位不仅应当配备报警装置和必要的应急救援设备、设施，还要定期检测、维护，使其随时处于良好状态，确保能够正常使用。

【适用指南】

本条的理解和适用应当特别关注人员密集场所单位制定预案、配备设施、标明路线、畅通通道、定期检测设施并使其保持良好等重点事项和工作环节。

【关联规范】

《突发事件应急预案管理办法》第三十二条。

> **第三十八条　【突发事件应急管理培训】** 县级以上人民政府应当建立健全突发事件应对管理培训制度，对人民政府及其有关部门负有突发事件应对管理职责的工作人员以及居民委员会、村民委员会有关人员定期进行培训。

【条文主旨】

本条是关于突发事件应急管理培训制度的规定。

【条文解读】

本条规定了突发事件应急管理培训制度，其责任主体是县级以上人民政府，培训对象是政府及其部门负有处置突发事件职责的工作人员以及居民委员会、村民委员会有关人员，培训时间要求是定期。一般来说，培训内容应当包括应急管理知识、应急法律法规知识等。开展业务知识培训主要是做好工作人员的技能准备。对专责工作人员以及居民委员会、村民委员会有关人员的培训主要是应急管理方面的培训，侧重于突发事件报告、应急预案启动、应急处置措施的选定等内容，其中对居民委员会、村民委员会有关人员定期进行培训是本次修法新增的要求。

【适用指南】

"居民委员会、村民委员会有关人员"是此次修订新增的培训对象。《中共中央 国务院关于加强基层治理体系和治理能力现代化建设的意见》[①]规定，"依法赋予乡镇（街道）综合管理权、统筹协调权和应急处置权。增强乡镇（街道）应急管理能力。强化乡镇（街道）属地责任和相应职权，构建多方参与的社会动员响应体系。健全基层应急管理组织体系，细化乡镇（街道）应急预案，做好风险研判、预警、应对等工作。建立统一指挥的应急管理队伍，加强应急物资储备保障。每年组织开展综合应急演练。市、县级政府要指导乡镇（街道）做好应急准备工作，强化应急状态下对乡镇（街道）人、财、物支持"。《"十四五"城乡社区服务体系建设

---

① 《中共中央 国务院关于加强基层治理体系和治理能力现代化建设的意见》，载中国政府网，https://www.gov.cn/zhengce/2021-07/11/content_5624201.htm，最后访问时间：2024年9月4日。

规划》① 规定，完善村（社区）应急组织体系和工作预案，强化应急和风险防范物资储备保障，健全应急广播体系，拓展突发事件预警信息发布渠道。而对"居民委员会、村民委员会有关人员"应急管理知识的培训，有助于提高组织群众避险转移、灾情报送、隐患排查等能力，补齐社区和农村应急管理、风险防控方面的短板。

【关联规范】

《安全生产培训管理办法》第八条。

> **第三十九条　【应急救援队伍建设】** 国家综合性消防救援队伍是应急救援的综合性常备骨干力量，按照国家有关规定执行综合应急救援任务。县级以上人民政府有关部门可以根据实际需要设立专业应急救援队伍。
>
> 　　县级以上人民政府及其有关部门可以建立由成年志愿者组成的应急救援队伍。乡级人民政府、街道办事处和有条件的居民委员会、村民委员会可以建立基层应急救援队伍，及时、就近开展应急救援。单位应当建立由本单位职工组成的专职或者兼职应急救援队伍。
>
> 　　国家鼓励和支持社会力量建立提供社会化应急救援服务的应急救援队伍。社会力量建立的应急救援队伍参与突发事件应对工作应当服从履行统一领导职责或者组织处置突发事件的人民政府、突发事件应急指挥机构的统一指挥。
>
> 　　县级以上人民政府应当推动专业应急救援队伍与非专业应急救援队伍联合培训、联合演练，提高合成应急、协同应急的能力。

【条文主旨】

本条是关于应急救援队伍建设的规定。

---

① 《"十四五"城乡社区服务体系建设规划》，载中国政府网，https：//www.gov.cn/zhengce/content/2022-01/21/content_5669663.htm，最后访问时间：2024 年 9 月 4 日。

【条文解读】

本条规定了县级以上人民政府及其有关部门建立应急救援队伍的职责，要求县级以上人民政府建立健全综合与分工相结合、专业与非专业相结合、专职与兼职相结合的应急救援队伍体系，并加强其培训和演练。此次修法后，本条增加规定了许多新内容。

本条第一款将应急救援队伍分为综合性应急救援队伍和专业应急救援队伍，其中前者是国家综合性消防救援队伍，后者由政府有关部门根据实际需要设立。这一点与突发事件应急预案的制定权限相匹配，即人民政府负责制定总体应急预案，各部门制定专业应急预案。

本条第二款规定了政府部门可以建立由成年志愿者组成的应急救援队伍，还增加规定了乡级人民政府、街道办事处和有条件的居民委员会、村民委员会可以建立基层应急救援队伍。其他各单位，如企业、事业单位、人民团体等，应当建立由本单位职工组成的专职或者兼职应急救援队伍。

本条第三款规定了社会应急救援队伍是重要的救援力量之一，应该支持和鼓励。但社会力量提供的救援服务参与救援要遵守法定义务，即服从统一指挥。该款为此次修订新增加内容。

本条第四款规定了县级以上人民政府应当加强应急救援队伍的培训、演练。专业救援队伍与非专业救援队伍各有所长，县级以上人民政府应当加强两者之间的合作，通过联合培训、联合演练，提高合成应急、协同应急的能力。

【适用指南】

本条适用中须重点关注以下几个方面：

一、国家综合性消防救援队伍

2018年应急管理部的组建，标志着我国开始建立由强有力的一个核心部门进行总牵头、各方协调配合的应急管理体制。[1] 国务院机构改革后，将国家安全生产监督管理总局的职责，国务院办公厅的应急管理职责，公安部的消防管理职责，民政部的救灾职责，国土资源部的地质灾害防治、水利部的水旱灾害防治、农业部的草原防火、国家林业局的森林防火相关职责，中国地震局的震灾应急救援职责，以及国家防汛抗旱总指挥部、国家减灾委员会、国务院抗震救灾指挥部、国家森林防火指挥部的职责整合，组建应急管理部，作为国务院组成部门。

---

[1] 钟开斌：《组建应急管理部的现实意义》，载《紫光阁》2018年第4期。

根据《组建国家综合性消防救援队伍框架方案》[1]，公安消防部队、武警森林部队转制，组建国家综合性消防救援队伍。这个改革有利于提高消防救援队伍的专业化、职业化水平，也符合国际消防职业发展的大趋势。这支队伍由应急管理部管理，实行统一领导、分级指挥，设有专门的衔级职级序列和队旗、队徽、队训、队服。消防救援衔是我国设立的一种新衔级。

二、社会化应急救援服务标准

社会应急力量在灾害事故的抢险救援、物资转运、科普宣教等工作中发挥着越来越重要的作用，已成为我国应急救援力量体系的有力补充。应急管理部发布了《社会应急力量建设基础规范 第1部分：总体要求》（YJ/T 1.1—2022）、《社会应急力量建设基础规范 第2部分：建筑物倒塌搜救》（YJ/T 1.2—2022）、《社会应急力量建设基础规范 第3部分：山地搜救》（YJ/T 1.3—2022）、《社会应急力量建设基础规范 第4部分：水上搜救》（YJ/T 1.4—2022）、《社会应急力量建设基础规范 第5部分：潜水救援》（YJ/T 1.5—2022）、《社会应急力量建设基础规范 第6部分：应急医疗救护》（YJ/T 1.6—2022）等6项标准[2]，于2022年12月起实施。

三、应急志愿服务

民政部发布的《关于支持引导社会力量参与救灾工作的指导意见》[3]、国家安全监管总局推出的《安全生产应急管理"十三五"规划》[4]以及应急管理部等多部门联合印发的《关于进一步推进社会应急力量健康发展的意见》[5]等，都针对应急志愿服务提出了具体的指导和规划。《关于健全新时代志愿服务体系的意见》[6]明确指出，要将志愿服务纳入重大突发事件

---

[1] 《中办国办印发〈组建国家综合性消防救援队伍框架方案〉》，载《人民日报》2018年10月19日。

[2] 《〈社会应急力量建设基础规范 第1部分：总体要求〉等6项标准解读》，载应急管理部网站，https://www.mem.gov.cn/gk/zcjd/202211/t20221103_425698.shtml，最后访问时间：2024年9月4日。

[3] 《民政部关于支持引导社会力量参与救灾工作的指导意见》，载中国政府网，https://www.gov.cn/xinwen/2015-10/10/content_2944638.htm，最后访问时间：2024年9月4日。

[4] 《安全生产应急管理"十三五"规划》，载中国政府网，https://www.gov.cn/zhengce/zhengceku/2017-02/03/content_5164865.htm，最后访问时间：2024年9月4日。

[5] 《应急管理部 中央文明办 民政部 共青团中央联合印发关于进一步推进社会应急力量健康发展的意见》，载应急管理部网站，https://www.mem.gov.cn/xw/yjglbgzdt/202211/t20221121_427146.shtml，最后访问时间：2024年9月4日。

[6] 《中共中央办公厅 国务院办公厅关于健全新时代志愿服务体系的意见》，载中国政府网，https://www.gov.cn/gongbao/2024/issue_11326/202405/content_6949619.html，最后访问时间：2024年9月4日。

应急管理体系，并统筹规划其实施，以进一步加强志愿服务在应急管理中的作用，推动志愿服务体系的全面发展和完善。

【关联规范】

《中华人民共和国安全生产法》第七十九条；《生产安全事故应急条例》第九条；《关于进一步推进社会应急力量健康发展的意见》。

> 第四十条 【专业应急救援人员保障与要求】地方各级人民政府、县级以上人民政府有关部门、有关单位应当为其组建的应急救援队伍购买人身意外伤害保险，配备必要的防护装备和器材，防范和减少应急救援人员的人身伤害风险。
> 专业应急救援人员应当具备相应的身体条件、专业技能和心理素质，取得国家规定的应急救援职业资格，具体办法由国务院应急管理部门会同国务院有关部门制定。

【条文主旨】

本条是对专业应急救援人员的保障与要求的规定。

【条文解读】

本条是对建立专业应急救援队伍的进一步规定。第一款是对专业应急救援队伍保障的规定，包括"购买人身意外伤害保险"和"配备必要的防护装备和器材"。购买保险的目的是减少应急救援人员因人身意外伤害带来的损失，配备必要的防护装备和器材的目的是防范降低应急救援人员的人身风险。目前，我国已经开发了紧急救援人员专业险，保险险种涉及意外伤害、医疗、住院生活津贴以及第三者责任保险，保险责任覆盖抢险救援及培训演练全过程。专业应急救援队伍保障的单位包括三类，分别是地方各级人民政府、县级以上人民政府有关部门和有关单位。

第二款是新增条款，规定了专业应急救援能力所应具备的四项条件：一是具备相应的身体条件（如协调能力、空间位置感知以及对高空、黑暗环境的心理适应度等）；二是具备相应的专业技能；三是具备相应的心理素质（如心理承受和自我调节能力）；四是取得应急救援职业资格。专业救援人员具体要求由国务院应急管理部门会同人力资源和社会保障部等国务院有关部门制定。

【适用指南】

本条适用中须注重解决好购买人身意外伤害保险、防范应急救援人员伤害风险、取得应急救援职业资格等要素环节的问题。

【关联规范】

《消防技术服务机构从业条件》[①]；《国家综合性消防救援队伍消防员招录办法》[②]。

> **第四十一条 【解放军、武警部队和民兵开展应急训练】** 中国人民解放军、中国人民武装警察部队和民兵组织应当有计划地组织开展应急救援的专门训练。

【条文主旨】

本条是关于解放军、武警部队和民兵组织开展应急救援专门训练的规定。

【条文解读】

中国人民解放军、中国人民武装警察部队和民兵组织是承担应急救援任务的重要主体，在以往处理突发事件时扮演着重要角色。这一规定与本法第十九条、第二十四条（参与应急救援）规定相适应，也与我国现有武装力量的使用体制相适应。如《中华人民共和国国防法》第六十一条规定，军人应当发扬人民军队的优良传统，热爱人民，保护人民，积极参加社会主义物质文明、精神文明建设，完成抢险救灾等任务。《军队参加抢

[①] 《消防技术服务机构从业条件》，载应急管理部网站，https：//www.mem.gov.cn/gk/tzgg/tz/201909/t20190909_336365.shtml，最后访问时间：2024年9月4日。

[②] 《国家综合性消防救援队伍消防员招录办法》，载人力资源和社会保障部网站，https：//www.mohrss.gov.cn/xxgk2020/fdzdgknr/zcfg/gfxwj/rcrs/202108/t20210810_420400.html，最后访问时间：2024年9月4日。

险救灾条例》第二条规定："军队是抢险救灾的突击力量,执行国家赋予的抢险救灾任务是军队的重要使命。各级人民政府和军事机关应当按照本条例的规定,做好军队参加抢险救灾的组织、指挥、协调、保障等工作。"第十七条规定:"中国人民武装警察部队参加抢险救灾,参照本条例执行。"有计划地组织开展应急救援的专门训练,对于提升军事力量的应急救援水平具有重要意义。

【适用指南】

在我国,解放军、武警和民兵历来承担着重要的应急救援任务,本条规定为其有计划地组织开展应急救援知识和技能的专门训练,提高有关知识、技能水平,提供了法律依据,有利于提高应急救援水平。

【关联规范】

《中华人民共和国国防法》第六十一条;《军队参加抢险救灾条例》第二条、第十七条。

第四十二条 【应急知识宣传普及与应急演练】 县级人民政府及其有关部门、乡级人民政府、街道办事处应当组织开展面向社会公众的应急知识宣传普及活动和必要的应急演练。

居民委员会、村民委员会、企业事业单位、社会组织应当根据所在地人民政府的要求,结合各自的实际情况,开展面向居民、村民、职工等的应急知识宣传普及活动和必要的应急演练。

【条文主旨】

本条是关于应急知识宣传普及与应急演练的规定。

【条文解读】

本条第一款规定了县级人民政府及其有关部门、乡级人民政府、街道办事处的职责,即组织开展应急知识的宣传普及活动和必要的应急演练。本条第二款规定了基层群众自治组织应当根据当地人民政府要求,进行宣传和演练。

组织开展应急知识的宣传普及活动主要是通过宣传各类应急知识、应急程序、应急措施，做好社会的思想准备，以便能在突发事件发生后取得社会的广泛支持和配合，更利于政府及其有关部门妥善处理突发事件。宣传普及各类突发事件应急知识，能够提高社会民众应对突发事件的心理能力，当突发事件发生时，能够积极开展自救，并配合政府部门采取各种应对措施。如《国务院关于全面加强应急管理工作的意见》[1] 规定："大力宣传普及公共安全和应急防护知识。加强应急管理科普宣教工作，提高社会公众维护公共安全意识和应对突发公共事件能力。深入宣传各类应急预案，全面普及预防、避险、自救、互救、减灾等知识和技能，逐步推广应急识别系统。"常见的宣传普及包括安全宣传咨询日、公众开放日、主题公开课、微课堂、公益讲座活动，以及标语、宣传画、挂图、动漫、微视频、公益广告等科普方式。

组织开展必要的应急演练主要是为了提高社会民众应对突发事件的能力，培养风险意识，掌握在紧急情况下逃生方法，提高自救能力。一般来说，演练是按照应急预案的程序，经历预警、先期处置、应急响应、善后处置等阶段，充分调动各类人力、物力、财力资源，模拟突发事件的真实情景。演练工作对提高实战能力而言非常重要，《国务院关于全面加强应急管理工作的意见》规定："狠抓预案落实工作，经常性地开展预案演练，特别是涉及多个地区和部门的预案，要通过开展联合演练等方式，促进各单位的协调配合和职责落实。"

此次修法特别增加了应急演练的对象，即"县级人民政府及其有关部门、乡级人民政府、街道办事处"开展的"应急知识宣传普及活动和必要的应急演练"要面向"社会公众"。"居民委员会、村民委员会、企业事业单位、社会组织"开展的"应急知识宣传普及活动和必要的应急演练"要面向"居民、村民、职工等"。

【适用指南】

本条适用中须注重做好如下两方面工作：

---

[1] 《国务院关于全面加强应急管理工作的意见》，载中国政府网，https://www.gov.cn/zhengce/content/2008-03/28/content_1177.htm，最后访问时间：2024 年 9 月 4 日。

一、抓好应急知识宣传普及的制度设计和平台建设[①]

首先要提高思想认识。安全生产法对安全生产宣传教育作出明确规定，要求各级人民政府及其部门采取多种形式，加强对有关安全生产的法律、法规和安全生产知识的宣传，增强全社会安全生产意识。

其次要加强顶层设计。为切实提升公民应急素质，国务院安委会办公室、应急管理部2020年印发《推进安全宣传"五进"工作方案》，活动开展以来，有力普及了安全知识，扎实推进安全宣传进企业、进农村、进社区、进学校、进家庭。如甘肃、河南加强应急频道栏目和广播体系建设，安徽、黑龙江、河北发挥乡村干部、安全网格员、灾害信息员、志愿者作用，广东、山东、浙江、上海大力发挥安全体验场馆作用，各级消防救援机构开展"进门入户"消防宣传、咨询服务、教育培训、社区演练、安全提示、宣传检查，以及消防文化主题公园、消防文创作品征集、消防宣传公益代言等，各地分别结合地域特点和力量资源，努力打通安全宣传"最后一公里"。

再次要抓好重点工程。包括将"建立健全应急科普协调联动机制"纳入《全民科学素质行动规划纲要（2021-2035年）》重点工程，构建起横向到边、纵向到底的应急科普体系。应急管理部会同中国科协、中央宣传部、科技部、国家卫生健康委等部门联合印发《关于进一步加强突发事件应急科普宣教工作的意见》，促进应急科普资源共建共享，不断提升社会公众安全避险意识、自救互救技能和防灾减灾救灾能力。

最后要拓展宣传平台建设。应急管理部高度重视社会面安全宣传，将其作为提升公众应急素养的重要渠道。充分利用机场、车站、码头、广场、公园、影院、物流、快递、外卖等公共载体和流通环节，以及交通工具电子显示屏、楼宇户外广告牌、电子阅报栏等社会媒介滚动播放安全知识。在各地新时代文明实践中心、党群服务中心、社区服务中心等场所设置安全知识宣传点，普及消防、用电等居家应急避险常识和技能。持续推动国家应急广播体系建设，利用村村通、大喇叭等形式，播发安全提示和安全避险常识，协调通信运营商在重要节点发送安全公益短信，让安全宣传直达社区、乡村的"房前屋后""田间地头"。不断拓展数字资源，开发储备覆盖自然灾害、事故灾难、生活安全等15个领域123个分类的应急科普资源库，打造中国应急信息网应急科普馆、全民消防学习平台、科普中国"应急

---

① 本部分内容参见《对十三届全国人大五次会议第4188号建议的答复》，载应急管理部网站，https://www.mem.gov.cn/gk/jytabljggk/rddbjydfzy/2022/202303/t20230303_444036.shtml，最后访问时间：2024年9月4日。

科普"专号等国家级应急知识传播平台,加强生活安全、自然灾害、安全生产等知识传播,有力推进了安全知识的普及和全民应急素质的提升。

二、抓好应急演练的系统工程

首先,在防灾减灾日、安全生产月等重要节点开展形式灵活、参与度广的应急演练,对于磨合各部门之间的协调联动机制、提升基层先期处置能力、普及应急知识具有重要意义。应急预案编制单位应建立应急预案的演练制度,可以根据实际情况采取实战演练或桌面推演等形式。其中,地震、台风、洪涝、滑坡、山洪、泥石流等自然灾害易发区域所在地政府,重要基础设施和城市供水、供电、供气、供热等生命线工程经营管理单位,矿山、建筑施工单位和易燃易爆物品、危险化学品、放射性物品等危险物品生产、经营、储运、使用单位,公共交通工具、公共场所和医院、学校等人员密集场所的经营单位或者管理单位等主体,应当开展经常性应急演练,以达到熟练妥善处理可能遇到的突发事件的效果。

其次,还应当对演练的执行情况、预案的合理性与可操作性、指挥协调和应急联动情况、应急人员的处置情况、演练所用设备装备的适用性等进行评估。组织应急演练的机构可以委托第三方专业机构开展评估,并广泛收集对完善预案、应急准备、应急机制、应急措施等方面的意见和建议,以演练巩固预案实施效果,通过演练促进预案更新完善。[①]

【关联规范】

《中华人民共和国粮食安全保障法》第四十七条;《中华人民共和国海洋环境保护法》第二十八条;《中华人民共和国黄河保护法》第七十一条;《中华人民共和国生物安全法》第二十一条;《中华人民共和国核安全法》第五十六条;《中华人民共和国网络安全法》第三十九条;《中华人民共和国药品管理法》第一百零八条;《中华人民共和国安全生产法》第十三条。

[①] 林鸿潮主编:《〈突发事件应对法〉修订研究》,中国法制出版社2021年版,第90~91页。

> **第四十三条 【应急教育】** 各级各类学校应当把应急教育纳入教育教学计划，对学生及教职工开展应急知识教育和应急演练，培养安全意识，提高自救与互救能力。
>
> 教育主管部门应当对学校开展应急教育进行指导和监督，应急管理等部门应当给予支持。

【条文主旨】

本条是关于学校应急教育和相关部门应急教育职责的规定。

【条文解读】

本条第一款规定了学校应急教育的主体范围、方式、对象、内容和目的。其中学校应急教育的主体范围是"各级各类学校"，包括各种公立学校、民办学校、培训学校等，涵盖了从小学到大学各个级别的教育机构。应急教育的方式是"纳入教育教学计划"。教育教学计划是学校为实现教育目标而制定的系统性的行动方案，包括教学目标、教学内容、教学方法、教学时间、教学资源等。学校要靠前谋划，将应急教育融入教学课程计划，确保学生真正培养应急意识，掌握应急技能。学校应急教育的对象包括"学生及教职工"。学生作为一个群体，人数众多且覆盖面广，重视学校应急教育有利于学生从小树立安全意识，养成良好的应急行为习惯。学校作为学生成长的重要场所，承担着保障学生安全的重要责任。所以，教职工也是学校应急教育的重要对象。岗前培训、应急知识专门培训等不仅有利于提高教职工本人对应急知识的重视程度，也有利于教职工将应急知识潜移默化普及给学生，更有利于在突发情况发生时做到临危不惧，镇定自若，处置妥当。应急教育的内容包括两类："应急知识教育"是理论知识学习，可充分利用班团队会、升旗仪式、专题讲座、墙报板报、校园广播、"两微一端"等方式，对学生开展交通安全、食品卫生安全、防火、防盗、防拥挤踩踏等安全知识以及预防山洪、暴雨、雷击、泥石流、地震等灾害事故的安全教育和提示；"应急演练"是实操类学习，常见的教学形式包括消防应急疏散、地震应急演练、反恐应急演练、消防应急演练等。学校应急教育的目的是"培养安全意识，提高自救与互救能力"，学生们通过学习急救知识和技能，能够在面对突发事件时保持冷静，并有效地施救。这不仅可以挽救生命，还可以减轻伤害，并为受伤者争取更多的生存时间。

本条第二款规定了各级教育主管部门和应急管理等部门的应急教育职责。各级教育主管部门的职责是"对学校开展应急知识教育进行指导和监督"。教育主管部门应当对学校开展应急知识教育进行指导和监督，使学校应急知识教育工作不断改进和完善。教育主管部门担负着领导和管理教育工作的职责。应急知识教育作为学校教育重要的组成部分，是培养学生安全意识和应急能力的重要保障。教育主管部门应当对学校开展应急知识教育进行指导，并提供必要的资金支持和技术保障；对于学校未按规定开展应急知识教育的，教育主管部门应当责令其开展相关教育，并对学校开展教育情况进行监督，不断改进和完善学校应急知识教育工作。应急管理等部门的职责是"给予支持"，如消防救援队帮助学校排查整改消防安全隐患、协助消防演练等，这是本次修法补充增加的职责要求。

【适用指南】

本条适用中须注重明确学校应急教育重要意义、计划措施、基本内容和具体要求，以及依法履行主管部门的指导、监督和支持职能。

【关联规范】

《中小学公共安全教育指导纲要》；《关于加强中小学幼儿园安全风险防控体系建设的意见》；《中小学幼儿园安全管理办法》；《关于全面加强和改进新时代学校卫生与健康教育工作的意见》；《关于开展全国学校急救教育试点工作的通知》；《中共中央 国务院关于推进防灾减灾救灾体制机制改革的意见》；《关于进一步推进学校应急救护工作的通知》。

> **第四十四条 【经费使用】** 各级人民政府应当将突发事件应对工作所需经费纳入本级预算，并加强资金管理，提高资金使用绩效。

【条文主旨】

本条是关于突发事件应对经费使用的规定。

【条文解读】

　　应急宣传教育、应急救援物资和生活必需品的储备、应急抢险救援、应急救灾和灾后重建等贯穿事前、事中、事后的应急管理活动，是一项耗资巨大的工程。因此，应急经费的保障是应急管理工作的重要抓手，规范的筹集、审核、分配和监督机制是应急管理标准化、法治化和常态化的重要体现。这是应急准备中"财"的方面。应急经费是指为迅速且顺利地应对突发事件，保护公众的生命和财产安全，维护社会经济稳定而以货币形态存在的、在突发事件发生时可立即投入使用的资金。应急经费包括应急处置经费和应急救援力量常态建设经费。应急处置经费主要表现为应急预备费、应急专项资金等，而常态建设经费主要包括应急队伍建设、应急管理信息系统的建设及运行维护、应急物资储备、应急救援训练基地的建设与运行维护等项目所需耗费的资金等。

　　本法修订后，本条的内容进行大幅修改，完整地规定了应对突发事件的经费保障责任主体是各级人民政府，保障措施是将突发事件应对工作所需经费纳入本级预算，加强资金管理，提高资金使用绩效，为应急管理体系建设提供了坚实的财政保障。这一规定确保了突发事件应对工作所需经费的稳定来源，确保了资金的合规性、安全性和有效性。通过科学规划、合理安排、优化流程等方式，可以进一步提高资金的使用效率和效果。实现财政资源的合理配置和高效利用。这一规定不仅有利于加强应急管理体系建设，提高应对突发事件的能力，也有利于促进公共财政的规范化和高效化运作。

【适用指南】

　　本条的理解和适用应当特别关注突发事件应对工作经费使用过程中的本级预算、加强管理、提高绩效三大要素。

【关联规范】

　　《国家邮政业突发事件应急预案》[①]。

　　[①] 《国家邮政业突发事件应急预案》，载中国政府网，https：//www.gov.cn/zhengce/zhengceku/2020-03/25/content_5495482.htm，最后访问时间：2024年9月7日。

> **第四十五条　【应急物资储备】**国家按照集中管理、统一调拨、平时服务、灾时应急、采储结合、节约高效的原则，建立健全应急物资储备保障制度，动态更新应急物资储备品种目录，完善重要应急物资的监管、生产、采购、储备、调拨和紧急配送体系，促进安全应急产业发展，优化产业布局。
>
> 国家储备物资品种目录、总体发展规划，由国务院发展改革部门会同国务院有关部门拟订。国务院应急管理等部门依据职责制定应急物资储备规划、品种目录，并组织实施。应急物资储备规划应当纳入国家储备总体发展规划。

【条文主旨】

本条是关于应急物资储备保障的总体规定。

【条文解读】

在应急救援阶段需要大量的物资用于公民的生活保障，因此，物资储备是突发事件应急管理中的重要环节。本次修法，对本条内容做了很多的补充完善，特别是储备物资品种目录和应急物资储备规划这两项制度建设是新增内容。本条针对应急物资储备保障制度所作规定，主要包括三方面内容：

第一，制度建设原则。集中管理、统一调拨、平时服务、灾时应急、采储结合、节约高效。这些原则确保应急物资的管理权和调拨权集中在国家层面以保证统一分配和使用、应急物资在常态和应急态下的灵活使用、合理储存与高效利用。

第二，制度建设主要内容。建立应急物资储备保障制度，动态更新应急物资储备品种目录，确保储备物资能够满足当前和未来的应急需求；完善重要应急物资的监管、生产、采购、储备、调拨和紧急配送体系，确保各环节的有效运作和无缝衔接，提高应急物资保障能力；促进安全应急产业发展，优化产业布局，通过政策支持和规划引导，促进应急产业的发展和优化产业布局，使应急产业能够更好地服务于国家的应急物资保障需求。

第三，制度的运行方式。国家储备物资品种目录、总体发展规划，由国务院发展改革部门会同国务院有关部门拟订。国务院应急管理等部门依据职责制定应急物资储备规划、品种目录,并组织实施。应急物资储备规划应当纳入国家储备总体发展规划。法规通过合理有效的政策整合确保应急物资储备与国家整体储备战略协调一致,形成统一、系统的国家储备体系。

本条法规的建设有助于充分发挥各区县及乡镇人民政府、街道办事处和社区、村,以及驻地机关、社会团体和企事业单位等基层组织的作用,协调公安、应急管理、水利、卫生健康等多个部门的应急物资管理权限,以最低的成本发挥最大的效益,促进应急物资管理体系系统性、规范性、协调性的提高,提升应急物资管理水平。

【适用指南】

本条的重点是应急物资储备保障制度的六项原则、六大体系、产业布局、品种目录和储备规划,应注重从这些方面去全面理解和正确适用。

【关联规范】

《中华人民共和国传染病防治法》第二十条、第四十五条、第六十三条;《中华人民共和国国境卫生检疫法》第三十九条。

第四十六条 【应急储备和社会供给保障】 设区的市级以上人民政府和突发事件易发、多发地区的县级人民政府应当建立应急救援物资、生活必需品和应急处置装备的储备保障制度。

县级以上地方人民政府应当根据本地区的实际情况和突发事件应对工作的需要,依法与有条件的企业签订协议,保障应急救援物资、生活必需品和应急处置装备的生产、供给。有关企业应当根据协议,按照县级以上地方人民政府要求,进行应急救援物资、生活必需品和应急处置装备的生产、供给,并确保符合国家有关产品质量的标准和要求。

国家鼓励公民、法人和其他组织储备基本的应急自救物资和生活必需品。有关部门可以向社会公布相关物资、物品的储备指南和建议清单。

【条文主旨】

本条是关于应急储备和社会供给保障的规定。

【条文解读】

本条延续本法第四十五条，根据不同主体职责对应急物资保障作出进一步规定。其中，关于有关企业生产供给应急救援物资的标准和要求，关于鼓励行政相对人储备基本的应急自救物资的要求，都是本次修法的新增内容。

在应急物资储备主体上，我国"一案三制"的应急管理体系中政府一贯是承担应急准备任务、统筹实现应急目标的主体。政府除了通过采购等方式储备物资，还通过发展应急产业，以提升应急物资、装备和应急平台等产品的研发、制造、仓储、物流等专业化能力为目标，为预防和应对突发事件提供物质保障。此外，社会组织和个人、单位等也可分别通过社会捐赠和储备应急自救基本物资和生活必需品等成为应急物资的储备主体。在储备形式上，应急物资的储备包括实物储备和生产能力储备。实物储备是指政府有关部门经评估后对已经生产出的用于应急的产品进行的一定数量的储备。实物储备具有常态化、种类固定的特点，政府根据储备目录和储备计划进行筹集工作。生产能力储备是指政府根据应对潜在非常规突发事件的需要，确定由一定生产能力的企业作为储备企业，通过与储备企业签订协议等方式，保证突发事件发生后储备企业能够按照合同及时生产应急物资的储备方式。生产能力储备是实物储备的重要补充，是国家应急物资储备的重要组成部分。除了本法条规定外，有关生产能力储备的规定经常被纳入各种应急预案，根据《国家防汛抗旱应急预案》[①] 第 5.2.7 条，防汛抗旱指挥机构、重点防洪工程管理单位以及受洪水威胁的其他单位应按规范储备防汛抢险物资，并做好生产流程和生产能力储备的有关工作。生产能力储备的应急功能主要通过突发事件发生时企业进行扩产和转产来实现。

本条规定了不同主体的不同职责：

设区的市级以上人民政府和突发事件易发、多发地区的县级人民政府：建立应急救援物资、生活必需品和应急处置装备的储备保障制度，确保在突发事件发生时有足够的物资和装备应对。

县级以上地方人民政府：根据本地区的实际情况和突发事件应对工作

---

① 《国家防汛抗旱应急预案》，载中国政府网，https://www.gov.cn/zhengce/content/2022-07/06/content_5699501.htm，最后访问时间：2024 年 9 月 7 日。

的需要，依法与有条件的企业签订协议，保障应急救援物资、生活必需品和应急处置装备的生产、供给，结合本地具体情况，确定所需的应急物资种类和数量，通过与企业合作等方式确保在突发事件发生时，有稳定的应急物资生产和供应渠道。

有关企业：根据协议，按照县级以上地方人民政府要求，进行应急救援物资、生活必需品和应急处置装备的生产、供给，并确保符合国家有关产品质量的标准和要求。

公民、法人和其他组织：参考有关部门公布的相关物资、物品的储备指南和建议清单储备基本的应急自救物资和生活必需品，提高基层自救互救能力，筑牢防灾减灾救灾的人民防线。

【适用指南】

对于本条所规范的应急物资储备保障的各类行政主体职责，有关企业生产供给应急救援物资的标准和要求，鼓励相对人储备基本的应急自救物资的要求，以及政府的有关指导职责，须予以重点认识和正确适用。

【关联规范】

《国家自然灾害救助应急预案》[①]。

第四十七条　【应急运输】国家建立健全应急运输保障体系，统筹铁路、公路、水运、民航、邮政、快递等运输和服务方式，制定应急运输保障方案，保障应急物资、装备和人员及时运输。

县级以上地方人民政府和有关主管部门应当根据国家应急运输保障方案，结合本地区实际做好应急调度和运力保障，确保运输通道和客货运枢纽畅通。

国家发挥社会力量在应急运输保障中的积极作用。社会力量参与突发事件应急运输保障，应当服从突发事件应急指挥机构的统一指挥。

---

① 《国家自然灾害救助应急预案》，载中国政府网，https：//www.gov.cn/zhengce/content/2016-03/24/content_5057163.htm，最后访问时间：2024 年 9 月 7 日。

【条文主旨】

本条是关于应急运输保障体系建设和有效运行的规定。

【条文解读】

根据《"十四五"国家应急体系规划》[①] 第七条，突发事件应对要加强区域统筹调配，建立健全多部门联动、多方式协同、多主体参与的综合交通应急运输管理协调机制。深化应急交通联动机制，落实铁路、公路、航空应急交通保障措施。依托大型骨干物流企业，统筹建立涵盖铁路、公路、水运、民航等各种运输方式的紧急运输储备力量，发挥高铁优势构建力量快速输送系统，保障重特大灾害事故应急资源快速高效投送。健全社会紧急运输力量动员机制。加快建立储备充足、反应迅速、抗冲击能力强的应急物流体系。优化紧急运输设施空间布局，加快专业设施改造与功能嵌入，健全应急物流基地和配送中心建设标准。发挥不同运输方式规模、速度、覆盖优势，构建快速通达、衔接有力、功能适配、安全可靠的综合交通应急运输网络。加强交通应急抢通能力建设，进一步提高紧急运输能力。加强紧急运输绿色通道建设，完善应急物资及人员运输车辆优先通行机制。建设政企联通的紧急运输调度指挥平台，提高供需匹配效率，减少物资转运环节，提高救灾物资运输、配送、分发和使用的调度管控水平。推广运用智能机器人、无人机等高技术配送装备，推动应急物资储运设备集装单元化发展，提升应急运输调度效率。

有效的应急运输是应急物资储备发挥作用的关键。区别于常态运输，应急运输的物资种类、数量、时间、供应地、需求地都存在很大的随机性，运输本身常常具有较强的突发性，并对运输的速度有更高的要求。本条旨在提升应急运输能力，确保在突发事件发生时，应急物资、装备和人员能够快速、安全地被运送到需要的地方。随着交通网络的发展和社会力量的多样化，整合各类运输方式，发挥社会力量的作用，成为应急管理的重要策略。

本条是这次修订的新增条文，具体的创新内容包括以下三大方面：

第一，保障体系要件。国家建立健全应急运输保障体系，统筹铁路、公路、水运、民航、邮政、快递等运输和服务方式，构成综合运输网络体

[①] 《"十四五"国家应急体系规划》，载中国政府网，https://www.gov.cn/zhengce/content/2022-02/14/content_5673424.htm，最后访问时间：2024年9月7日。

系；制定应急运输保障方案，保障应急物资、装备和人员在各种情况下都能第一时间找到最快、最高效的运输方式。

第二，调度保障措施。县级以上地方人民政府和有关主管部门应当根据国家应急运输保障方案，结合本地区实际做好应急调度和运力保障，确保运输通道和客货运枢纽畅通，保证有足够的资源调度与运输能力，用以应对突发事件的运输需求。

第三，社会力量参与。国家发挥社会力量在应急运输保障中的积极作用。社会力量参与突发事件应急运输保障，应当服从突发事件应急指挥机构的统一指挥。通过鼓励、动员包括企业、志愿者组织等在内的社会力量并进行有效管理，确保行动的统一和高效，提高应急运输能力。

【适用指南】

应急运输保障的六个要件体系、调度保障措施和社会力量参与，是对本条的完整理解和正确适用的三个重点。

【关联规范】

《中华人民共和国道路交通安全法》第四十条、第五十三条。

> 第四十八条 【能源保障】国家建立健全能源应急保障体系，提高能源安全保障能力，确保受突发事件影响地区的能源供应。

【条文主旨】

本条是关于保障突发事件发生时能够获得充足、安全稳定能源的规定。

【条文解读】

本条是关于能源应急保障体系建设的规定，是此次修订新增内容。能源储备事关国家安全，是国家储备体系的重要组成部分。应急能源保障制度是为了保证灾后恢复工作的顺利进行而对突发事件发生地的能源进行管制，以及保证欠费用户生活所需能源供应的相关措施。我国油气对外依存度较高，更应当建立能源保障体系，解决能源储备类型单一、能源跨区域调度能力不足的问题。为了提高能源安全保障能力，确保受突发事件影响地区的能源供应，应当进一步采取措施完善应急能源保障体系。

1. 完善能源应急法律法规。制定和完善能源应急相关法规，明确能源企业、政府部门和个人的责任与义务，为能源应急工作提供法治保障。

2. 建立健全应急能源保障组织体系。设立国家和地方各级应急能源保障的工作或管理部门，负责能源应急的组织和协调工作。各级政府要加大对应急能源保障工作的支持力度，确保有足够的人力、物力和财力来满足突发事件对能源的需求。

3. 加强能源储备建设。建立完善的能源储备体系，合理规划能源储备规模和布局，保证在突发事件发生时能够迅速调用储备资源，保障能源供应。

4. 强化能源基础设施建设和保护。加大对能源基础设施的投入力度，提高其抗灾能力，加强对能源设施的保护，防止恐怖袭击、火灾等突发事件对能源供应造成影响。

5. 提高能源应急响应能力。定期开展能源应急演练，提高应急预案的实战化程度。加强能源部门与其他相关部门的协同配合，形成合力，确保在突发事件发生时能够快速有效地处置。

【适用指南】

对本条的理解和适用，应当抓住三个重点：保障体系、保障能力、保障供应。

【关联规范】

《中华人民共和国能源法》第五十二条、第五十三条；《关于完善能源绿色低碳转型体制机制和政策措施的意见》[①]。

> **第四十九条 【通信保障】** 国家建立健全应急通信、应急广播保障体系，加强应急通信系统、应急广播系统建设，确保突发事件应对工作的通信、广播安全畅通。

[①] 《关于完善能源绿色低碳转型体制机制和政策措施的意见》，载中国政府网，https://www.gov.cn/zhengce/zhengceku/2022-02/11/content_5673015.htm，最后访问时间：2024年9月7日。

【条文主旨】

本条是关于应急通信系统、应急广播系统体系建设和维护的规定。

【条文解读】

便捷的通信为现代社会处理突发事件提供了极大的便利,从预警阶段到救援阶段再到重建阶段,有线和无线通信技术让人们能够及时获得信息并做出相应的分析与研判。因此,突发事件中的通信保障极为重要。本条从两个方面规定了国家应急通信保障的内容:一是应急通信系统应当在应对突发事件时保证中央和地方的信息上传下达畅通无阻,同时还应当满足公众对紧急通信的需求。二是应急广播系统应当保证在突发事件发生时人民群众能够及时、准确地获得政府发布的信息。

通信系统比较复杂,从地面通信网络到卫星通信都属于通信系统的一部分,各级人民政府应当采取有效措施建立完善的应急通信网络,保障通信网络畅通。特别是中央人民政府,应当建立健全全国的应急通信保障体系。为此,我国在2006年1月出台了《国家通信保障应急预案》,并于2011年修订[1],其目的就是"建立健全国家通信保障(含通信恢复,下同)应急工作机制,满足突发情况下通信保障工作需要,确保通信安全畅通"。在此之后全国各地也逐步制定了符合本地区情况的通信保障应急预案,明确了各地政府和通信运营商的责任和义务,完善了应急通信保障的法律框架。

2013年,工业和信息化部应急通信保障中心成立[2],主要负责:为工业和信息化部应急通信提供支持和保障,承担国家通信网应急指挥调度系统政府平台运行维护管理和应急通信日常值班任务;应急通信工程项目规划论证与实施;承担应急通信相关政策、规划、预案等研究工作;承担应急通信相关技术支持、教育培训、合作交流、协调会商等工作。应急通信保障中心的成立标志着我国应急通信保障建设逐步完善。

2024年应急管理部制定发布推荐性行业标准《应急指挥通信保障能力

---

[1] 《国家通信保障应急预案》,载中国政府网,https://www.gov.cn/yjgl/2011-12/21/content_2025504.htm,最后访问时间:2024年9月7日。

[2] 参见工业和信息化部网站,https://wap.miit.gov.cn/wzpz/dbdhlj/bsdw/yjtxbzzx/index.html.https://www.gov.cn/yjgl/2011-12/21/content_2025504.htm,最后访问时间:2024年9月7日。

建设规范》[1]（YJ/T 27—2024）。在各级应急管理部门全面加强能力建设，应急指挥通信保障能力不断提升，实战支撑作用日益凸显的当下，针对通信装备配备存在手段单一或不足、不系统以及重建设轻应用等短板，无法形成强韧有效的保障能力等问题予以指导。同时，规范明确了国家、省、市、县四个层级的应急指挥通信保障力量能力建设的侧重点，完善了地市、县区层级应急通信保障建设方向。

应急广播方面，作为国家社会治理的重要基础设施、突发事件中重要的信息传递载体，应急广播体系是打通应急信息发布"最后一公里"、实现精准动员的重要渠道。近年来，各地应急广播体系建设取得重要进展，社区、乡村覆盖面不断扩大，在基层社会治理、文化传播等方面发挥了重要作用。《"十四五"国家应急体系规划》提出了应急广播保障能力全面加强的主要目标，在此目标指导下，国家广播电视总局于2022年印发实施了《全国应急广播体系建设"十四五"发展规划》[2]。

此外，《"十四五"国家应急体系规划》针对基层应急管理能力建设，要求"开展农村应急广播使用人员培训和信息发布演练"，并提出了对于应急人员能力培训的规划和要求。

国家广播电视总局、应急管理部于2021年印发的《应急广播管理暂行办法》[3] 规定了县级以上人民政府在应急广播体系建设当中的责任，明确"县级以上人民政府广播电视行政部门"负责本地应急广播体系的建设，"县级以上人民政府广播电视行政部门应明确本级应急广播的运行维护机构"来保障应急广播顺利开展。

【适用指南】

建立健全应急通信和应急广播保障体系，加强应急通信系统和广播系统建设，确保应对工作通信和广播的安全畅通，这三个方面是本条理解和适用的重点。

---

[1] 《〈应急指挥通信保障能力建设规范〉解读》，载应急管理部网站，https://www.mem.gov.cn/gk/zcjd/202404/t20240417_485196.shtml，最后访问时间：2024年9月7日。

[2] 《〈全国应急广播体系建设"十四五"发展规划〉印发实施》，载国家广播电视总局网站，https://www.nrta.gov.cn/art/2022/5/20/art_114_60494.html，最后访问时间：2024年9月7日。

[3] 《应急广播管理暂行办法》，载应急管理部网站，https://www.mem.gov.cn/gk/zfxxgkpt/fdzdgknr/202108/t20210827_396998.shtml，最后访问时间：2024年9月7日。

> **第五十条 【卫生应急】** 国家建立健全突发事件卫生应急体系,组织开展突发事件中的医疗救治、卫生学调查处置和心理援助等卫生应急工作,有效控制和消除危害。

【条文主旨】

本条是关于突发事件卫生应急体系建设和工作要求的规定。

【条文解读】

突发事件可能自然伴随大量的人员伤病甚至死亡。灾后,灾区医疗卫生需求增加,饮用水和食品的安全性存在隐患,传染病病媒生物及宿主动物发生变化,人群居住生活条件恶化以及区域人员活动频繁,这些改变可能增加灾区突发公共卫生事件等发生风险。因此,科学规范地开展自然灾害卫生应急相关工作,对保护灾区人群健康、维护灾区社会稳定、减轻灾区损失具有重要意义。本条是本次大修的新增条文,从卫生应急体系建设的国家职责、卫生应急工作三大要素作出了具体规范。本条对突发事件卫生应急工作的具体要求有三个方面。

第一,医疗救治。《国家卫生健康委办公厅关于进一步做好突发事件医疗应急工作的通知》[1]中指出,医疗应急工作是突发事件应急处置的重要一环,是社会和谐稳定、国家公共安全的重要保障。医疗应急工作的主要内容包括:根据突发事件类型、规模,按照分级响应和处置原则,迅速开展医疗应急工作。发生重大、特别重大突发事件,应派出省级专家组和紧急医学救援队伍,按照分级救治与合理转运相结合的原则开展医疗应急工作,必要时报请国家派遣国家专家组、国家紧急医学救援队伍等医疗资源予以支持。规范开展伤员转运工作,以确保安全为前提,按照"最快到达"原则将伤员迅速转送至具备治疗条件的医疗机构,综合考虑地理环境、医疗救治条件和能力等因素,科学选择转运方式和收治医院。规范开展伤员救治工作,根据伤员伤情特点,统筹医疗资源,组建相关学科专家组,对伤员进行检伤、分类和治疗。伤情允许情况下,坚持"四集中"原

---

[1] 《国家卫生健康委办公厅关于进一步做好突发事件医疗应急工作的通知》,载中国政府网,https://www.gov.cn/zhengce/zhengceku/2023-04/29/content_5753751.htm,最后访问时间:2024年9月7日。

则开展伤员救治，落实多学科会诊、远程会诊和专家巡诊等制度。重症伤员"一患一策"进行个案管理，轻症伤员加强专家巡诊会诊，及时掌握病伤情变化，尽最大努力减少因伤死亡和残疾等。

第二，卫生学调查。突发事件卫生学调查可能包括两部分主要内容[①]：一是各级疾控机构可根据需要适时开展本区域针对特定灾害类型的人群健康脆弱性评估。人群健康脆弱性主要评估本地区最可能发生的突发事件类型及区域内人群针对特定突发事件的健康风险。评估需要结合当地的实际情况，通过对人群健康风险进行评估，识别脆弱人群和脆弱地区，为卫生政策的制定提供依据。同时，评估结果还可以作为人群健康风险监测和灾后卫生防病干预措施的基线数据，为灾害卫生防病干预措施的有效开展提供依据。脆弱性评估不是一次性的评估，而是迭代反复的过程，包括基线调查、阶段性调查、定期回访、信息更新、加强与灾害卫生应急相关机构沟通等环节。二是各级疾控机构定期开展特定突发公共卫生事件和重点传染病事件风险评估，通过文件查阅、系统数据分析等方式，可参考本地区特定灾害人群健康脆弱性评估结果，对区域内可能发生的重大突发事件可能带来的传染病和突发公共卫生事件发生风险开展评估。突发事件一旦发生，建议疾控机构迅速启动传染病和突发公共卫生事件快速风险评估工作，通过文献查阅、系统数据收集和舆情信息检索等方式，收集灾害类型、受灾范围、受灾地区近五年传染病疫情和突发公共卫生事件、受灾地区重点传染病疫情特征、免疫规划覆盖情况、人群脆弱性、卫生应急能力状况和卫生资源等信息，采用专家会商法进行传染病和突发公共卫生事件评估，主要是根据现有资料和既往经验评估出灾区传染病事件突发公共卫生事件发生风险等级，有条件可以绘制灾区风险地图，从而提出有指导性的建议措施。在灾害应急响应期，在灾后快速评估的基础上，结合受灾地区监测数据、现场调查、现场检测、当地已采取的灾后卫生防疫措施等信息，根据灾害风险评估的实际需要开展趋势性风险评估和/或专题风险评估，结合灾区现有的卫生资源和卫生应急能力，提出灾后卫生应急策略和措施。灾害应急响应期结束，考虑到传染病发病的影响在时间上存在滞后性，因此应在受灾地区持续开展传染病疫情和突发公共卫生事件风险评估工作，直至公共卫生风险被完全管控。

第三，心理援助。重大突发事件具有突然发生、难以预料、危害大和

---

① 《自然灾害卫生应急工作指南（2020版）》，载中国疾病预防控制中心网站，https://www.chinacdc.cn/jkzt/tfggwssj/zt/hz/snzdsjt/202107/t20210721_232094.html，最后访问时间：2024年9月7日。

影响广泛等特点，一旦发生，常引发个体出现一系列与应激有关的精神障碍，即心理危机。生理心理学的研究表明，当人们遇到某种意外危险或面临某种突发事件时，人的身心都处于高度的紧张状态。这种高度的紧张状态即为应激状态，可以简单地描述为"心理的巨大混乱"，主要包括情绪反应异常、认知障碍、生理反应异常、行为异常、交往异常等。世界卫生组织强调整个防灾备灾救灾的过程都要考虑心理卫生要素。救灾实践中的经验教训和有关研究也都表明，灾前进行适当与充分的心理准备，灾后及时有效地开展心理紧急救援和重建阶段持续的心理社会干预措施都具有十分重要的意义。

【适用指南】

本条的理解和适用应当抓住卫生应急医疗救治、卫生学调查处置和心理援助等卫生应急工作的三个方面来展开。

【关联规范】

《中华人民共和国传染病防治法》第十七条、第十八条、第十九条、第二十条；《中华人民共和国基本医疗卫生与健康促进法》第十九条。

第五十一条 【医疗服务】县级以上人民政府应当加强急救医疗服务网络的建设，配备相应的医疗救治物资、设施设备和人员，提高医疗卫生机构应对各类突发事件的救治能力。

【条文主旨】

本条是关于急救医疗服务和能力建设的规定。

【条文解读】

自然灾害、事故灾难、公共卫生、社会安全事件等突发公共事件发生后，需要各项医疗卫生救援工作迅速、高效、有序地进行，从而最大限度地减少人员伤亡和健康危害，保障人民群众身体健康和生命安全，维护社会稳定。本条是本次大修的新增条文，对突发事件急救医疗服务和能力建设作出了基本规定。

由院前现场急救与院内急诊共同构建的急诊急救网络，承担着各类急危重症的综合救治和突发公共事件的紧急救援，是基本公共服务和应急保障的重要组成部分，也是关乎生命安全的重要民生问题。

当前，各地急救水平不一，急救反应能力仍须加强。在救护车到达前，社会急救和公众自救、互救的及时有效开展，能最大限度地减少人员伤亡。急救不能只依靠专业队伍，人人都应掌握基本的急救技能，形成社会化、现场化、网络化和普及化的全民急救体系。广义来讲，急诊急救服务应包括基层社区医疗卫生服务中心、卫生所、医务室、保健站等，更应包括红十字救护员和现场的其他"第一救助者"。

本条明确了县级以上地方政府在急救医疗服务网络建设中的职责，通过配备必要的物资、设施设备和人员，提高医疗卫生机构在突发事件中的救治能力，确保在突发事件发生时，医疗机构能够迅速、高效地提供医疗服务，最大限度地减少人员伤亡和健康危害，维护社会稳定和公共安全。

【适用指南】

急救医疗服务网络建设，医疗救治物资、设施设备和人员配备，提高应对突发事件的救治能力，这三个方面是本条理解和适用的重点。

【关联规范】

《突发公共卫生事件应急条例》第三十九条、第四十四条。

第五十二条　【物质技术支持和捐赠社会监督】 国家鼓励公民、法人和其他组织为突发事件应对工作提供物资、资金、技术支持和捐赠。

接受捐赠的单位应当及时公开接受捐赠的情况和受赠财产的使用、管理情况，接受社会监督。

【条文主旨】

本条是关于社会力量的物质技术支持和受赠单位接受社会监督的规定。

【条文解读】

本条共两款。第一款规定了突发事件应对工作的物质技术支持，主要有两项内容：

其一，规定了国家鼓励社会力量对于突发事件应对工作的物质技术支持，明确规定"国家鼓励公民、法人和其他组织为突发事件应对工作提供物资、资金、技术支持和捐赠"。这显示了国家在应对突发事件时，不仅依靠政府的力量，还积极倡导和鼓励社会各界的广泛参与和支持。这种鼓励机制有助于汇聚更多的社会资源，提高应对突发事件的效率和效果。但是，本款并非强制性规范，而是一种指导性规范、倡导性规范。历史的经验证明，广泛的公众支持对于有效应对突发事件是非常重要的。尤其是在应对重大、特别重大突发事件时，需要大量的物力、财力的投入，没有强大的社会支持是无法有效应对的。

其二，规定了物质技术支持的内容包括"物资、资金、技术支持和捐赠"。这涵盖了应对突发事件所需的多个方面，无论是直接的物资援助（如食品、药品、救援设备等），还是资金支持（用于灾后重建、救援行动等），抑或是技术支持（如专家咨询、技术支持服务等），以及定向或非定向的社会捐赠，这些都是对突发事件应对工作的物质技术补充条件。

第二款规定了突发事件应对工作有关社会捐赠的自我约束和社会监督的机制。这是本次大修的新增内容，主要有两项要求：

其一，规定了受赠单位的公开义务："接受捐赠的单位应当及时公开接受捐赠的情况和受赠财产的使用、管理情况。"这一规定强调了捐赠的透明度和公开性，要求接受捐赠的单位必须及时向社会公开相关信息，包括捐赠的来源、数量、种类，以及捐赠物资和资金的使用情况、管理情况等，将上述要求规定为受赠单位的一项社会责任。这有利于增强公众对捐赠活动的信任和支持，也有助于防止捐赠财产的滥用和浪费。

其二，规定了受赠单位必须"接受社会监督"。作此规定，进一步强调了社会监督在捐赠活动中的重要性。通过社会监督，可以促使接受捐赠的单位更加谨慎、负责地管理和使用捐赠财产，确保捐赠物资和资金真正用于突发事件应对工作，最大限度地发挥其社会效益。

本条通过鼓励社会力量支持、明确支持内容，规定受赠单位的社会责任、社会监督的重要性，为突发事件应对工作提供了有力的社会支持和保障。这一条文不仅体现了国家对公民、法人和其他组织参与突发事件应对工作的重视和肯定，也促进了捐赠活动的透明化和规范化，有助于形成全社会共同参与突发事件应对的积极和良好氛围。

【适用指南】

本条的正确理解和适用可从全过程人民民主理论视角来关注社会力量的物质技术支持、受赠单位接受社会监督这样两个方面的规定。

【关联规范】

《中华人民共和国公益事业捐赠法》第四条、第六条；《救灾捐赠管理办法》第十一条、第三十二条。

第五十三条　【红十字会和慈善组织】 红十字会在突发事件中，应当对伤病人员和其他受害者提供紧急救援和人道救助，并协助人民政府开展与其职责相关的其他人道主义服务活动。有关人民政府应当给予红十字会支持和资助，保障其依法参与应对突发事件。

慈善组织在发生重大突发事件时开展募捐和救助活动，应当在有关人民政府的统筹协调、有序引导下依法进行。有关人民政府应当通过提供必要的需求信息、政府购买服务等方式，对慈善组织参与应对突发事件、开展应急慈善活动予以支持。

【条文主旨】

本条是关于红十字会和慈善组织在突发事件中的角色、职责及其与政府关系的规定。

【条文解读】

这是本次修订后的新增条文。本条共两款，分别规定了红十字会和慈善组织的活动规范以及政府支持职责。

本条第一款首先明确了红十字会的两类职责：

其一，规定了红十字会在突发事件中的第一类职责，"红十字会在突发事件中，应当对伤病人员和其他受害者提供紧急救援和人道救助"。

其二，规定了红十字会在突发事件中的第二类职责，"协助人民政府开展与其职责相关的其他人道主义服务活动"。除了直接的救援行动外，红十字会还担任着政府与民众之间的桥梁角色，通过其专业能力和广泛网络，协助政府进行灾情评估、信息传递、资源调配等，确保人道主义援助的有效性和针对性。

本条第一款还同时规定了政府支持和资助红十字会的职责，以保障其依法参与应对突发事件。这表明政府在应对突发事件时，应充分认识到红十字会的重要作用，通过政策扶持、资金援助、物资调配等方式，支持红十字会依法、高效地开展救援工作。这种支持不仅是对红十字会的认可，也是政府履行自身职责、保障人民生命安全和社会稳定的必要举措。

本条第二款明确规定了慈善组织的义务和政府对于慈善组织的支持职责。首先，明确规定了义务："慈善组织在发生重大突发事件时开展募捐和救助活动，应当在有关人民政府的统筹协调、有序引导下依法进行"，慈善组织在突发事件中扮演着重要的募捐和救助角色，但其活动必须依法进行，遵循相关法律法规，确保募捐资金的透明度和使用效率。同时，政府应对慈善组织的活动进行统筹协调，避免重复募捐、资源浪费等问题，确保救助活动的有序进行。

其次，明确规定了政府职责："有关人民政府应当通过提供必要的需求信息、政府购买服务等方式，对慈善组织参与应对突发事件、开展应急慈善活动予以支持"，也即政府通过多种方式支持慈善组织参与突发事件应对。一方面，提供准确的需求信息，帮助慈善组织精准对接救助对象；另一方面，通过政府购买服务等方式，为慈善组织提供必要的资金、物资等支持，增强其应对突发事件的能力。这种支持不仅有助于慈善组织更好地发挥作用，也是政府履行公共服务职能、提升社会治理水平的重要体现。

【适用指南】

作为新增条文，本条旨在明确红十字会和慈善组织在突发事件应对中的职责和义务，强调政府对社会组织的支持、引导和保障，以促进应急救援和人道救助工作的有效开展，应当从上述方面来加以全面认识和正确适用。

【关联规范】

《中华人民共和国红十字会法》第一条、第十一条。

> **第五十四条 【应急救援资金、物资管理】**有关单位应当加强应急救援资金、物资的管理,提高使用效率。
>
> 任何单位和个人不得截留、挪用、私分或者变相私分应急救援资金、物资。

【条文主旨】

本条是关于应急救援资金、物资管理的规定。

【条文解读】

这是本次修订后的新增条文,从正反两个方面规定了应急救援资金、物资管理的社会责任。

第一项明确了加强救援物资管理,"有关单位应当加强应急救援资金、物资的管理",这强调了管理在应急救援工作中的基础性和关键性地位。有效的管理能够确保资金和物资在紧急情况下得到及时、合理的调配和使用,从而提高救援效率,减少灾害损失。

第二项明确了提高使用效率,通过加强管理,不仅可以保证资金和物资的安全,还能提高其使用效率。这意味着在应急救援过程中,每一笔资金、每一件物资都能被精准地投入到最需要的地方,最大限度地发挥其作用。

第三项明确了禁止行为,"任何单位和个人不得截留、挪用、私分或者变相私分应急救援资金、物资"。截留是指故意扣留本应拨付或使用的资金和物资;挪用则是将专项资金或物资用于非指定用途。这两种行为都会严重损害应急救援工作的正常进行,甚至可能导致灾害损失的扩大。此外,本条还禁止"私分或者变相私分"应急救援资金、物资。私分是指将公共财产非法分配给个人;变相私分则是通过某种手段将公共财产以看似合法的形式转化为个人财产。这些行为不仅违反了财经纪律和法律法规,也严重违背了应急救援工作的初衷和原则。

本条旨在通过加强对应急救援资金、物资的管理,确保其安全、合理、高效地使用;同时,通过明确禁止截留、挪用、私分或变相私分等行为,维护了应急救援工作的严肃性和公正性,保障了受灾群众的基本权益。这体现了国家对应急救援工作的高度重视和严格管理,也要求所有单位和个人在参与应急救援工作时必须遵守相关法律法规和规定。

【适用指南】

本条的理解和适用需抓住应急救援资金、物资管理的社会责任这个重点。

【关联规范】

《救灾捐赠管理办法》第十一条、第三十二条。

> 第五十五条 【巨灾保险】国家发展保险事业，建立政府支持、社会力量参与、市场化运作的巨灾风险保险体系，并鼓励单位和个人参加保险。

【条文主旨】

本条是关于巨灾风险控制和保险体系构建的规定。

【条文解读】

经本次修法本条做了修改补充，其中，在需要建立的巨灾风险保险体系中，增加规定了社会力量参与、市场化运作的有关要求。

第一，明确了有关背景——国家发展保险事业。保险作为一种风险管理工具，对于分散风险、减轻损失具有重要意义。在自然灾害频发的背景下，发展保险事业特别是针对巨灾风险的保险，是国家提升灾害治理能力和水平的重要举措。国家通过制定政策、提供支持等方式，推动保险事业的发展，为建立健全的巨灾风险保险体系提供坚实的基础。

第二，明确了建立巨灾风险保险体系，"建立政府支持、社会力量参与、市场化运作的巨灾风险保险体系"。该体系由政府支持、社会力量参与、市场化运作三部分组成。这三者相辅相成，共同构成了应对巨灾风险的有效机制。一是政府支持，政府通过财政补贴、税收优惠、政策引导等方式，为巨灾风险保险提供必要的支持和保障。这有助于降低保险产品的成本，提高公众参保的积极性和覆盖面。二是社会力量参与，鼓励各类社会组织、企业和个人积极参与巨灾风险保险体系的建设和运营。这不仅可以增加资金来源，还可以引入更多的专业知识和技术，提高体系的运行效率和风险管理水平。三是市场化运作，通过市场机制来配置资源、定价和赔付等，确保巨灾风险保险体系的可持续性和稳健性。市场化运作可以激发市场活力，推动保险产品和服务的创新，更好地满足公众的需求。本条不是强制性规范，表现出一种将市场机制引入突发事件应对工作的意愿。

第三，明确了"鼓励单位和个人参加保险"。鼓励单位和个人参加保险，是构建巨灾风险保险体系的重要一环。通过增强公众的保险意识和参与度，可以进一步分散风险、减轻损失，增强社会的整体抗风险能力。为了实现这一目标，可以采取多种措施，如加强保险知识的宣传教育、提高保险产品的可获得性和可负担性、优化理赔流程和服务等。同时，政府还可以考虑通过立法等方式，为强制或半强制性的巨灾保险制度提供法律保障。

本条体现了国家在发展保险事业、建立巨灾风险保险体系方面的决心和行动，旨在通过政府支持、社会力量参与和市场化运作的方式，来有效应对和减轻巨灾风险所带来的经济损失和社会影响。这一举措对于提升国家的灾害治理能力和水平、保障人民群众的生命财产安全具有重要意义。

【适用指南】

本条的理解和适用需要注意，在国家发展保险事业的过程中，政府支持、社会力量参与、市场化运作这三个特点，是建立巨灾风险保险体系的要义。

【关联规范】

《中华人民共和国保险法》第二十三条。

第五十六条　【应急工作的科技赋能】国家加强应急管理基础科学、重点行业领域关键核心技术的研究，加强互联网、云计算、大数据、人工智能等现代技术手段在突发事件应对工作中的应用，鼓励、扶持有条件的教学科研机构、企业培养应急管理人才和科技人才，研发、推广新技术、新材料、新设备和新工具，提高突发事件应对能力。

【条文主旨】

本条是关于加强应急管理领域的基础科学和关键核心技术研究、应用现代技术手段、培养应急专门人才的规定。

【条文解读】

本次修订后,本条对于突发事件应对工作的科技赋能作了较多修改补充,特别是增加规定了加强基础科学和关键核心技术研究以及加强互联网、云计算、大数据、人工智能等现代技术手段在突发事件应对工作中的应用、提高突发事件应对能力等创新内容。对此,可从四个方面加以认识:

其一,明确了强化应急管理基础研究,"国家加强应急管理基础科学、重点行业领域关键核心技术的研究"。这意味着加大对应急管理领域的基础理论、科学原理以及针对特定行业(如自然灾害、公共卫生、事故灾难等)的关键核心技术的研发投入是一种国家责任。作此规定,更有条件构建更加科学、系统、高效的应急管理体系。

其二,明确了现代技术手段的重要性,"加强互联网、云计算、大数据、人工智能等现代技术手段在突发事件应对工作中的应用"。作此规定,体现了国家对应急管理信息化的高度重视。通过运用这些现代技术手段,可以实现应急信息的快速收集、分析、共享和决策支持,提高应急响应的效率和准确性。例如,利用大数据预测分析可能发生的灾害,通过人工智能辅助决策制定救援方案等。

其三,明确了应急专门人才培养,"鼓励、扶持有条件的教学科研机构、企业培养应急管理人才和科技人才"。作此规定,突出表明了专门人才在应急管理和应急科技工作中的重要性。通过政策支持和资金扶持,引导教学科研机构和企业积极参与应急管理人才的培养,形成产学研用相结合的应急管理体系,为应急管理事业提供源源不断的人才支持。

其四,明确了物质技术条件创新研发的重要性,"研发、推广新技术、新材料、新设备和新工具",将此作为提高突发事件应对能力的关键。我国有关的专门法律也规定了鼓励、扶持关于应对突发事件的科学技术研究的条款。如《中华人民共和国防震减灾法》第十一条第一款规定,国家鼓励、支持防震减灾的科学技术研究,逐步提高防震减灾科学技术研究经费投入,推广先进的科学研究成果,加强国际合作与交流,提高防震减灾工作水平。第五十三条规定,国家鼓励、扶持地震应急救援新技术和装备的研究开发。《国务院关于全面加强应急管理工作的意见》[①]指出，我国高度重视利用科技手段提高应对突发公共事件的能力，通过国家科技计划和科学基金等，对突发公共事件应急管理的基础理论、应用和关键技术研究给予支持，并在大专院校、科研院所加强公共安全与应急管理学科、专业建设，大力培养公共安全科技人才。坚持自主创新和引进消化吸收相结合，形成公共安全科技创新机制和应急管理技术支撑体系。扶持一批在公共安全领域拥有自主知识产权和核心技术的重点企业，实现成套核心技术与重大装备的突破，增强安全技术保障能力。

【适用指南】

本条通过加强科学研究、推动技术应用、注重人才培养和强化技术创新等四个方面的法律规范，为构建高效、科学的应急管理体系提供了全面的指导和支持，特别是关于加强互联网、云计算、大数据、人工智能等现代技术手段在突发事件应对工作中的应用规范，有助于显著提升国家应对突发事件的能力和水平，对此需要完整理解和正确适用。

【关联规范】

《中华人民共和国防震减灾法》第十一条、第五十三条。

> 第五十七条 【专家咨询】县级以上人民政府及其有关部门应当建立健全突发事件专家咨询论证制度，发挥专业人员在突发事件应对工作中的作用。

【条文主旨】

本条是关于建立健全突发事件专家咨询论证制度的规定。

【条文解读】

这是本次修订后的新增条文，意在通过建立健全突发事件专家咨询论

[①]《国务院关于全面加强应急管理工作的意见》，载中国政府网，https://www.gov.cn/zhengce/content/2008-03/28/content_1177.htm，最后访问时间：2024年9月6日。

证制度，充分发挥专业人员在突发事件应对工作中的作用，提升政府及相关部门的应急管理能力和水平。对此，可从两个方面加以认识：

其一，明确规定了专家咨询论证制度，"县级以上人民政府及其有关部门应当建立健全突发事件专家咨询论证制度"。条文明确指出，此项工作的责任主体是"县级以上人民政府及其有关部门"。这意味着，县级以上人民政府及其承担突发事件应对工作职能的有关部门，承担着建立健全突发事件应对工作专家咨询论证制度的职责。体系化设立的专家咨询论证制度，有助于在突发事件应对工作中，迅速、有效地调动和利用相关领域的专家资源，为决策提供科学依据和专业建议。

其二，明确规定了要发挥专业人员作用，"发挥专业人员在突发事件应对工作中的作用"。此规定强调了专业人员（即专家）在突发事件应对工作中的重要性和必要性。这突出了专家咨询论证制度的核心目的和基础条件，也即利用各领域专家的专业知识、技能和经验，对突发事件的性质、发展趋势、影响范围等进行科学评估，为突发事件的预防、监测、预警、应急处置、事后恢复与重建等环节提供科学合理与前瞻性的建议方案，以提高应对工作的效率和效果。

【适用指南】

在对于本条的理解和适用中，须关注县级以上人民政府及其有关部门是否建立健全了突发事件专家咨询论证制度，并进一步考量是否充分发挥出专业人员在突发事件应对工作中的特殊作用。

【关联规范】

《中华人民共和国传染病防治法》第十八条、第四十八条；《突发公共卫生事件应急条例》第二十六条、第三十五条。

案例评析

一个灾区农村中学校长非常宝贵的避险意识和行动[①]

一、案情简介

在汶川地震中，四川省安县桑枣中学及其校长叶志平的事迹被广为传颂。从2005年开始，叶志平每学期都要在全校组织一次紧急疏散的演习。每次演习会事先告知学生本周有演习，但学生们不知道具体是哪一天。等到特定的一天，课间操或者学生休息时，学校会突然用高音喇叭喊全校紧急疏散。每个班的疏散路线都是固定的，学校早已规划好。两个班疏散时合用一个楼梯，每班必须排成单行。每个班级疏散到操场上的位置也是固定的，每次各班级都站在自己的位置，不会出错。教室里面一般是9列8行，前4行从前门撤离，后4行从后门撤离，每列走哪条通道，学生们早已被事先教育好。孩子们事先还被告知的有，在2楼、3楼教室里的学生要跑得快些，以免堵塞逃生通道；在4楼、5楼的学生要跑得慢些，否则会在楼道中造成人流积压。每周二是学校规定的安全教育时间，叶志平让老师专门讲交通安全和饮食卫生等。由于平时的多次演习，地震发生后，全校师生——2200多名学生、上百名老师，从不同的教学楼和不同的教室中全部冲到操场，以班级为组织站好，用时仅1分36秒。

二、专家评析

在该案例中，学校自觉践行"安全高于一切，责任重于泰山"，高度重视安全演练，紧急疏散演习等得到了长期认真贯彻，才能在灾难来临时做到行动迅速、动作规范、安全有序，创造了生命的奇迹。其他学校要向该校学习，"演得真、练得实"。

[①] 贾子建：《"最牛校长"叶志平和他的梦》，载《中国减灾》2011年第18期。

第四章 监测与预警

监测与预警是常设工作环节,具有重要的突发事件风险应对功能。本章围绕突发事件应对工作的监测与预警环节,就《中华人民共和国突发事件应对法》第五十八条至第七十条展开解读,以帮助读者全面理解与正确适用。

> **第五十八条 【突发事件监测】** 国家建立健全突发事件监测制度。
> 县级以上人民政府及其有关部门应当根据自然灾害、事故灾难和公共卫生事件的种类和特点,建立健全基础信息数据库,完善监测网络,划分监测区域,确定监测点,明确监测项目,提供必要的设备、设施,配备专职或者兼职人员,对可能发生的突发事件进行监测。

【条文主旨】

本条是关于突发事件监测制度建设的规定。

【条文解读】

监测是预警和应急的基础。突发事件监测,是指国家通过设立各种网点,对可能引起突发事件的各种因素和突发事件发生前各种征兆进行观察、捕捉、预测的活动。[1] 在收集突发事件信息的各种途径中,建立监测网络是最重要的方式。

---

[1] 林鸿潮:《应急法概论》,应急管理出版社2020年版,第178页。

本条第二款明确规定了县级以上人民政府及其有关部门应当根据自然灾害、事故灾难和公共卫生事件的种类和特点，建立健全基础信息数据库，完善监测网络。由于社会安全事件较为特殊，一般难以通过技术手段进行监测，故本条设计的监测制度针对的对象主要是自然灾害、事故灾难和公共卫生事件三类。以事故灾难为例，事故致因理论表明，事故灾难大多源于人的不安全行为、物的不安全状态以及管理上的缺陷。

为提升突发事件监测信息的使用效率，需要建设统一的数据库。为此，本条规定要建立健全基础信息数据库。这里的"基础信息数据库"，是指应对突发事件所必需的有关应急资源信息、危险源信息、防护目标信息和应急避难场所信息等基础性数据。需要注意的是，本款将"建立健全基础信息数据库，完善监测网络"的职责，明确赋予县级以上人民政府及其有关部门。

划分监测区域，确定监测点，明确监测项目，提供必要的设备、设施，配备专职或者兼职人员，这是完善监测网络的具体内容和要求。完善监测网络离不开科学合理的监测区域划分，县级以上人民政府及其有关部门要按照属地管理以及谁主管、谁负责的原则，根据当地应急资源以及突发事件实际情况制订监测计划，进而匹配设置合适的监测点。

此外，监测工作网络的运行离不开人力、设备、设施等资源支撑，人民政府及其有关部门要为突发事件监测提供必要的设备、设施，并结合当地实际情况配备专职或者兼职人员，对可能发生的突发事件进行监测。这表明突发事件的监测不限于客观存在的对象，凡是有可能导致或加快突发事件发生的因素，均应当纳入监测范围。

【适用指南】

县级以上人民政府及其有关部门要强化信息技术手段在突发事件监测中的应用。《"十四五"国家应急体系规划》[①] 提出，充分利用物联网、工业互联网、遥感、视频识别、第五代移动通信（5G）等技术提高灾害事故监测感知能力，优化自然灾害监测站网布局，完善应急卫星观测星座，构建空、天、地、海一体化全域覆盖的灾害事故监测预警网络。

---

① 《"十四五"国家应急体系规划》，载中国政府网，https://www.gov.cn/zhengce/zhengceku/2022-02/14/content_5673424.htm，最后访问时间：2024年8月31日。

【关联规范】

《中华人民共和国防震减灾法》第十七条、第十八条、第十九条；《中华人民共和国防洪法》第三十一条；《中华人民共和国食品安全法》第十四条；《中华人民共和国传染病防治法》第十七条；《中华人民共和国大气污染防治法》第二十二条。

> 第五十九条　【突发事件信息系统】国务院建立全国统一的突发事件信息系统。
> 　　县级以上地方人民政府应当建立或者确定本地区统一的突发事件信息系统，汇集、储存、分析、传输有关突发事件的信息，并与上级人民政府及其有关部门、下级人民政府及其有关部门、专业机构、监测网点和重点企业的突发事件信息系统实现互联互通，加强跨部门、跨地区的信息共享与情报合作。

【条文主旨】

本条是关于突发事件信息系统建设和运行的规定。

【条文解读】

对于"突发事件信息"，可以从两个层次上进行理解。广义的"突发事件信息"，指的是有关突发事件及其应对的各种信息，包含危机前信息、危机信息和危机后信息。狭义的"突发事件信息"则特指危机前信息，即可能引发突发事件的各种因素、突发事件即将发生的各种征兆等。突发事件信息具有分散性、多样性、复杂性和不确定性等特征，现代化的统一应急管理信息系统在信息收集、存储、传输、分析方面的功能，对于提高突发事件的预测能力、处理效率和决策水平都具有十分重要的价值。[①] 突发事件信息系统所重点收集、分析和处理的，也是对整个危机应对最具意义

[①] 寇纲、彭怡、石勇：《突发公共事件应急信息系统框架与功能》，载《管理评论》2011年第3期。

的，主要是危机前信息，当然，也包括一部分危机信息与危机后信息。

突发事件信息系统作为公共应急系统中不可或缺的一个基础部分，是公共应急管理的信息交流平台，其功能是通过各种途径收集突发事件的相关信息，并加以储存、分析和传输，为整个应急管理系统的正常运行提供基础数据和信息。突发事件类型的多样化决定了突发事件信息的多元化、复杂化，这使得每一种突发事件信息的收集、分析和处理都具有一定专业性，有可能产生信息上的冲突和混乱。为了整合这些信息，全国和各地区都需要建立应对突发事件的综合信息系统。这个系统既是汇集、储存、分析和传输突发事件信息的综合信息系统，又可以作为突发事件应对的指挥联动系统，兼具信息中心和指挥调度中心的角色。

我国目前的突发事件信息系统，已经建成了针对多种类型突发事件——特别是自然灾害的专门信息系统，并达到了相当的水平。但不可否认，重大突发事件处置中仍然可能出现信息收集与处理的碎片化问题，包括上下级政府之间信息不对称的层级信息碎片化，不同部门之间信息阻滞的部门信息碎片化，不同地域之间信息缺乏沟通的地域信息碎片化，这不利于信息的高效收集与统一评估，而且容易导致突发事件预测、应急与嗣后处理的无序化与低效化。这也是本条第一款规定，国务院建立全国统一的突发事件信息系统的重要原因。"统一的突发事件信息系统"指的便是跨部门综合信息系统。

按照本条第二款之规定，我国突发事件信息系统根据"分级设置、互联互通"的原则设置。"分级设置"指的是在县级以上各级人民政府均应设置统一的应急信息系统，作为本区域突发事件应对的信息中枢，以连接各部门、各专业机构、各监测网点和有关重点企业的信息系统。"互联互通"指的是各级政府的应急信息系统应当与上级人民政府及其有关部门、下级人民政府及其有关部门、专业机构、监测网点和重点企业的信息系统交流共享、加强合作。

值得注意的是，新法增加了重点企业的突发事件信息系统的构建乃至互联互通规定。主要考虑是，重点企业在突发事件应对管理中发挥着关键作用，已经成为突发事件信息系统建设不可或缺的力量。如重大公共卫生事件中企业物资生产信息的传递、重大社会安全事件中责任企业的信息通报、生产安全事故隐患排查治理情况的报告等，均与信息系统建设息息相关。对此，安全生产法专门规定，县级以上地方各级人民政府负有安全生产监督管理职责的部门应当将重大事故隐患纳入相关信息系统，建立健全重大事故隐患治理督办制度，督促生产经营单位消除重大事故隐患。

【适用指南】

突发事件信息系统建设是一个复杂的系统工程,涉及各地区、各有关部门,涉及财政投入、技术支撑,需要统筹规划、总体设计、分级实施。

【关联规范】

《中华人民共和国安全生产法》第十条、第四十条、第七十九条;《中华人民共和国防震减灾法》第二十五条;《中华人民共和国国家安全法》第二十五条;《中华人民共和国网络安全法》第三十九条;《中华人民共和国数据安全法》第二十二条。

> **第六十条 【突发事件信息收集与报告】** 县级以上人民政府及其有关部门、专业机构应当通过多种途径收集突发事件信息。
>
> 县级人民政府应当在居民委员会、村民委员会和有关单位建立专职或者兼职信息报告员制度。
>
> 公民、法人或者其他组织发现发生突发事件,或者发现可能发生突发事件的异常情况,应当立即向所在地人民政府、有关主管部门或者指定的专业机构报告。接到报告的单位应当按照规定立即核实处理,对于不属于其职责的,应当立即移送相关单位核实处理。

【条文主旨】

本条是关于突发事件信息收集与报告制度的规定。

【条文解读】

在突发事件信息系统的各种功能当中,信息的收集是其最基本、最主要的功能,因为所有信息的储存、分析与传输都必须以信息获取为前提。为了规范突发事件信息收集与报告工作,本条从以下几个方面作出规定。

一、县级以上人民政府及其有关部门、专业机构应当多渠道收集突发事件信息

我国突发事件信息收集坚持专兼结合、社会力量参与，在收集突发事件信息的各种途径中，专业监测网络在其中发挥主力军作用。按照本条第一款的规定，县级以上人民政府及其有关部门、专业机构应当通过多种途径收集突发事件信息。这里包括两层含义：一是突发事件信息收集的主体包括县级以上人民政府及其有关部门、专业机构三类。比如《中华人民共和国防震减灾法》第三十二条第二款规定，国务院地震工作主管部门和县级以上地方人民政府负责管理地震工作的部门或者机构、地震监测台网的管理单位，应当及时收集、保存有关地震的资料和信息，并建立完整的档案。目前，我国已经建立了气象、地震、卫生、水文、地质、森林火灾、危险化学品、矿山等监测体系，政府及其相关部门应当利用这些专门渠道收集突发事件信息。二是特别强调收集突发事件信息要通过多种途径。自然灾害、事故灾难、公共卫生事件和社会安全事件，其产生原因和表现形式各不相同，必须建立多种收集信息的途径，才能有效监测各类突发事件，在应对工作中占据主动。从实践看，目前主要是通过县级以上各级人民政府及其有关部门、专业机构自身的监测网点、仪器、手段等获取信息。《中华人民共和国传染病防治法》第七条第一款规定，各级疾病预防控制机构承担传染病监测、预测、流行病学调查、疫情报告以及其他预防、控制工作。

二、县级人民政府应当在居民委员会、村民委员会和有关单位组织专兼职信息报告员收集突发事件信息

由于突发事件种类繁多，表现形式多样，发展趋势复杂，仅仅依靠政府和相关专业机构的途径是不够的。因此，本条第二款和第三款分别规定了其他单位和个人的报告，这是对政府和专业机构监测网络的一种重要补充。这些单位和个人可能是"专职或者兼职信息报告员"，也可能是一般的公民、法人或者其他组织。居民委员会、村民委员会是居民、村民自我管理、自我教育、自我服务的基层群众性自治组织。居民委员会、村民委员会办理本居住地、本村的公共事务和公益事业，调解民间纠纷，协助维护社会治安，向人民政府反映村民的意见、要求和提出建议。居民委员会、村民委员会与群众的联系最为密切，且有义务协助基层政府开展工作，这也是本条第二款规定县级人民政府在居民委员会、村民委员会和有关单位建立专职或者兼职信息报告员制度的主要考虑。信息报告员分为专职和兼职两类。专职信息报告员制度主要在技术性和专业性较强的领域建立。在其他领域，可设立兼职信息报告员。《应急部 民政部 财政部关于加强全国灾害信息员队伍建设的指导意见》① 明确提出配齐"省—市—县—乡—村"五级灾害信息员队伍，行政村（社区）灾害信息员一般由村"两委"成员和社区工作人员担任，工作方式以兼职为主。灾害信息员主要承担灾情统计报送、台账管理以及评估核查等工作，同时兼顾灾害隐患排查、灾害监测预警、险情信息报送等任务，协助做好受灾群众紧急转移安置和紧急生活救助等工作。

三、规定公民、法人或其他组织发现突发事件信息报告的义务

配合政府及有关部门做好突发事件应对工作，是社会公众应尽的义务。本条第三款从两个方面对此作出规定：一方面，规定公民、法人或者其他组织发现可能发生突发事件的异常情况的，应当立即向所在地人民政府、有关主管部门或者指定的专业机构报告。比如，《国家防汛抗旱应急预案》② 第4.1.5条规定，任何个人发现堤防、水库发生险情时，应立即向有关部门报告。另一方面，对接到报告的单位提出了具体要求，即应当按照规定立即核实处理，对于不属于其职责的，应当立即移送相关单位核实处理。这里的"按照规定"，包括国家法律法规以及政府及相关部门制定的信息报告、投诉举报等相关规定。

【适用指南】

目前，我国很多领域都确立了有奖举报制度。以安全生产为例，《安全生产领域举报奖励办法》③ 适用于所有重大事故隐患和安全生产违法行为的举报奖励，对举报事项范围、举报的途径、举报的处理和反馈、奖励的标准、保护举报人合法权益等作出了详细规定。

【关联规范】

《中华人民共和国传染病防治法》第七条、第九条、第十八条、第二十一条；《中华人民共和国消防法》第五条；《中华人民共和国防震减灾

---

① 《应急部 民政部 财政部关于加强全国灾害信息员队伍建设的指导意见》，载中国政府网，https://www.gov.cn/gongbao/content/2020/content_5515286.htm，最后访问时间：2024年8月31日。

② 《国家防汛抗旱应急预案》，载中国政府网，https://www.gov.cn/zhuanti/2006-01/11/content_2615959.htm，最后访问时间：2024年8月31日。

③ 《安全生产领域举报奖励办法》，载应急管理部网站，https://www.mem.gov.cn/gk/gwgg/agwzlfl/gfxwj/2018/201801/t20180131_242765.shtml，最后访问时间：2024年8月31日。

法》第三十二条;《中华人民共和国安全生产法》第七十三条、第七十五条;《中华人民共和国森林法》第三十三条;《中华人民共和国村民委员会组织法》第二条;《中华人民共和国城市居民委员会组织法》第二条、第三条。

第六十一条 【突发事件信息报告】 地方各级人民政府应当按照国家有关规定向上级人民政府报送突发事件信息。县级以上人民政府有关主管部门应当向本级人民政府相关部门通报突发事件信息,并报告上级人民政府主管部门。专业机构、监测网点和信息报告员应当及时向所在地人民政府及其有关主管部门报告突发事件信息。

有关单位和人员报送、报告突发事件信息,应当做到及时、客观、真实,不得迟报、谎报、瞒报、漏报,不得授意他人迟报、谎报、瞒报,不得阻碍他人报告。

【条文主旨】

本条是关于突发事件信息报送、通报和报告的规定。

【条文解读】

一般而言,报送是指下级向上级、通报是指平级或横向之间、报告是指向上级或平级传输信息。本条规范的主要是下级政府向上级政府、应急主管机关向其上级机关传输突发事件信息的报送、报告行为,以及有关报告主体向所在地人民政府及其有关主管部门传输突发事件信息的报告行为,这是突发事件信息在应急管理决策系统自下而上传输的过程。本条还规定了突发事件信息报送、报告的流程以及相关要求。

一、突发事件信息报送、报告的主体和途径

按照统一领导、综合协调、分类管理、分级负责、属地管理为主的应急管理体制,突发事件信息报送的主体是地方各级人民政府,其目的是强化地方各级人民政府责任。根据应急管理实践,突发事件信息包括已经发生的突发事件信息以及尚未发生但可能引发突发事件的预测预警信息。需要注意的是,本条第一款中的"国家有关规定"是个广义概念,既包括全国人民代表大会及其常务委员会的规定和国务院的规定，也包括地方性法规以及地方政府规章等规定。比如《突发公共卫生事件应急条例》第十九条第三款规定，有下列情形之一的，省、自治区、直辖市人民政府应当在接到报告1小时内，向国务院卫生行政主管部门报告：（1）发生或者可能发生传染病暴发、流行的；（2）发生或者发现不明原因的群体性疾病的；（3）发生传染病菌种、毒种丢失的；（4）发生或者可能发生重大食物和职业中毒事件的。一般情况下，突发事件信息报告以逐级上报为主，但对于某些破坏力强、影响范围广、处置紧迫的突发事件，允许越级上报。

从实践看，专业机构、监测网点和信息报告员是最早接触、收集到相关信息的，因此他们负有把这些信息传递给当地政府及其有关部门的义务，为政府分析、决策提供充分的原始资料和客观依据。地方人民政府在接收到专业机构、监测网点、信息报告员等各方面报告的信息后，对这些信息进行汇总整理，并及时向上级人民政府报送。同时，政府中主管该突发事件的有关部门，也应当及时将各部门收集到的信息通报其他有关部门，以便各部门在信息共享的基础上，在突发事件应对工作的各个环节中更好地协作配合。由于突发事件的应对过程事关重大，因此，除了直接承担应急职能的机关必须及时获得应急信息，其上级机关也需要对这些信息有所掌握。相关法律和应急预案对此都作了规定。

二、突发事件信息报送的基本要求

本条第二款规定了有关单位和人员报送、报告突发事件信息的基本要求，包括三项正面要求和三项禁止规定。

1."三项正面要求"即及时、客观、真实。所谓"及时"，就是必须按照法律法规规章和国家有关规定的时限报送突发事件信息；所谓"客观"，就是对突发事件的信息的判断要客观，不得主观臆断，不得谎报信息；所谓"真实"，就是要与突发事件的真相相符，实事求是。

2."三项禁止"规定，也即"三个不得"：不得迟报、谎报、瞒报、漏报，不得授意他人迟报、谎报、瞒报，不得阻碍他人报告。后面两个"不得"，是这次修法新增的突发事件信息报告要求。所谓"迟报"，就是指不按照规定的时限报告有关突发事件的信息。所谓"谎报"，既包括夸大相应举措的效果或实施力度，也包括刻意缩减实际损害的程度。所谓"瞒报"，通常指相应主体明知真实情况的前提下隐瞒上报全部或部分事件信息的行为。这种行为与谎报存在一定区别：谎报包括捏造原来没有的突发事件信息，瞒报仅是利用现有的突发事件信息，作出不具备实质创造性的处理。当然，从广义角度来解释，谎报亦包括瞒报，瞒报情形也可能以谎报为中介，从而形成不同情形的交叉处理可能。所谓"漏报"，常常与谎报、瞒报联系在一起，作为这两种行为的实现手段。当然，也存在客观遗漏的可能，至于这类行为是否值得谴责，还需要结合报送方的能力、主观意愿、报送环境、产生后果作出具体分析，这与迟报情形类似。

【适用指南】

突发事件应对法对突发事件信息报送、通报和报告作了基本规范，相关应急单行法对不同突发事件信息报送时间、内容等规定了具体要求。按照《突发公共卫生事件应急条例》第二十条第一款规定，突发事件监测机构、医疗卫生机构和有关单位发现有本条例第十九条规定情形之一的，应当在 2 小时内向所在地县级人民政府卫生行政主管部门报告；接到报告的卫生行政主管部门应当在 2 小时内向本级人民政府报告，并同时向上级人民政府卫生行政主管部门和国务院卫生行政主管部门报告。

【关联规范】

《中华人民共和国防震减灾法》第二十六条、第二十七条；《中华人民共和国食品安全法》第十四条、第十六条、第三十二条；《突发公共卫生事件应急条例》第十九条至第二十一条；《生产安全事故报告和调查处理条例》[①] 第九条至第十三条。

> **第六十二条　【突发事件信息评估处理】** 县级以上地方人民政府应当及时汇总分析突发事件隐患和监测信息，必要时组织相关部门、专业技术人员、专家学者进行会商，对发生突发事件的可能性及其可能造成的影响进行评估；认为可能发生重大或者特别重大突发事件的，应当立即向上级人民政府报告，并向上级人民政府有关部门、当地驻军和可能受到危害的毗邻或者相关地区的人民政府通报，及时采取预防措施。

[①] 《生产安全事故报告和调查处理条例》，载中国政府网，https：//www.gov.cn/zhengce/zhengceku/2008-03/28/content_4363.htm，最后访问时间：2024 年 8 月 31 日。

【条文主旨】

本条是关于突发事件信息评估处理制度运行的规定。

【条文解读】

突发事件信息的评估处理，指的是应急机关在获得突发事件信息之后，对其进行分析、评估、讨论并最终作出判断、决策的行为，即对突发事件信息加以使用的过程。对本条的理解，应把握两个方面：

一方面，县级以上地方人民政府应当对收集到的有关突发事件隐患和预警的信息及时进行汇总，并对这些信息进行分析，在汇总分析的基础上，对发生突发事件的可能性及其可能造成的影响进行评估。在分析评估过程中，必要时组织相关部门、专业技术人员、专家学者进行会商。在分析和评估中，相关政府部门以及相关专业人员、技术人员可以通过自身专业方面的知识和经验，对突发事件的可能性，以及突发事件如果发生可能造成的影响，提供专业方面的意见，供政府决策时参考。

另一方面，一个事件之所以被界定为突发事件，很重要的一个原因，就是因为其发生、发展、扩大和可能产生的影响具有不确定性，并伴随着决策时间紧、信息不对称等难题。因此，应急管理的重要工作之一，就是建立上下级政府之间、政府与相关单位之间突发事件信息网络，实现跨层级、跨部门、跨领域的信息交流与协作配合。按照本条规定，县级以上地方人民政府认为可能发生重大或者特别重大突发事件的，应当立即向上级人民政府报告，并向上级人民政府相关部门、当地驻军和可能受到危害的毗邻或者相关地区的人民政府通报。

【适用指南】

如果可以预警的自然灾害、事故灾难或者公共卫生事件即将发生或者发生的可能性增大时，就意味着具有现实的紧迫性，有关政府就应当根据本法第六十四条的规定发布相应级别的警报并上报、通报有关信息。

【关联规范】

《中华人民共和国环境保护法》第三十九条；《中华人民共和国防震减灾法》第二十六条；《中华人民共和国传染病防治法》第三十二条、第三十四条、第三十五条；《中华人民共和国国家安全法》第五十三条、第五十六条;《重大行政决策程序暂行条例》第十九条、第二十条、第二十一条、第二十二条。

> **第六十三条 【突发事件预警制度】**国家建立健全突发事件预警制度。
>
> 可以预警的自然灾害、事故灾难和公共卫生事件的预警级别,按照突发事件发生的紧急程度、发展势态和可能造成的危害程度分为一级、二级、三级和四级,分别用红色、橙色、黄色和蓝色标示,一级为最高级别。
>
> 预警级别的划分标准由国务院或者国务院确定的部门制定。

【条文主旨】

本条是关于突发事件预警制度的规定。

【条文解读】

一、突发事件预警的概念及其功能

突发事件预警,是突发事件应对的一个重要阶段,是指在发现突发事件即将发生或者发生的可能性增大时(社会安全事件还可能在已经发生之后),有关行政机关向社会发出警报的行为。突发事件预警主要从以下两个方面发挥其功能:

第一,为人们躲避和对抗突发事件提供基本依据。尽管人类不能避免突发事件的发生,却有能力避免——至少是减轻突发事件所造成的损害,建立健全预警制度的目的在于及时向公众发布突发事件即将发生的信息,使公众为应对突发事件做好准备。

第二,为行政机关采取预控措施提供合法性。为了避免或者减轻突发事件所可能带来的危害,行政机关需要在危机真正来临之前采取各种预控措施。在没有发布预警信息的情况下,尽管行政机关也可以对即将到来的突发事件有所准备,但不得动用法律规定的各种预控措施。

二、突发事件预警的分级

本条规定的突发事件预警主要针对自然灾害、事故灾难与公共卫生事件三类。突发事件的预警信号和突发事件本身一样需要进行分级，其所分级数、分级对象和分级标准也是相同的。按照本条第二款的规定，预警级别分为一级、二级、三级和四级，分别用红色、橙色、黄色和蓝色标示，一级为最高级别。划分的依据是：突发事件发生的紧急程度、发展势态和可能造成的危害。但本法没有直接规定预警级别的具体划分标准。这是因为，可以预警的突发事件因种类不同而具有不同的特点，各种不同的突发事件的预警级别标准都是有所区别的，具有较强的专业性，因此，预警级别划分标准的制定主体，本条明确规定为国务院或者国务院确定的部门。

【适用指南】

实践中，有人容易将突发事件"预报"与"预警"混为一谈。实际上，这是两类性质完全不同的概念。"预报"宜定位为专业技术部门发布的具有告知、通报效果的信息，典型的如气象预报；预警则突出"警示"的功能，根据本法的规定，预警由负有决策指挥权的人民政府或其设立的应急指挥机构负责发布，预警发布后要有所反应和行动，包括政府各部门采取防灾减灾救灾措施、社会公众配合进行灾害应对等。

【关联规范】

《中华人民共和国环境保护法》第四十七条；《中华人民共和国防洪法》第四十一条；《中华人民共和国防汛条例》第二十三条；《中华人民共和国传染病防治法》第十九条；《突发公共卫生事件应急条例》第十四条、第十五条。

第六十四条 【预警信息发布、报告和通报】可以预警的自然灾害、事故灾难或者公共卫生事件即将发生或者发生的可能性增大时，县级以上地方人民政府应当根据有关法律、行政法规和国务院规定的权限和程序，发布相应级别的警报，决定并宣布有关地区进入预警期，同时向上一级人民政府报告，必要时可以越级上报；具备条件的，应当进行网络直报或者自动速报；同时向当地驻军和可能受到危害的毗邻或者相关地区的人民政府通报。

> 发布警报应当明确预警类别、级别、起始时间、可能影响的范围、警示事项、应当采取的措施、发布单位和发布时间等。

【条文主旨】

本条是关于突发事件预警信息发布、报告和通报的规定。

【条文解读】

预警信息发布是通过各类信息传播渠道，将预警信息及时向受众发布。快速、全面、准确和权威是对发布工作的基本要求。综合《中华人民共和国突发事件应对法》和其他相关法律及应急预案的规定，对突发事件的预警发布机制，简要分析如下：

一、发布主体

基于权威性与发布效率兼顾的考量，突发事件预警原则上由县级以上地方人民政府发布。部分特殊类型的突发事件根据单行法或相关应急预案的规定，由法定具体主体发布预警。例如，《中华人民共和国传染病防治法》第十九条规定："国家建立传染病预警制度。国务院卫生行政部门和省、自治区、直辖市人民政府根据传染病发生、流行趋势的预测，及时发出传染病预警，根据情况予以公布。"

二、发布条件

对于自然灾害、事故灾难和公共卫生事件，发布预警的条件是事件"即将发生或者发生的可能性增大时"。此处考虑的并非消除突发事件发生的可能性，而是关注这类事件发生的风险变化。当变化达到了法定的不正常幅度，方应启动相应的预警措施。而对于社会安全事件，本条并未涉及；理论上来说，社会安全事件大多是基于人为且故意的因素引起的，因此对很多社会安全事件的发生是难以预知的，故其发布条件可以是事件"即将发生或者已经发生"。

三、发布内容

本法修订时，在总结有关经验的基础上，在本条新增了一款作为第二款，专门补充规定了对突发事件预警信息的八项具体内容要求，也即应当明确预警类别、级别、起始时间、可能影响的范围、警示事项、应当采取的措施、发布单位和发布时间等。

四、发布方式

《国家突发事件总体应急预案》规定，可以预警的自然灾害、事故灾难或者公共卫生事件即将发生或者发生的可能性增大时，根据分级标准确定预警级别，发布相应级别的预警信息，决定并宣布有关地区进入预警期，向有关方面报告、通报情况，并根据事态发展及时作出调整。预警信息应当采用统一格式，主要内容包括预警类别、预警级别、起始时间、可能影响范围、警示事项、公众应当采取的防范措施和发布机关、发布时间等。综合运用突发事件预警信息发布系统、应急服务平台、应急广播、短信微信等手段，扩大预警覆盖面；对老幼病残孕等特殊人群和学校、养老服务机构、儿童福利机构、未成年人救助保护机构等特殊场所，农村偏远地区等警报盲区，夜间等特殊时段，采取鸣锣吹哨、敲门入户等针对性措施精准通知到位。① 随着互联网技术的发展，目前针对公众的信息发布服务采用运营商网络，发布终端包含电视广播等媒体、手机短信、智能手机客户端等。人口密集区在进行信息发布时，应结合位置服务、地理围栏等信息，按照距离优先的原则进行推送，以保证信息以最快的速度发布。要将研究结果转变为通俗易懂的语言，及时、清晰、可靠地传达给真正面临风险的人，以采取必要的行动。②

五、预警信息运行流程

预警信息的运行包括以下几个方面内容：一是按照突发事件发生的紧急程度、发展势态和可能造成的危害程度，县级以上地方人民政府发布相应级别的警报，决定并宣布有关地区进入预警期。为此，需要充分研判并遵循科学规律。二是履行向上级政府的报告义务。县级以上地方人民政府发布相应级别的警报，决定并宣布进入预警期后，必须同时向上一级人民政府报告，必要时可以越级上报；具备条件的，应当进行网络直报或者自动速报，以便上级政府及时了解有关信息，必要时统一领导突发事件应对工作。这里规定的网络直报或者自动速报，是本次修法新增的预警信息报告机制。三是同时向当地驻军和可能受到危害的毗邻或者相关地区的人民政府通报。按照法律规定，军队依法参与突发事件应急救援和处置工作。此外，突发事件的影响可能广于突发事件发生地人民政府的管辖范围，影

---

① 《受权发布｜中共中央 国务院印发〈国家突发事件总体应急预案〉》，载新华网，https://www.news.cn/politics/zywj/20250225/a0c06e30ad36490697fbf780530839e4/c.html，最后访问时间：2025年3月10日。

② 转引王文等：《自然灾害综合监测预警系统建设研究》，载《灾害学》2022年第2期。

响到毗邻或者相关地区。比如，洪水、传染病等突发事件都具有跨区域性，及时将预警信息通报毗邻或相关地区，以便早预防、早准备，提高应对的主动性和实效性。

【适用指南】

一般情况下，突发事件预警信息应逐级上报，为了提高反应效率，特殊情况下可以越级上报；因为突发事件具有事发突然、情况紧急、潜在危害大等特点，对有些情况不明的突发事件预警信息如果逐级上报，很可能会延误最佳处置时机。基于互联网与计算机技术在突发事件信息传输上的显著优势，具备条件的，应当进行网络直报或者自动速报；而且，发布的警报信息应当明确八项具体内容。

【关联规范】

《中华人民共和国环境保护法》第四十七条；《中华人民共和国传染病防治法》第十九条、第二十条、第三十四条、第三十五条；《中华人民共和国防震减灾法》第四十七条；《中华人民共和国国家安全法》第五十七条；《中华人民共和国防汛条例》第二十三条；《突发公共卫生事件应急条例》第十一条、第十五条。

第六十五条 【预警发布平台建设】国家建立健全突发事件预警发布平台，按照有关规定及时、准确向社会发布突发事件预警信息。

广播、电视、报刊以及网络服务提供者、电信运营商应当按照国家有关规定，建立突发事件预警信息快速发布通道，及时、准确、无偿播发或者刊载突发事件预警信息。

公共场所和其他人员密集场所，应当指定专门人员负责突发事件预警信息接收和传播工作，做好相关设备、设施维护，确保突发事件预警信息及时、准确接收和传播。

【条文主旨】

本条是关于突发事件预警信息平台和快速发布通道建设、运行的规定。

【条文解读】

本次修订新增了本条，规定由统一的预警信息发布平台发布预警信息，既可以保证预警信息的权威性、准确性和时效性，也可以提升公众对预警信息的关注度以及采取应对措施的针对性和有效性。对本条的理解，应把握三个方面：

一是立法明确强调了国家建立健全突发事件预警发布平台。《"十四五"国家应急体系规划》明确提出，建立突发事件预警信息发布标准体系，优化发布方式，拓展发布渠道和发布语种，提升发布覆盖率、精准度和时效性，强化针对特定区域、特定人群、特定时间的精准发布能力。

二是相关主体应当按照规定参与突发事件预警信息发布。广播、电视、报刊、网络具有接触面广、传播速度快、效果明显等优势和特点，已经成为社会公众获取突发事件信息的主要渠道，也是配合政府做好公益宣传的主阵地。突发事件预警信息具有公益属性，广播、电视、报刊以及网络服务提供者等单位发布此类信息，也是积极承担社会责任的体现。根据本条规定，上述单位应当按照国家规定建立预警信息快速发布通道，及时、准确、无偿播发或者刊载突发事件预警信息。

三是公共场所和其他人员密集场所预警信息发布管理的特殊要求。公共场所和其他人员密集场所具有人群高度聚集、流动性强、突发性高、偶然性因素多等特点，应是安全防范与管理的重点。

【适用指南】

相关主体应当按照规定参与突发事件预警信息发布应遵循三项原则：第一，及时性。由于突发事件预警信息涉及人民生命健康与财产安全，需要优先于其他信息快速公布，因而需要建立快速发布通道，确保第一时间以醒目的方式发布。第二，准确性。突发事件预警信息不同于一般新闻，首先要保持其准确。在新闻媒体等渠道发布的信息，应当与政府统一公布的信息一致。第三，无偿性。如上文所述，突发事件预警信息具有公益属性，不得收取费用。

【关联规范】

《中华人民共和国森林法》第三十四条；《中华人民共和国安全生产法》第七十九条；《中华人民共和国防洪法》第三十一条；《突发公共卫生

事件应急条例》第十四条；《国家突发环境事件应急预案》①。

> **第六十六条　【三、四级预警应当采取的措施】** 发布三级、四级警报，宣布进入预警期后，县级以上地方人民政府应当根据即将发生的突发事件的特点和可能造成的危害，采取下列措施：
> （一）启动应急预案；
> （二）责令有关部门、专业机构、监测网点和负有特定职责的人员及时收集、报告有关信息，向社会公布反映突发事件信息的渠道，加强对突发事件发生、发展情况的监测、预报和预警工作；
> （三）组织有关部门和机构、专业技术人员、有关专家学者，随时对突发事件信息进行分析评估，预测发生突发事件可能性的大小、影响范围和强度以及可能发生的突发事件的级别；
> （四）定时向社会发布与公众有关的突发事件预测信息和分析评估结果，并对相关信息的报道工作进行管理；
> （五）及时按照有关规定向社会发布可能受到突发事件危害的警告，宣传避免、减轻危害的常识，公布咨询或者求助电话等联络方式和渠道。

【条文主旨】

本条是关于发布三级、四级预警后政府应当采取的五项应对措施的规定。

【条文解读】

宣布进入预警期后，意味着常态社会秩序向应急秩序转变，发布警报后需要采取相应的措施，这些措施总体上属于危机预控措施。危机预控，指的是在确认突发事件即将发生或发生可能性增大并发出预警之后，或者

---

① 《国家突发环境事件应急预案》，载中国政府网，https://www.gov.cn/zhengce/zhengceku/2015-02/03/content_9450.htm，最后访问时间：2024年8月31日。

在突发事件已经发生但尚未升级、扩大之前，为了阻止、限制事件的发生和发展，或者避免、减轻事件所可能造成的危害，而对突发事件进行防御、控制的措施。本法第六十六条、第六十七条规定了自然灾害、事故灾难和公共卫生事件突发事件预警后的危机预控措施，分别规定了在发布三级、四级警报和一级、二级警报之后，县级以上地方各级人民政府有权采取的危机预控措施。结合本法及其他法律和预案的规定，三级、四级警报发布的预控措施，可从以下几个方面进行把握。

一是启动应急预案。本条第一项规定"启动应急预案"，体现了本法始终遵循的"预防为主"理念，间接要求相应政府必须在突发事件发生以前便制定出完善的应对方案，从而在事件即将发生时加以实施。《国家突发环境事件应急预案》规定，进入预警状态后，当地县级以上人民政府和政府有关部门应当采取的措施中第一项就是"立即启动相关应急预案"。

二是有重点地强化某些日常工作。在危机警报发布之后，应急机关还应重点强化某些日常工作。这些工作并非预警后才应当采取的特别措施，而是行政机关日常应急管理工作的一部分，但由于它们对于危机应对的意义特别重要，因此，在危机来临之前、警报发布之后应当予以加强。这种工作的加强，可能体现为投入更多的资源或更特殊的措施用于保障该项工作，也可能体现为提高该项工作的频度和深入程度。首先，有关部门、专业机构、监测网点与负有特定职责的人员均应当及时收集、报告有关信息，向社会发布获取突发事件信息的渠道，并应当时刻监控突发事件的后续发展，以预防事件风险或损害的进一步扩大，并在后续预防中实现新一轮的预警。其次，加强对突发事件信息的后续分析处理，为相应事件发生后的应对做好准备。一方面，有关部门和机构、专业技术人员、有关专家学者将从专业知识与技术、防控与应对经验、行动的资源与能力等方面开展突发事件信息的分析与评估，得出初步结论。另一方面，以此为据，通过深度的统计与分析，形成相应突发事件发生可能性、影响范围与级别的最终结论。

三是进行应急避险的指导。在发布应急警报之后，行政机关还应当及时按照有关规定向社会发布可能受到突发事件危害的警告，向社会公众提供关于如何避免和减轻损害的宣传和指导，引导人们的避险行为，并及时公布咨询或者求助电话等联络方式和渠道。一方面，应当定期向社会公开与公众利益密切相关的突发事件预测信息与分析评估结果，以保证相应知情权的实现，并提醒公众采取必要的准备措施（包括行为准备与心理准备），以配合政府举措的实施。另一方面，对于突发事件信息的媒体报道，应当由政府统一规范与管理，避免虚假、夸大、隐瞒，从而在求真求实、保证公众知情的基础上，增强政府本身的公信力。如《国家突发地质灾害应急预案》① 第 3.2.4 条规定，当发出某个区域有可能发生地质灾害的预警预报后，当地人民政府要依照群测群防责任制的规定，立即将有关信息通知到地质灾害危险点的防灾责任人、监测人和该区域内的群众；各单位和当地群众要对照"防灾明白卡"的要求，做好防灾的各项准备工作。

【适用指南】

在发布一级、二级警报后，可以采取本法规定的各种预控措施；而在发布三级、四级警报后，只能采取第六十六条所规定的程度较轻的五项预控措施。

【关联规范】

《中华人民共和国环境保护法》第四十七条；《中华人民共和国行政强制法》第二条、第三条；《突发公共卫生事件应急条例》第十一条、第十五条；《中华人民共和国防汛条例》第十七条、第十八条；《国家防汛抗旱应急预案》②；《国家突发环境事件应急预案》③；《国家突发地质灾害应急预案》。

> **第六十七条　【一、二级预警应当采取的措施】** 发布一级、二级警报，宣布进入预警期后，县级以上地方人民政府除采取本法第六十六条规定的措施外，还应当针对即将发生的突发事件的特点和可能造成的危害，采取下列一项或者多项措施：
>
> （一）责令应急救援队伍、负有特定职责的人员进入待命状态，并动员后备人员做好参加应急救援和处置工作的准备；

---

① 《国家突发地质灾害应急预案》，载中国政府网，https://www.gov.cn/ztzl/2006-07/27/content_347390.htm，最后访问时间：2024 年 8 月 31 日。

② 《国家防汛抗旱应急预案》，载中国政府网，https://www.gov.cn/zhuanti/2006-01/11/content_2615959.htm，最后访问时间：2024 年 8 月 31 日。

③ 《国家突发环境事件应急预案》，载中国政府网，https://www.gov.cn/zhengce/zhengceku/2015-02/03/content_9450.htm，最后访问时间：2024 年 8 月 31 日。

> （二）调集应急救援所需物资、设备、工具，准备应急设施和应急避难、封闭隔离、紧急医疗救治等场所，并确保其处于良好状态、随时可以投入正常使用；
>
> （三）加强对重点单位、重要部位和重要基础设施的安全保卫，维护社会治安秩序；
>
> （四）采取必要措施，确保交通、通信、供水、排水、供电、供气、供热、医疗卫生、广播电视、气象等公共设施的安全和正常运行；
>
> （五）及时向社会发布有关采取特定措施避免或者减轻危害的建议、劝告；
>
> （六）转移、疏散或者撤离易受突发事件危害的人员并予以妥善安置，转移重要财产；
>
> （七）关闭或者限制使用易受突发事件危害的场所，控制或者限制容易导致危害扩大的公共场所的活动；
>
> （八）法律、法规、规章规定的其他必要的防范性、保护性措施。

【条文主旨】

本条是关于发布一级、二级预警后政府应当选择采取的防范性、保护性措施的规定。

【条文解读】

一级、二级警报相比三级、四级警报，级别更高、事态更严重，表明突发事件一触即发。县级以上地方人民政府除了采取三级、四级警报下的措施，还应当根据突发事件发生的实际情况，在本条列举的七项防范性、保护性措施以及法定的其他必要的防范性、保护性措施中选择采取一项或者多项措施。

一是调动各种应急资源。在发布危机预警之后，应急机关首先应调动平时所准备的各种应急资源，使其进入战备状态，以便随时可以投入抗击即将来临的突发事件，这是最为重要的一类危机预控措施。首先，突发事件应对的人力资源准备应充分。由于一级、二级警报属于可能影响较为广泛、可能损害较为严重的突发事件情形，故地方人民政府理应在相应事件即将发生前做好紧急动员工作。一方面，应急救援队伍、负有特定职责的人员应按照政府要求进入待命状态。所谓待命状态，就是听候指令，准备就绪并可以随时开展行动的状态。另一方面，动员后备人员做好参加应急救援和处置工作的准备。突发事件的发生存在不可预估的因素，后备人员的及时储备与事前动员不可缺乏。需要通过及时动员，增强这类人员的应急救援与处置工作能力，确保关键时刻派上用场。其次，从调集、准备与维护保障三种行动义务出发，明确了突发事件应对的物质资源准备要求，使所需物资、设备、工具，应急设施和应急避难、封闭隔离、紧急医疗救治等场所，处于良好状态、随时可以投入正常使用。另特别增加了"应急避难、封闭隔离、紧急医疗救治等"场所的准备与保障维护义务，主要是考虑到重大突发公共卫生事件发生时，为了防止疾病传播，应当提前建立或者改装必要的隔离、治疗、避难应急场所。如《国家突发环境事件应急预案》①"3.2.3 预警行动"规定，责令应急救援队伍、负有特定职责的人员进入待命状态，动员后备人员做好参加应急救援和处置工作的准备，并调集应急所需物资和设备，做好应急保障工作。

二是有重点地强化某些日常工作。在危机警报发布之后，应急机关还应重点强化某些日常工作。这些工作并非预警后才应当采取的特别措施，而是行政机关日常应急管理工作的一部分，但由于它们对于危机应对的意义特别重要，因此，在危机来临之前、警报发布之后应当予以加强。这种工作的加强，可能体现为投入更多的资源或更特殊的措施用于保障该项工作，也可能体现为提高该项工作深入程度。首先，重要单位、重要部位、重要基础设施对突发事件应急指挥、救援和处置关系重大，政府应当加强对其安全保卫，维护社会治安秩序。其次，突发事件即将发生时，政府在保证社会公众基本生活方面也负有采取必要措施的义务。如确保交通、通信、供水、排水、供电、供气、供热、医疗卫生、广播电视、气象等公共设施的安全和正常运行。公共广播电视这类公共设施，已经成为群众生产生活特别是了解突发事件信息的重要渠道，故也需要政府采取各种必要措施加以保护。

三是进行应急避险的指导。在发布应急警报之后，行政机关还应当及时向社会公众提供关于如何避免和减轻损害的宣传和指导，引导人们的避

---

① 《国家突发环境事件应急预案》，载中国政府网，https://www.gov.cn/zhengce/zhengceku/2015-02/03/content_9450.htm，最后访问时间：2024 年 8 月 31 日。

险行为。本法明确了及时向社会发布有关采取特定措施避免或者减轻危害的建议、劝告的要求。各类突发事件性质、紧急程度、发展态势和可能造成的危害不同，应急救援和处置措施必须有效和得当。政府劝告虽不具有法律上的强制力，但有利于强化公众的避险意识，为做好自救和互救准备奠定基础。

四是，采取避险措施。在发布应急警报之后，应急机关还应及时采取措施，使有关人员和财产避开危险区域和危险场所，以避免或减少损失。首先，明确了转移、疏散或者撤离易受突发事件危害的人员并予以妥善安置、转移重要财产的要求。在此，应当注意两点：其一，应当根据突发事件的危害大小或者风险高低，灵活采用转移、疏散或者撤离等举措，尽可能在保证安全的前提下，不扰乱民众正常的生产生活。其二，按照"先人后物"的原则，优先转移、疏散或者撤离易受突发事件危害的人员，确保其饮食、住宿等基本生活所需，同时对重要财产组织予以转移。其次，政府应当注重突发事件的"源头控制"，包括两个方面：一方面，控制容易受到突发事件危害的"脆弱之处"，主要是关闭或限制使用易受到危害的特殊场所，比如限制使用娱乐场所、展览馆等，从而使突发事件失去危害作用的载体，实现理想的预防效果。另一方面，控制或者限制容易扩大危害的公共场所的活动，具体措施可包括控制人员数量、压缩活动时间、加强安全巡查等。

【适用指南】

对于本条中的"即将发生的突发事件的特点和可能造成的危害"的判断交由县级以上人民政府作出，也即地方人民政府可以根据突发事件的客观性特征与潜在危害为首要评价标准作出裁量，实行科学预测，选择部分或全部举措加以施行。另外，为了防止有关单位和人员随意实施应急措施，保证应急措施的权威性和必要性，相应的防范性、保护性措施的来源应是法律、法规、规章的规定，而不包括效力级别较低的行政规范性文件。

【关联规范】

《中华人民共和国环境保护法》第四十七条；《中华人民共和国行政强制法》第二条、第三条；《突发公共卫生事件应急条例》第十一条、第十五条；《中华人民共和国防汛条例》第十七条、第十八条；《国家突发环境事件应急预案》①；《国家防汛抗旱应急预案》②；《国家突发地质灾害应急预案》③；《国家自然灾害救助应急预案》④。

> **第六十八条　【预警期市场监测】** 发布警报，宣布进入预警期后，县级以上人民政府应当对重要商品和服务市场情况加强监测，根据实际需要及时保障供应、稳定市场。必要时，国务院和省、自治区、直辖市人民政府可以按照《中华人民共和国价格法》等有关法律规定采取相应措施。

【条文主旨】

本条是关于进入预警期后政府加强市场监测和保供保稳的行政职能的规定。

【条文解读】

突发事件可能会导致商品与服务的正常供应秩序被打破，使价格异常波动，进而影响人民群众的生活。因此，本条规定进入预警期后，政府应当对重要商品和服务市场供应加强监测，根据实际需要及时保供保稳。这是本法修订后的新增条文，也是预控措施得以有效实施的重要保障。

一方面，政府应加强对重要商品与服务市场情况的监测。在监测主体上，应当由县级以上人民政府承担相应义务，从而便于形成包括中央统一监测、地方监测配合的完整监控体系。在监测对象上，本条存在两种情形下的监测可能。一是与其他突发事件无关的单独的重要商品与服务市场的情况监测。对此，主要以相应商品或者服务的价格或者其他情况有无扰乱正常的市场经营秩序为标准，实施相应的市场监测。事实上，正常的商品

---

① 《国家突发环境事件应急预案》，载中国政府网，https：//www.gov.cn/zhengce/zhengceku/2015-02/03/content_9450.htm，最后访问时间：2024年8月31日。
② 《国家防汛抗旱应急预案》，载中国政府网，https：//www.gov.cn/zhuanti/2006-01/11/content_2615959.htm，最后访问时间：2024年8月31日。
③ 《国家突发地质灾害应急预案》，载中国政府网，https：//www.gov.cn/ztzl/2006-07/27/content_347390.htm，最后访问时间：2024年8月31日。
④ 《国家自然灾害救助应急预案》，载中国政府网，https：//www.gov.cn/gongbao/2024/issue_11186/202402/content_6934543.html，最后访问时间：2024年8月31日。

与服务提供秩序也是公众正常生活与生产经营不可缺少的基本条件，理应受到重视。二是与其他突发事件有内在关联的重要商品与服务市场的情况监测。在这种情况下，当出现重大突发事件而使社会进入紧急状态时，与突发事件应对有关的相应商品或者服务需求可能出现供需情况、自身价格的剧烈变化，需要加以严格监测，在保证公众基本生活的同时，还应当在资源方面保持所有社会成员应有的应对突发事件影响的能力。

另一方面，在必要时，需要国务院、省级人民政府等能够在宏观层面高效引导市场运行的主体采取合理举措，以恢复正常市场秩序，也能够有效降低突发事件的消极影响和损害。政府的干预措施不仅应当指向已经发生的显著价格变化，也应该在出现价格不正常波动风险时，及时采取预防性的干预措施。此时，可以按照《中华人民共和国价格法》等有关法律规定采取相应措施，依法加强指导和有效应对。

【适用指南】

重要商品与服务价格显著上涨或者存在显著上涨可能时，国务院与省级人民政府可以按照《中华人民共和国价格法》等有关法律规定采取相应措施。另外，还有相关部门规章可供援引，如《非常时期落实价格干预措施和紧急措施暂行办法》[①]。

【关联规范】

《中华人民共和国价格法》第三十条；《中华人民共和国行政处罚法》第四条；《非常时期落实价格干预措施和紧急措施暂行办法》。

> **第六十九条　【社会安全事件报告制度】** 对即将发生或者已经发生的社会安全事件，县级以上地方人民政府及其有关主管部门应当按照规定向上一级人民政府及其有关主管部门报告，必要时可以越级上报，具备条件的，应当进行网络直报或者自动速报。

---

① 《非常时期落实价格干预措施和紧急措施暂行办法》，载中国政府网，https://www.gov.cn/gongbao/content/2004/content_62709.htm，最后访问时间：2024年8月31日。

【条文主旨】

本条是关于社会安全事件报告制度的规定。

【条文解读】

建立健全社会安全事件的信息报告制度，是及时、妥善预防和处置社会安全事件的重要环节。

县级以上地方人民政府及其有关主管部门应当对社会安全事件的情报信息做到早发现、早预警、早处置，严禁迟报、漏报、瞒报。在此，不仅具有综合性职能的县级以上地方人民政府应当承担相应义务，突发事件预防与应对的主管部门也应当报告必要信息。另外，不同的信息报告渠道应当分工明确，避免重复报告、遗漏报告等现象出现，故需要构建科学明确的信息交流体系，厘清不同机关的报告范围，以实现综合性与专门性优势兼具的效果。

我国突发事件报告以分级逐级上报为原则、以越级上报为例外，这是由突发事件实行属地管理以及分级负责的体制所决定的，有利于县级以上地方人民政府及其有关主管部门及时掌握突发事件信息，各司其职，共同做好应急救援和处置工作。当然，在特别情形下，地方人民政府或主管部门可以在必要时越级上报。相应政府或主管部门可以在突发情况较为紧急、影响范围可能很大等逐级上报机制不足以应对的情形下越级上报，以尽快采取与突发事件匹配的应对与防控措施。互联网与计算机技术在突发事件信息报告效率上具有显著优势[1]，本条规定，具备条件的，应当进行网络直报或者自动速报，充分保障突发事件预警信息传递的及时性，这是本次修法的新增内容。

【适用指南】

本条与本法的第六十四条规定相呼应，是针对即将发生或已经发生的社会安全事件所作报告的总体性要求。不同于第六十四条的单纯事前预警，此处报告的情形包括相应社会安全事件已经发生。因为突发社会安全事件往往难以预测，信息报告的时间段后移至突发事件即将发生与发生以后，表明即使到了突发事件马上发生、发生期间与发生以后，县级以上地

---

[1] 孙峰等：《"互联网+"时代我国应急管理吹哨预警机制优化研究》，载《电子政务》2021年第9期。

方人民政府与有关主管部门仍然负有按规定及时报告相应信息的义务，这有利于突发事件的应对与事后恢复工作的开展。

【关联规范】

《中华人民共和国行政强制法》第二条、第三条；《中华人民共和国国家安全法》第五十七条。

> 第七十条　【预警级别调整和解除】发布突发事件警报的人民政府应当根据事态的发展，按照有关规定适时调整预警级别并重新发布。
> 　　有事实证明不可能发生突发事件或者危险已经解除的，发布警报的人民政府应当立即宣布解除警报，终止预警期，并解除已经采取的有关措施。

【条文主旨】

本条是关于突发事件预警级别调整与解除的规定。

【条文解读】

由于突发事件的发生与发展均具有高度不确定性，随着事态变化，有关机关应当及时调整预警的级别，或者解除预警。预警机制并非静止不变，在启动后仍然需要随现实的发展而不断变化，从而避免浪费社会资源，尽快恢复社会秩序。该条通过相应举措的调整乃至解除规定，落实了本法中本章突发事件监测与预警制度"从信息获取、收集、处理，到预警与应对举措实施，最终归于消减与恢复"的行动逻辑，呈现一定的体系性。

首先，发布突发事件警报的人民政府有对相应预警级别再调整的职责。政府职权具有综合性、权威性优势，便于社会公众及时理解并接受相应调整，也落实了行为者担责的内在理念。同时，允许相应预警机制启动者主动改变先前决定，降低了误解风险。此处，调整的依据应该是"有关规定"设置的情形与程序，也包括本章关于预警发布的情形、警报的级别以及相应的措施等。如《国家突发环境事件应急预案》[1]"3.2.4 预警级别调整和解除"明确规定：发布突发环境事件预警信息的地方人民政府或有关部门，应当根据事态发展情况和采取措施的效果适时调整预警级别；当判断不可能发生突发环境事件或者危险已经消除时，宣布解除预警，适时终止相关措施。

其次，突发事件的预测偏差乃至失误有时是难以避免的[2]，一旦发生先前预测的突发事件被证实不可能发生或者相应风险已经降到足够低（能够被有效控制或者避免）的水平，则应当及时解除相应预警与应对措施，恢复正常的社会活动与秩序，以免产生不必要的动员成本。

最后，除了终止原有的警报与预警期举措外，还应当解除已经采取的有关措施。针对突发事件即将发生与突发事件已经发生两种可能情形，应分别作出各自的解除要求。同时，政府不仅应当解除主动作为领域的警报、预警期等措施，也应当对客观存在的应对设施、行为状态作出相应的解除措施。

【适用指南】

本条体现了一切举措遵循客观规律、实事求是的原则，避免个别主观臆断，乃至造成错误解除、缺乏应对的严重后果。为此，应当充分尊重科学结论，作出合理评估与考量。

【关联规范】

《中华人民共和国环境保护法》第四十七条；《突发公共卫生事件应急条例》第十一条、第十五条；《中华人民共和国防汛条例》第十七条、第十八条；《国家防汛抗旱应急预案》[3]；《国家突发环境事件应急预案》[4]；《国家突发地质灾害应急预案》[5]。

---

[1] 《国家突发环境事件应急预案》，载中国政府网，https://www.gov.cn/zhengce/zhengceku/2015-02/03/content_9450.htm，最后访问时间：2024年8月31日。

[2] 蒋来用：《监督体系在应对重大突发事件中的缺陷与修补》，载《中共中央党校（国家行政学院）学报》2020年第6期。

[3] 《国家防汛抗旱应急预案》，载中国政府网，https://www.gov.cn/zhuanti/2006-01/11/content_2615959.htm，最后访问时间：2024年8月31日。

[4] 《国家突发环境事件应急预案》，载中国政府网，https://www.gov.cn/zhengce/zhengceku/2015-02/03/content_9450.htm，最后访问时间：2024年8月31日。

[5] 《国家突发地质灾害应急预案》，载中国政府网，https://www.gov.cn/ztzl/2006-07/27/content_347390.htm，最后访问时间：2024年8月31日。

第五章　应急处置与救援

应急处置与救援是突发事件应对流程的核心环节，决定了突发事件应对的成败。突发事件发生后，政府及其有关部门必须按照应急预案迅速反应、有序救援、减少损失。本章规定了突发事件发生后，人民政府及其相关部门应当采取的应急处置措施与开展的应急救援工作，包括应急响应、指挥机构、应急处置、应急物资的征用、应急救援、信息公开与保护等部分。

> **第七十一条　【应急响应制度】**国家建立健全突发事件应急响应制度。
>
> 突发事件的应急响应级别，按照突发事件的性质、特点、可能造成的危害程度和影响范围等因素分为一级、二级、三级和四级，一级为最高级别。
>
> 突发事件应急响应级别划分标准由国务院或者国务院确定的部门制定。县级以上人民政府及其有关部门应当在突发事件应急预案中确定应急响应级别。

【条文主旨】

本条是关于突发事件应急响应制度的规定。

【条文解读】

一、应急响应的启动条件

第一，根据本条规定，国家层面对突发事件的响应级别从高到低划分为一级、二级、三级、四级，按照突发事件的性质、特点、可能造成的危害程度和影响范围等因素综合确定应急响应的启动等级。为细化应急响应制度，针对不同类型的突发事件，我国在国家层面分别制定了若干国家级应急预案，其中均规定了不同级别的应急响应相对应的启动条件、启动后的程序、启动后的响应措施等。以自然灾害为例，2024年2月国务院办公厅印发《国家自然灾害救助应急预案》[①]，其中"5.1一级响应"对一级响应的启动条件进行了规定。发生重特大自然灾害，一次灾害过程出现或经会商研判可能出现下列情况之一的，可启动一级响应：（1）一省（自治区、直辖市）死亡和失踪200人以上（含本数，下同）可启动响应，其相邻省（自治区、直辖市）死亡和失踪160人以上200人以下的可联动启动；（2）一省（自治区、直辖市）紧急转移安置和需紧急生活救助200万人以上；（3）一省（自治区、直辖市）倒塌和严重损坏房屋30万间或10万户以上；（4）干旱灾害造成缺粮或缺水等生活困难，需政府救助人数占该省（自治区、直辖市）农牧业人口30%以上或400万人以上。从上述规定不难看出，我国对自然灾害应急响应启动条件的规定是以"一省自治区、直辖市行政区域内出现的一次灾害过程"为依据的，应当认为这种界定方式具有一定的科学性，尊重了自然灾害的客观真实情况。

二、突发事件分级与应急响应级别之间不存在对应关系

长期以来，应急管理领域存在一种误解，突发事件的等级和应急响应的级别是一一对应关系，原因在于现行《中华人民共和国突发事件应对法》将自然灾害、事故灾难、公共卫生事件也划分为特别重大、重大、较大和一般等四个等级，人们自然而然地认为，特别重大突发事件启动一级应急响应、重大突发事件启动二级应急响应，以此类推。这种误解似乎有一定的道理，毕竟突发事件的等级越高，意味着需要更高的应急资源、更高的应急能力，那么提升应急响应的层级似乎是一种合理的做法。但这种一一对应的做法忽略了突发事件分级与应急响应层级不同的内在逻辑。前者是基于突发事件的危害后果，具有一定的客观性，因此一次突发事件等级是统一的、固定的。后者是基于行为主体所能够调动的资源及救援处置能力，由于不同行为主体应对突发事件的能力迥异，哪怕针对同一突发事件，不同地区的响应等级也可能存在差异：经济较为发达、应急资源丰富、应急能力较强的地区只需启动较低级别的应急响应，经济较为落后、应急资源匮乏、应急能力较弱的地区则需要启动较高级别的应急响应。同

---

① 《国务院办公厅关于印发国家自然灾害救助应急预案的通知》，载中国政府网，https://www.gov.cn/zhengce/content/2016-03/24/content_5057163.htm，最后访问时间：2024年9月10日。

理，应急响应级别对于特定层级的政府而言才是有意义的，不同层级政府间的响应级别缺乏比较的基础。例如，重大突发事件发生地的县级人民政府需要进行一级响应，而应急能力较强的省级政府可能会对此进行二级响应。当然，面对特别重大的突发事件，各级政府可能在某一时段同时启动一级响应。

【适用指南】

应急响应是指在突发事件发生后，按照既定的预案，迅速组织、指挥、协调相关人员开展应急工作的一种工作制度，其意义在于能够节约临时组织和紧急决策的时间，极大地提高应急处置与救援工作的效率。本条的规定包括三个层面：（1）确定响应级别。确立突发事件分级响应机制，依据事件性质、特点、预期危害程度以及影响范围，从高到低划分为一级、二级、三级和四级；其中一级为最高级别。（2）明确应急响应级别划分主体。突发事件应急响应级别划分标准由国务院或者国务院确定的部门制定。（3）明确适用主体。县级以上人民政府及其有关部门在制定突发事件应急预案时，应当确定各类突发事件的响应级别。

【关联规范】

《中华人民共和国防震减灾法》第六条、第十二条；《突发公共卫生事件应急条例》第五条。

第七十二条 【应急处置机制】 突发事件发生后，履行统一领导职责或者组织处置突发事件的人民政府应当针对其性质、特点、危害程度和影响范围等，立即启动应急响应，组织有关部门，调动应急救援队伍和社会力量，依照法律、法规、规章和应急预案的规定，采取应急处置措施，并向上级人民政府报告；必要时，可以设立现场指挥部，负责现场应急处置与救援，统一指挥进入突发事件现场的单位和个人。

启动应急响应，应当明确响应事项、级别、预计期限、应急处置措施等。

> 履行统一领导职责或者组织处置突发事件的人民政府，应当建立协调机制，提供需求信息，引导志愿服务组织和志愿者等社会力量及时有序参与应急处置与救援工作。

【条文主旨】

本条是关于突发事件发生后的应急响应与现场指挥的规定。

【条文解读】

一、应急响应公开的必要性

本次修法特别规定，"启动应急响应，应当明确响应事项、级别、预计期限、应急处置措施等"，其根本原因在于一旦启动应急响应，则意味着正常法律状态的中断，人们开始进入对抗突发事件最激烈，也是最为关键的阶段。应急响应的启动意味着威胁公共安全和日常生活秩序的突发事件已经切实地发生，且事态正处于发展和扩大当中，与日常的应急行政监管、应急准备、监测预警等其他应急管理措施都不相同，应急响应一旦启动，即宣告进入特殊的法律状态。应急响应公开的意义在于：首先，作为法律状态转换的标识；其次，让社会公众对于突发事件的事态有清晰客观的认知，增加对紧急权力行为的认同感和配合程度，同时为社会公众在应急处置期间的行为提供精确的指引，让社会公众更加理性地安排生产生活；最后，防止特殊的法律状态被过分延宕，更好地制约紧急权力。一旦应急响应结束则行政机关的紧急权力立即丧失，应急响应期间采取的各类应急措施的效力即告终止。

二、社会应急救援力量协同机制

目前，我国的社会力量越来越多地参与到了各种应急救援活动中，并已经成为国家应急救援力量体系中一支辅助力量和重要的组成部分。"十四五"期间，国家把社会应急力量纳入了中国特色应急救援体系的构建之中，提出引导社会力量有序发展。[1] 然而，在以往的实践过程中，社会应急力量参与突发事件的应对过程中存在一些问题。例如，社会应急力量参与应急活动的资金与能力存在短板，不同组织之间的信息沟通缺乏渠道；

---

[1] 《"十四五"国家应急体系规划》，载中国政府网，https：//www.gov.cn/zhengce/zhengceku/2022-02/14/content_5673424.htm，最后访问时间：2024年9月10日。

在参与防灾减灾救灾工作时，往往陷入科学化、专业化、规范化、响应度不足的困境之中。因此，本次修法专门明确规定"履行统一领导职责或者组织处置突发事件的人民政府，应当建立协调机制，提供需求信息，引导志愿服务组织和志愿者等社会力量及时有序参与应急处置与救援工作"，从三个方面加强对社会应急救援力量的协同：

第一，建立社会应急救援力量与其他应急救援力量的协调机制。当前我国社会应急救援力量的专业性发展迅速。为发挥社会应急救援力量的长处、形成应急救援的合力，政府及其职能部门在平常状态下就应当尽可能摸底本地区社会应急救援力量的实际情况，积极促成社会应急救援力量与国家应急救援力量的联合培训、联合演练等。

第二，建立社会应急救援力量信息共享机制。在平常状态下，以应急管理部门作为牵头建立社会应急救援力量信息沟通平台，建立社会应急救援力量志愿者与专家数据库；在突发事件应急处置期间，可以通过信息沟通平台及时提供突发情况的实时动态、更新相关指挥应急策略等。

第三，加强对社会应急救援力量的协同指挥力度。考虑到目前一些社会应急救援组织规模较小、力量分散，政府及其职能部门应当在平常状态下根据一定的专业、地域、类型对社会应急救援力量进行先期整合，以加大应急救援中的协同指挥力度。

【适用指南】

本条规定在2007年《中华人民共和国突发事件应对法》第四十八条的基础上进行了调整与补充，其变化主要包括：（1）在突发事件发生后，突出"立即启动应急响应"的要求，对突发事件的分析和评估除了考虑其性质、特点、危害程度外，还要考虑"影响范围"这一因素。（2）应急响应依据方面，在法律、法规、规章之外，突出发挥"应急预案"的作用，并强调依据上述规定采取应急处置措施和向上级人民政府报告的义务。（3）在以政府为主体的应急指挥机构的基础上，新规定了"现场指挥机构"的设置和职能，遵循了应急处置专业性和应急决策及时性的要求。（4）明确要求应急响应当公开，"应当明确响应事项、级别、预计期限、应急处置措施等"方面的内容，目的在于让人们对应急响应状态的持续有一定的预测和心理准备，避免紧急权力对相对人权利的过度限制，有助于达成社会层面的应急默契。（5）明确了人民政府在应急响应过程中，要组织协调社会救援力量以及信息共享的职责，切实保障人民群众的知情权。

【关联规范】

《中华人民共和国防震减灾法》第五十一条;《突发公共卫生事件应急条例》第二十五条;《生产安全事故应急条例》第九条、第二十条、第二十一条。

> **第七十三条 【自然灾害、事故灾难、公共卫生事件应急处置措施】** 自然灾害、事故灾难或者公共卫生事件发生后,履行统一领导职责的人民政府应当采取下列一项或者多项应急处置措施:
>
> (一)组织营救和救治受害人员,转移、疏散、撤离并妥善安置受到威胁的人员以及采取其他救助措施;
>
> (二)迅速控制危险源,标明危险区域,封锁危险场所,划定警戒区,实行交通管制、限制人员流动、封闭管理以及其他控制措施;
>
> (三)立即抢修被损坏的交通、通信、供水、排水、供电、供气、供热、医疗卫生、广播电视、气象等公共设施,向受到危害的人员提供避难场所和生活必需品,实施医疗救护和卫生防疫以及其他保障措施;
>
> (四)禁止或者限制使用有关设备、设施,关闭或者限制使用有关场所,中止人员密集的活动或者可能导致危害扩大的生产经营活动以及采取其他保护措施;
>
> (五)启用本级人民政府设置的财政预备费和储备的应急救援物资,必要时调用其他急需物资、设备、设施、工具;
>
> (六)组织公民、法人和其他组织参加应急救援和处置工作,要求具有特定专长的人员提供服务;
>
> (七)保障食品、饮用水、药品、燃料等基本生活必需品的供应;
>
> (八)依法从严惩处囤积居奇、哄抬价格、牟取暴利、制假售假等扰乱市场秩序的行为,维护市场秩序;

> （九）依法从严惩处哄抢财物、干扰破坏应急处置工作等扰乱社会秩序的行为，维护社会治安；
> （十）开展生态环境应急监测，保护集中式饮用水水源地等环境敏感目标，控制和处置污染物；
> （十一）采取防止发生次生、衍生事件的必要措施。

【条文主旨】

本条是关于自然灾害、事故灾难、公共卫生事件应急处置措施的规定。

【条文解读】

从法理上分析，本法之所以具体列举应急处置措施的类型、方式、程序等内容，主要原因有二：

第一，授予公权力机关应急处置权。本条详细地列举了应急处置措施，实际上是为了授予公权力机关相应的应急处置权，允许其适用法律允许范围内的应急处置措施。同时，本条采用兜底式的规定，允许负责应急处置的政府采取防止发生次生、衍生事件的必要措施。

第二，保护公民在非常状态下的本质权利。应急处置过程中，公权力主体为了克服眼前紧迫的公共危机必须采取某些应急处置措施，使得公、私秩序形成新的平衡关系。公权力的扩张必然会使私权利受到限制，但是，这种限制是有限度的。以上内容被概括为本质权利保护原则。在本法中具体的应急处置措施，除被授权给公权力机关外，根本目的是通过对应急处置措施的范围、程度、方式等进行限制性规定，为应急处置措施的实施划定一个范围。即使是在应急处置过程中，公民的生命权、健康权、人格尊严等本质权利也不应受到侵犯。

【适用指南】

本条规定在2007年突发事件应对法第四十九条规定的基础上进行了调整与补充。延续之前的规定，本条在规定履行统一领导职责的人民政府在突发事件发生后应当采取的应急处置措施时采取了"列举+兜底"式的规定，一方面，明确了突发事件发生时履行统一领导职责的人民政府能够直接采取的应急处置措施;另一方面,也为非常规突发事件中特殊应急处置措施的采取预留了空间。

【关联规范】

《中华人民共和国防震减灾法》第五十条;《生产安全事故应急条例》第十七条、第十八条;《自然灾害救助条例》第十四条。

> 第七十四条 【社会安全事件应急处置措施】社会安全事件发生后,组织处置工作的人民政府应当立即启动应急响应,组织有关部门针对事件的性质和特点,依照有关法律、行政法规和国家其他有关规定,采取下列一项或者多项应急处置措施:
> (一)强制隔离使用器械相互对抗或者以暴力行为参与冲突的当事人,妥善解决现场纠纷和争端,控制事态发展;
> (二)对特定区域内的建筑物、交通工具、设备、设施以及燃料、燃气、电力、水的供应进行控制;
> (三)封锁有关场所、道路,查验现场人员的身份证件,限制有关公共场所内的活动;
> (四)加强对易受冲击的核心机关和单位的警卫,在国家机关、军事机关、国家通讯社、广播电台、电视台、外国驻华使领馆等单位附近设置临时警戒线;
> (五)法律、行政法规和国务院规定的其他必要措施。

【条文主旨】

本条是关于社会安全事件应急处置措施的规定。

【条文解读】

首先,社会安全事件治理重在预防,建立完善的社会保障体系和矛盾化解机制是前提。除此之外,还需要通过网络舆情监测、大数据抓取等特殊手段确保社会安全事件及时预警。其次,突发社会安全事件一旦发生,就应积极处置，并把握以人为本、及早化解、依法处理、慎用警力、属地管理等特殊方针，争取迅速控制事态、纠正舆论导向，使突发社会安全事件由大变小，由热变冷，由强变弱，防止其不利社会影响的蔓延和扩大。最后，突发社会安全事件事后管理至关重要，除总结经验教训，改进管理和工作方法，采取有效措施做好突发社会安全事件的恢复重建，在机制、管理、设施等方面进行改进和修复，还要继续利用各种渠道对突发社会安全事件参与人员进行心理疏导和善后工作，从根本上防止事件再次发生。

【适用指南】

本条在 2007 年突发事件应对法第五十条规定的基础上进行了调整与补充。社会安全事件是指突然发生，造成或者可能造成重大人员伤亡、重大财产损失和对本区或部分地区的经济社会稳定、政治安定构成重大威胁或损害，有重大社会影响的涉及社会安全的紧急事件。其主要包括：重大刑事案件、重特大火灾事件、恐怖袭击事件、涉外突发事件、金融安全事件、规模较大的群体性事件以及其他社会影响严重的突发性社会安全事件。

【关联规范】

《中华人民共和国反恐怖主义法》第六十一条；《中华人民共和国治安管理处罚法》第五十条。

第七十五条 【严重影响国民经济运行的突发事件应急处置机制】 发生突发事件，严重影响国民经济正常运行时，国务院或者国务院授权的有关主管部门可以采取保障、控制等必要的应急措施，保障人民群众的基本生活需要，最大限度地减轻突发事件的影响。

【条文主旨】

本条是关于突发事件特殊应急措施的规定。

【条文解读】

本条规定保留了 2007 年突发事件应对法第五十一条规定的原文，概括授予国务院或者国务院授权的主管部门,为了应对突发事件在必要时采取保障、控制应急措施的权力。同时,本条也是对本法第七十四条所规定的突发事件应急处置措施的兜底式规定。由于这些应急措施的特殊性,甚至有可能在形式上违反法律但在实质上又为应急处置所必须,为防止紧急权力的滥用,本条为这些措施的实施规定了严格的限制条件:首先,必须是突发事件已经发生,当前已经处于应急处置的阶段,且突发事件严重影响国民经济的正常运行;其次,必须由国务院或国务院授权的主管部门实施;再次,所采取应急措施的类型仅限于保障型和控制型;最后,采取非常应急措施的目的是保障人民群众的基本生活需要以及减轻突发事件对国民经济正常运行的冲击。

> **第七十六条 【应急征用机制和救援帮扶制度】** 履行统一领导职责或者组织处置突发事件的人民政府及其有关部门,必要时可以向单位和个人征用应急救援所需设备、设施、场地、交通工具和其他物资,请求其他地方人民政府及其有关部门提供人力、物力、财力或者技术支援,要求生产、供应生活必需品和应急救援物资的企业组织生产、保证供给,要求提供医疗、交通等公共服务的组织提供相应的服务。
>
> 履行统一领导职责或者组织处置突发事件的人民政府和有关主管部门,应当组织协调运输经营单位,优先运送处置突发事件所需物资、设备、工具、应急救援人员和受到突发事件危害的人员。
>
> 履行统一领导职责或者组织处置突发事件的人民政府及其有关部门,应当为受突发事件影响无人照料的无民事行为能力人、限制民事行为能力人提供及时有效帮助;建立健全联系帮扶应急救援人员家庭制度,帮助解决实际困难。

【条文主旨】

本条是关于应急征用以及特殊群体保障制度的规定。

【条文解读】

本条在 2007 年突发事件应对法第五十二条规定的基础上进行了调整与补充：（1）将有权征用的行政主体扩大至"人民政府及其有关部门"，应急资源调配的请求对象也扩大至"人民政府及其有关部门"。各政府部门分管运输、医疗、食品等特定行业，在日常管理中对潜在征用对象逐步建立了信息优势，政府部门直接参与应急征用能够提高资源调配效率、降低应急征收成本。（2）增加第三款，强调对受突发事件影响"无人照料的无民事行为能力人、限制民事行为能力人"以及应急救援人员家庭给予政府帮助。这些特殊群体抵抗突发事件、自行恢复生产生活的能力较弱，政府帮助能起到托底作用，有利于社会整体尽快实现常态化运转。增加本款规定体现了弱势主义基本权利观，是对本法总则第十一条的贯彻。

【适用指南】

应急征用与常态下行政征用有所不同。常态下的行政征用主要是指取得财产的使用权，而应急征用不仅包括取得财产的使用权，还可能包括取得财产的所有权，以及无形的技术、行为和企业产能等。应急征用与应急调用也有所区分，前者物资来源于社会公众，后者物资来源于公共部门内部，现行法律中对这两者的定义有待进一步明确。本法中仅提及"征用"，但其内涵涉及请求其他地方人民政府及其有关部门提供支援。

【关联规范】

《中华人民共和国防震减灾法》第四十二条；《突发公共卫生事件应急条例》第三十二条；《自然灾害救助条例》第二十一条；《重大动物疫情应急条例》第三十四条。

第七十七条　【基层组织自救与互救】突发事件发生地的居民委员会、村民委员会和其他组织应当按照当地人民政府的决定、命令，进行宣传动员，组织群众开展自救与互救，协助维护社会秩序；情况紧急的，应当立即组织群众开展自救与互救等先期处置工作。

【条文主旨】

本条是关于突发事件发生地的居民委员会、村民委员会和其他组织在应急处置阶段任务的规定。

【条文解读】

尽管突发事件发生地的居民委员会、村民委员会和其他组织在能力上无法胜任对整个突发事件的应对,但由于其与突发事件应急救援现场距离最近,如果能够及时组织群众开展自救、互救等先期处置工作,无疑将为后续的专业应急救援赢得宝贵的时间,甚至直接改变应急处置的后果。因此,本条在法律上承认了基层主体的先期处置权,并对此进行了原则性的规定。

【适用指南】

首先,作为社会治理的基层单元,突发事件发生地的居民委员会、村民委员会和其他组织负有协助当地人民政府工作,响应当地人民政府命令的义务;其次,当情况紧急来不及等待上级人民政府的决定、命令时,为了最大限度地保护群众生命财产安全,应当立即组织开展自救、互救等先期处置工作,控制事态的发展。

【关联规范】

《地质灾害防治条例》第二十九条;《自然灾害救助条例》第五条。

第七十八条 【突发事件有关单位应急职责】 受到自然灾害危害或者发生事故灾难、公共卫生事件的单位,应当立即组织本单位应急救援队伍和工作人员营救受害人员,疏散、撤离、安置受到威胁的人员,控制危险源,标明危险区域,封锁危险场所,并采取其他防止危害扩大的必要措施,同时向所在地县级人民政府报告;对因本单位的问题引发的或者主体是本单位人员的社会安全事件,有关单位应当按照规定上报情况,并迅速派出负责人赶赴现场开展劝解、疏导工作。

> 突发事件发生地的其他单位应当服从人民政府发布的决定、命令，配合人民政府采取的应急处置措施，做好本单位的应急救援工作，并积极组织人员参加所在地的应急救援和处置工作。

【条文主旨】

本条是关于突发事件应对中受到自然灾害危害或者发生事故灾难、公共卫生事件的单位义务的规定。

【条文解读】

在生产安全事故（事故灾难）中，事故责任单位瞒报、谎报、迟报、漏报行为时有发生。为进一步强化安全生产责任落实、坚决防范遏制重特大事故，国务院安委会制定部署安全生产十五条措施，单独规定"十四、严肃查处瞒报谎报迟报漏报事故行为。严格落实事故直报制度，生产安全事故隐瞒不报、谎报或者拖延不报的，对直接责任人和负有管理和领导责任的人员依规依纪依法从严追究责任。对初步认定的瞒报事故，一律由上级安委会挂牌督办，必要时提级调查"。[1] 为震慑生产安全事故中的这种现象，早在2007年施行的《生产安全事故报告和调查处理条例》中，就采用了"处罚到人"的思路。安全生产法中也继续沿用了这一思路，该法第一百一十条规定："生产经营单位的主要负责人在本单位发生生产安全事故时，不立即组织抢救或者在事故调查处理期间擅离职守或者逃匿的，给予降级、撤职的处分，并由应急管理部门处上一年年收入百分之六十至百分之一百的罚款；对逃匿的处十五日以下拘留；构成犯罪的，依照刑法有关规定追究刑事责任。生产经营单位的主要负责人对生产安全事故隐瞒不报、谎报或者迟报的，依照前款规定处罚。"第一百一十一条规定："有关地方人民政府、负有安全生产监督管理职责的部门，对生产安全事故隐瞒不报、谎报或者迟报的，对直接负责的主管人员和其他直接责任人员依法给予处分；构成犯罪的，依照刑法有关规定追究刑事责任。"在2024年3

---

[1] 《国务院安委会制定部署安全生产十五条措施 进一步强化安全生产责任落实 坚决防范遏制重特大事故》，载中国政府网，https://www.gov.cn/xinwen/2022-04/10/content_5684337.htm，最后访问时间：2024年9月10日。

月1日起施行的《生产安全事故罚款处罚规定》中又对处罚情形与措施进一步进行了细化。

笔者认为，为进一步落实本法所规定的单位报告义务，可以从三个方面着手：其一，将不履行突发事件报告义务的行为与失信联合惩戒机制相联系，不仅要"处罚到人"，还要通过失信联合惩戒等长效监管机制将报告义务从严落实到位；其二，建立"吹哨人"制度，畅通内部举报人向有关人民政府举报突发事件真实情况的渠道，对"吹哨人"给予适当的奖励，并注重保护"吹哨人"的身份信息；其三，建立"一键直报"制度，借助互联网等信息化手段，建立事故直报制度和"一键直达"信息系统，最大限度减少信息报送的中间环节，有效化解对案件进行干预、插手、过问等过程风险，提高事故和险情的协调处置效率，从程序上防止瞒报、谎报等行为。

【适用指南】

根据本条规定，受到自然灾害危害或者发生事故灾难、公共卫生事件的单位承担下列义务：（1）人员安置义务。突发事件发生后，单位必须将本单位受害人员的生命安全置于首位，立即组织本单位应急救援队伍和工作人员营救受害人员，疏散、撤离、安置受到威胁的人员。（2）控制危险源义务。单位最接近突发事件危险源，为了本单位的安全，也为了防止危险源的扩散对公共安全造成难以弥补的损害，突发事件发生单位应当采取力所能及的措施尽量控制危险源，标明危险区域，封锁危险场所，并采取其他防止危害扩大的必要措施。（3）报告义务。在突发事件应对，尤其是在生产安全事故（事故灾难）中，单位及时、全面、如实地向所在地县级人民政府报告突发事件相关情况，是现行法律明确规定的一项法定义务。（4）在社会安全事件中，单位负责人负有现场劝解、疏导的义务。（5）对于人民政府发布的决定、命令、措施，单位负有服从、配合、参与的义务。

【关联规范】

《中华人民共和国安全生产法》第一百一十条、第一百一十一条；《生产安全事故罚款处罚规定》第十一条、第十二条、第十三条；《生产安全事故报告和调查处理条例》第三十五条、第三十六条。

> 第七十九条 【突发事件发生地的个人义务】突发事件发生地的个人应当依法服从人民政府、居民委员会、村民委员会或者所属单位的指挥和安排，配合人民政府采取的应急处置措施，积极参加应急救援工作，协助维护社会秩序。

【条文主旨】

本条是关于突发事件发生地个人的服从配合义务和参加协助责任的规定。

【条文解读】

与2007年突发事件应对法相比，本次修法强调个人应当"依法"服从，换言之，如果人民政府、居民委员会、村民委员会或者所属单位命令超越了法律的限度，个人有权利获得救济。但考虑到应急处置的特殊性，笔者认为，如果个人的一般权利而非本质性权利，如财产权，受到应急措施的侵越时，由于存在事后救济的可能性，还是应当优先强调个人的服从、配合义务，即便应急措施的确超出了法律规定对个人权利造成不当侵害，也可以在突发事件应急处置期结束后通过法律途径寻求救济，但是，如果个人的本质性权利（如生命权）受到损害时，个人有权拒绝服从、配合应急措施。

【适用指南】

突发事件发生地的个人应当履行服从指挥、配合措施、积极参加应急救援、协助维护社会秩序四个方面的义务，本条对此作了完整的规定。

【关联规范】

《地质灾害防治条例》第二十九条；《突发公共卫生事件应急条例》第二十四条。

> **第八十条　【城乡社区应急工作】** 国家支持城乡社区组织健全应急工作机制，强化城乡社区综合服务设施和信息平台应急功能，加强与突发事件信息系统数据共享，增强突发事件应急处置中保障群众基本生活和服务群众能力。

【条文主旨】

本条是关于突发事件应对中城乡社区应急工作机制、功能和能力的规定。

【条文解读】

城乡社区是突发事件应对的基础环节，在各类突发事件应对中，广大社区工作人员活跃在第一线，与本社区居民的生产生活深度融合，作出了重要贡献。本条提出完善城乡社区应急工作机制的命题，而城乡社区是否能够在信息感知和报送、公众心理和行为引导等工作上更加敏感、更加高效、成本更低，取决于能否建好"韧性社区"。何谓"韧性社区"？"'韧性社区'就是以社区共同行动为基础，能链接内外资源、有效抵御灾害与风险，并从有害影响中恢复，保持可持续发展的能动社区。"[1] 笔者认为，建设"韧性社区"，应当从以下几个方面入手：首先，要充分运用大数据、"互联网+"、人工智能等新一代信息技术，接入统一突发事件信息系统，进行社区人、事、物相关的运行态势感知、风险识别评估、事件预测预警，提高社区信息能力；其次，对社区安全进行全面"体检"，对本社区基础设施风险按单元划分进行"望闻问切"，对社区变配电室、消防设备、充电站等重点基础设施进行风险监测，实时显示辖区风险源位置、类型等级；再次，加强本社区内应急宣传教育，向居民告知本社区主要风险及注意事项、社区应急资源分布、社区紧急事件联系方式及常见突发事件处置流程、防灾减灾常见标识符号以及社区疏散路线等内容；最后，组织本社区居民加入"韧性社区"建设，开展社区应急志愿者承担科普宣传、日常巡查、应急救援、弱势群体保障服务、志愿者集结、临时指挥和信息联络等任务。

---

[1] 吴晓林：《建设"韧性社区"　补齐社会治理短板》，载《光明日报》2020年3月25日。

【适用指南】

本条是此次修法新增条款。城乡应急工作具体的措施包括：（1）加强与突发事件信息系统数据共享强化信息平台应急功能；（2）强化城乡社区综合服务设施，如增加应急避难场所指引、逃生路线指示标牌等。

【关联规范】

《中华人民共和国防震减灾法》第四十条、第四十一条；《自然灾害救助条例》第六条、第十一条、第十二条。

第八十一条　【心理援助工作】 国家采取措施，加强心理健康服务体系和人才队伍建设，支持引导心理健康服务人员和社会工作者对受突发事件影响的各类人群开展心理健康教育、心理评估、心理疏导、心理危机干预、心理行为问题诊治等心理援助工作。

【条文主旨】

本条是关于突发事件应对中心理健康和心理援助工作的规定。

【条文解读】

人是知（知识）、情（情感）、意（意志）心身统一的生命有机体。"当个体在社会生活中遭受应激性事件而启用已有应对方式失效时，便会产生身体功能紊乱和心理困扰与障碍，而进行及时有效的心理疏导，不仅有助于其身心适应能力的恢复，还能促使其掌握新的应对技巧，实现自我调节功能恢复与提升。"[1] 因此，突发事件应对和处置既包括救助生命、恢复日常生活，也包括提供心理援助。笔者认为，应当从以下几个方面着手做好突发事件应对中的心理健康援助工作：首先，实时调整心理健康工作策略，引导社会公众从理性角度看待突发事件。在突发事件应对早期，应

---

[1] 袁银传、王晨霁：《突发公共卫生事件中的心理疏导》，载《中国人口报》2020年4月11日。

该重点对公众存在的否认、轻视、侥幸等心理进行干预；在突发事件应对中期，应该重点对社会公众过度恐慌、焦虑等心理问题进行干预，防止其情绪过度低沉、焦虑而形成抑郁；在突发事件结束后，应重点关注相关人员的"丧失情结"和替代性创伤等心理问题。例如，对于因突发事件丧亲的人要重点抚慰其内心深处的丧失感，帮助其重建生离死别后的安全依恋心理；对于参与突发事件一线应急处置工作的应急救援人员、医护人员，要重点关注其心理产生替代性创伤以及自责、愧疚等情绪。其次，在进行一对一的心理援助工作时，要注重对求助者给予共情、抱持，引导其自我接纳。要了解求助者的情绪感受和内心诉求，帮助他们正视自己的心理诉求；要根据求助者认知情感体现过程中的情绪接纳程度进行精准回应。最后，通过改变求助者不合理认知、模拟角色训练、情景复盘、营造社会支持等心理学治疗方式帮助因突发事件导致心理创伤的人实现自我接纳、恢复社会功能。

【适用指南】

本条是此次修法新增条款。突发事件中的心理援助工作具体包括以下两个方面：（1）建设心理健康服务体系，培育心理健康人才队伍；（2）对受到突发事件影响的各类人群开展心理健康教育、心理评估、心理疏导、心理危机干预、心理行为问题诊治等心理健康援助工作。本条对这些内容系统地作出了规定。

【关联规范】

《中华人民共和国防震减灾法》第七十三条；《破坏性地震应急条例》第二十八条。

> **第八十二条　【遗体处置】** 对于突发事件遇难人员的遗体，应当按照法律和国家有关规定，科学规范处置，加强卫生防疫，维护逝者尊严。对于逝者的遗物应当妥善保管。

【条文主旨】

本条是关于突发事件应对中遗体处置工作的规定。

【条文解读】

突发事件遇难人员遗体处置应当在负有突发事件应对统一领导职责的人民政府及其设立的应急指挥机构的指挥下开展,各职能部门分工配合,尽快做好善后事宜。具体而言,根据《重大突发事件遇难人员遗体处置工作规程》[①] 的规定,民政部门是遗体处置的牵头部门,负责重大突发事件遇难人员数据统计、殡葬设施和力量调配,组织实施遗体转运、暂存、火化、掩埋,建立遗体处置台账、档案等具体工作;公安机关负责遇难人员遗体或人体组织身份确认、出具死亡证明、配合殡葬服务机构处理遇难人员家属拒不火化遗体相关事宜、为运输遗体的车辆优先给予通行便利、依法查处遗体转运过程中的违法犯罪行为等工作;卫生健康部门负责制定遇难人员遗体消毒、防疫等相关技术文件,指导医疗机构做好遇难人员遗体规范处置等工作;应急部门负责在组织、指导、协调应急救援和应急处置工作中为遗体处置工作提供便利。

【适用指南】

当发生重特大突发事件时,可能造成大量人员遇难,做好遗体处置工作,既是对遇难人员的尊重及对其亲属的抚慰,也是为了避免发生公共卫生事件和社会动荡。本条是本次修法的新增条文,对上述内容作出了明确的规定。

【关联规范】

《自然灾害救助条例》第十四条;《生产安全事故应急条例》第二十八条。

第八十三条 【政府及部门信息收集与个人信息保护】
县级以上人民政府及其有关部门根据突发事件应对工作需要,在履行法定职责所必需的范围和限度内,可以要求公民、法人和其他组织提供应急处置与救援需要的信息。公民、法人

[①] 《重大突发事件遇难人员遗体处置工作规程》,载中国政府网,https://www.gov.cn/gongbao/content/2017/content_5222956.htm,最后访问时间:2024年9月10日。

> 和其他组织应当予以提供，法律另有规定的除外。县级以上人民政府及其有关部门对获取的相关信息，应当严格保密，并依法保护公民的通信自由和通信秘密。

【条文主旨】

本条是关于县级以上人民政府及其有关部门获取突发事件应对工作信息职责及保密要求的规定。

【条文解读】

信息是贯穿突发事件应对全过程的关键要素，是政府有序高效开展突发事件应对工作的基础。在突发事件应对中，政府有效获取信息，直接（借助政府内部系统）或间接（借助媒介）向公众传播信息，以及利用好有关信息进行风险决策，是政府能够有效预测、控制和解决突发公共事件的重要条件。实践中，公民、法人和其他组织是政府获取突发事件应对所需信息的重要来源之一，本条规定"县级以上人民政府及其有关部门根据突发事件应对工作需要，在履行法定职责所必需的范围和限度内，可以要求公民、法人和其他组织提供应急处置与救援需要的信息"，从法律上确立了政府对于掌握突发事件处置与救援所需信息的公民、法人和其他组织的信息获取权，其中包括公民的个人信息，也包括大型平台企业在商业化运作中掌握的公民个人信息。社会风险的治理需要国家与公民、企业、社会组织等不同主体之间的相互配合，在应急状态下，这种配合更为重要。基于保护重大公共利益的目的，公民配合行政机关的信息调查，法人和社会组织等主体提供其掌握的有关情报信息，是不同主体应当承担的社会责任。

【适用指南】

本条是此次修法的新增条款。在强调公民、法人和其他组织应当提供应急处置与救援所需要的信息之外，也对县级以上人民政府及其有关部门的信息获取权进行了必要的限制：一是根据本法总则第十条的要求，在信息获取的过程中贯彻比例原则，在必需的范围内要求公民、法人和其他组织提供信息；二是强调县级以上人民政府及其有关部门对获取的相关信息必须严格保密；三是强调县级以上人民政府及其有关部门必须按照个人信息保护法等有关法律的要求，保护公民的通信自由与通信秘密。

【关联规范】

《突发公共卫生事件应急条例》第三十六条；《重大动物疫情应急条例》第十五条。

第八十四条　【有关单位、个人获取信息及使用权限】 在突发事件应急处置中，有关单位和个人因依照本法规定配合突发事件应对工作或者履行相关义务，需要获取他人个人信息的，应当依照法律规定的程序和方式取得并确保信息安全，不得非法收集、使用、加工、传输他人个人信息，不得非法买卖、提供或者公开他人个人信息。

【条文主旨】

本条是关于突发事件应急处置过程中有关单位和个人获取利用有关信息及其限制的规定。

【条文解读】

本条是此次修法新增条款。个人信息是指与特定个人相关联的、反映个体特征的具有可识别性的符号系统，包括个人身份、工作、家庭、财产、健康等各方面的信息，根据个人信息保护法等相关法律的规定，个人对其信息拥有完整的支配和自主决定的权利。大数据时代之下的行政管理必然涉及对个人信息的利用，在正常的社会秩序中，对个人信息的利用与个人对其信息的支配之间不会产生明显的紧张关系，但在突发事件的应对中，基于克服公共危机的需要，对于个人信息的利用程度更高。在此背景之下，本次修法专门规定有关单位和个人为配合突发事件应对工作或者履行相关义务可以获取他人个人信息，之所以未将个人信息的获取主体限定于负责突发事件应急处置的政府及其有关部门，原因在于个人信息的收集、处理等具有专业性，在紧急情况下更加如是，因此实践中政府常常委托第三方团队进行个人信息开发与研判工作。除此之外，社区、医疗机构、突发事件发生地单位等为了履行本法所规定的工作、义务也可能需要获取他人的个人信息。为了避免对公民个人信息权予以过度的限制，本条规定了个人信息利用的若干限制，包括：（1）必须是在突发事件应急处置中，有关单位和个人为了履行、配合本法所规定的工作、任务而收集公民的个人信息；（2）必须依照法定的方式和程序取得公民的个人信息；（3）不得非法收集、使用、加工、传输他人个人信息，不得非法买卖、提供或者公开他人个人信息。

【适用指南】

个人信息在突发事件应对中具有重要功能。在应急预防中，通过大数据和云计算等手段聚合个人信息，可识别危险源和控制相关个体行为，对可能发生的突发事件进行预测和预警。在应急决策中，收集和分析包含个人信息的数据，能克服决策信息匮乏的问题，实现高效决策。同时，个人信息分析还可用于判断突发事件的演变阶段和社会秩序恢复程度，为政府提供有针对性的实时参考。

【关联规范】

《中华人民共和国个人信息保护法》第三十四条、第六十八条。

> **第八十五条　【个人信息用途、销毁和处理】**因依法履行突发事件应对工作职责或者义务获取的个人信息，只能用于突发事件应对，并在突发事件应对工作结束后予以销毁。确因依法作为证据使用或者调查评估需要留存或者延期销毁的，应当按照规定进行合法性、必要性、安全性评估，并采取相应保护和处理措施，严格依法使用。

【条文主旨】

本条是关于突发事件应对中个人信息依法使用和依法删除的规定。

【条文解读】

个人信息删除权，简称删除权，又称被遗忘权，是指在符合法律规定或当事人约定的情形下，信息主体可以请求信息处理者及时删除相关个人信息的权利。这一权利旨在保障信息主体对其个人信息的自主决定权，确保信息的完整性与自决性。删除权的权利主体主要是个人信息主体，而义务主体是个人信息处理者。在本法中，删除权的义务主体包括县级以上人民政府及其有关部门、因依照本法规定配合突发事件应对工作或者履行相关义务而需要获取他人个人信息的有关单位和个人。当符合行使删除权的条件时，个人信息处理者应当主动履行删除义务，权利主体也有权请求处理者删除相关信息，甚至可以直接向法院提起诉讼，从而实现对删除权的司法保护。根据个人信息保护法第四十七条的规定，删除权的行使条件包括但不限于：处理目的已实现、无法实现或者为实现处理目的不再必要；个人信息处理者停止提供产品或者服务，或者保存期限已届满；个人撤回同意；个人信息处理者违反法律、行政法规或者违反约定处理个人信息等情况。在突发事件应对中，获取个人信息的目的是满足应急处置和救援工作的需要，当突发事件应对工作结束后，获取个人信息的目的已经达成，因此个人信息权主体有权行使删除权。

【适用指南】

政府、有关单位和个人因依法履行突发事件应对工作职责或者义务获取的个人信息，原则上应当在突发事件应对工作结束后予以销毁。如因作为证据使用或者调查评估等法定证据需要留存或者延期销毁的，应当进行合法性、必要性、安全性评估，并采取相应保护和处理措施，严格依法使用。

【关联规范】

《中华人民共和国个人信息保护法》第十三条、第二十一条、第四十七条。

案例评析

福建省泉州市×酒店"3·7"重大坍塌事故救援

一、案情简介

2020年3月7日19时14分，福建省泉州市×酒店所在建筑物发生坍塌，造成 71 人被困。事故发生后，应急管理部立即启动应急响应，会同住房和城乡建设部等部门派出工作组连夜赶赴现场指导协助应急处置工作。福建省泉州市迅速组织力量开展救援。国家综合性消防救援队伍、国家安全生产专业救援队伍、中交集团、地方专业队伍、社会救援力量等共计 118 支队伍 5176 人参与抢险救援。福建省消防救援总队迅速调派 10 个支队的重、轻型救援队 1086 名指战员，携带生命探测仪、搜救犬以及特种救援装备到场处置。救援人员采取多种方式反复侦查，确定被困人员方位，按照"由表及里、先易后难"的顺序，合理使用破拆、撑顶、剪切等方式破拆建筑构件，多点作业、逐步推进，全力搜寻营救被困人员。卫健部门调派 56 名专家赶赴泉州支援伤员救治，并在事故现场设立医疗救治点，调配 125 名医务人员、20 辆救护车驻守现场，及时开展现场医疗处置、救治工作。经过 112 个小时的艰苦奋战，将 71 名被困人员全部救出，其中 42 人生还。[1]

二、专家评析

本次事故救援通过"以房找人、以人找人、以物找人"等方法迅速定位，采取"纵横结合、两侧并进"的掘进方法，开展地毯式搜寻。针对被埋压人员不同区域位置，采取"搜救犬和生命探测仪交叉搜寻定位、工程机械逐层剥离表层构件"的战术措施，发挥专业装备优势。本次事故救援之所以在短时间内能够制定出科学完善的应急救援策略，其中一个重要的原因就是建立了有力的现场指挥机制。当前，我国拥有国家综合性消防救援队伍、专业应急救援队伍、地方应急救援队伍和社会应急救援队伍等多类型、多层级的应急救援力量，各类救援队伍有其各自的指挥调度机制，各类型救援队伍在应急救援中担负着不同的救援职责。应急救援现场指挥机制的核心任务就是解决在复合型突发事件中如何统筹分散的救援力量，以提高救援效能；协调指挥多种救援队伍，以提高现场救援效率。

---

[1] 参见《应急管理部公布 2020 年全国应急救援和生产安全事故十大典型案例》，载应急管理部网站，https://www.mem.gov.cn/xw/bndt/202101/t20210104_376384.shtml，最后访问时间：2024 年 9 月 11 日。

第六章　事后恢复与重建

突发事件应对工作体系后程的重要环节主要包括恢复重建举措。本章介绍突发事件的事后恢复与重建制度，主要围绕突发事件应对法第六章事后恢复与重建，即第八十六条至第九十四条展开解读，以助正确理解与适用。

> **第八十六条　【应急状态终结】** 突发事件的威胁和危害得到控制或者消除后，履行统一领导职责或者组织处置突发事件的人民政府应当宣布解除应急响应，停止执行依照本法规定采取的应急处置措施，同时采取或者继续实施必要措施，防止发生自然灾害、事故灾难、公共卫生事件的次生、衍生事件或者重新引发社会安全事件，组织受影响地区尽快恢复社会秩序。

【条文主旨】

本条是关于突发事件的威胁和危害得到控制或消除后，应急状态终结的规定。

【条文解读】

本条规定了应急状态的结束，对后续事故的防范，以及社会秩序的恢复，均由履行统一领导职责或者组织处置突发事件的人民政府负责。

首先，宣布解除应急响应，停止执行应急处置措施。在采取了必要的应急处置措施并取得相当效果之后，一旦社会已处于相对安全或危险基本解除的状态当中，则承担应急职能的政府应当宣布应急响应解除，并对其之前采取的应急措施作出调整，或停止其执行，或降低执行的强度，以结束应急状态，尽快开始各种善后处理工作。宣布解除应急响应，是应急工作从"应急处置与救援"转移到"事后恢复与重建"阶段的重要标志，是一项法定的宣告，也是开展各项突发事件善后处理工作的基本前提。

其次，采取或者继续实施必要措施，防止发生自然灾害、事故灾难、公共卫生事件的次生、衍生事件或者重新引发社会安全事件。政府还应防止突发事件的二次爆发及其次生、衍生事件的发生，是基于突发事件发展的不确定性所提出的必然要求。也就是说，政府仍然不能对突发事件所遗留下来的各种有害因素掉以轻心，既要避免其危害的延续和变种，也要防止有害因素蛰伏下来，在适当的条件下重新引发危机。突发事件通常被称为脉冲事件，是对人们正常的社会交往、经济活动、生活秩序造成干扰和破坏，并且影响超出人们容忍度范围的事件。更为重要的是，在一个脉冲事件之后，还会出现下一个脉冲事件。对于自然灾害、事故灾难、公共卫生事件等突发事件，其发展过程的高度不确定性决定了其发生、发展的时间和形态等，均不能以常规的科学规律或规则进行判断，事件本身可能产生的影响以及它可能次生、衍生的二次事件等也均无先例可循，难以预测。至于社会安全事件，给社会所带来的威胁更为巨大。可见，对各种突发事件次生、衍生和重新爆发的控制和防范同样重要而迫切，如果控制不及时、处置不准确，可能造成更大的损失和危害。

最后，组织受影响地区尽快恢复社会秩序。事后恢复与重建阶段的开始意味着应急活动中最为紧迫的应急处置阶段的结束，标志着应急状态的基本结束。应急处置、开始恢复重建依赖于履行统一领导职责或者组织处置突发事件的人民政府在面对实际突发事件中的权衡，即客观上达到"威胁和危害得到控制或消除"的条件，就应当启动恢复重建的工作，组织受影响地区尽快恢复社会秩序。这要求履行统一领导职责或者组织处置突发事件的人民政府合理选择恢复重建的时间节点，以及在应急状态与重建阶段的往复摇摆间协调应急与重建的并行模式。同时，新法加强了履行统一领导职责或者组织处置突发事件的人民政府对组织受影响地区尽快恢复社会秩序的职责，有助于在突发事件的危害消除、危险得到控制之后使社会尽速回归正常状态，有利于和此前负责应急处置的主体相对应、相统一，提高恢复重建的效能。

【适用指南】

首先，注意本条规定"应急处置措施"的停止不同于一切应急管理措施的停止。本条规定的核心是宣布解除应急响应，结束应急状态，其主要表现是各种应急处置措施的停止实施。但是，应急响应被宣布解除，意味着行政机关不能再实施本法所规定的各种特殊应急处置措施，并不意味着它不能实施其他新的应急管理行为，以适应善后处理的需要。这些新的应急管理行为的目的在于防止次生、衍生事件的发生以及原有事件的再次爆发。

其次，注意理解本条规定与我国应急管理体制的协调。根据本法第十七条第三款的规定，"法律、行政法规规定由国务院有关部门对突发事件应对管理工作负责的，从其规定；地方人民政府应当积极配合并提供必要的支持"，在我国履行统一领导职责或者组织处置突发事件的主体除县级以上地方各级人民政府，还包括国务院有关部门，实行以地方政府负责为主体，中央部门负责为补充的应急管理体制。但是，本法第八十六条仅规定由"履行统一领导职责或者组织处置突发事件的人民政府"来"停止执行依照本法规定采取的应急处置措施"。由此，需要进一步协调处理好对于那些由国务院部门负责应对的突发事件，其应急处置措施应当由谁来决定停止执行的问题。如果按照本条"谁负责，谁停止"的立法思路，自然应当由国务院的有关部门决定停止执行，但国务院的有关部门并非一级"人民政府"。所以，为了协调这两个条款，应当由这些部门所属的那一级人民政府来执行，即可以理解为由国务院决定停止这些突发事件应急处置措施的执行，但国务院又将此项工作授权给有关部门来实施。

第八十七条 【损失调查评估、重建计划与公共设施的修复】 突发事件应急处置工作结束后，履行统一领导职责的人民政府应当立即组织对突发事件造成的影响和损失进行调查评估，制定恢复重建计划，并向上一级人民政府报告。

受突发事件影响地区的人民政府应当及时组织和协调应急管理、卫生健康、公安、交通、铁路、民航、邮政、电信、建设、生态环境、水利、能源、广播电视等有关部门恢复社会秩序，尽快修复被损坏的交通、通信、供水、排水、供电、供气、供热、医疗卫生、水利、广播电视等公共设施。

【条文主旨】

本条是关于政府对突发事件损失的调查评估与重建计划的制定,以及恢复相关社会秩序与修复相关公共设施的规定。

【条文解读】

应急处置阶段结束之后,政府负责事后恢复与重建工作有两条线,其一是对突发事件造成的损失进行调查评估,评估除对损失进行定性的描写外,还需要对损失的价值进行定量式的估算,并基于调查评估的内容,进而制定恢复和重建的计划。其二是按照应急预案和有关法律、法规,依据突发事件危险过后的自然状态和社会状态进行生产和生活的逐步恢复,复原相关社会秩序与公共设施。

本条区分履行统一领导职责的人民政府的职责和受突发事件影响地区的人民政府的职责,并作出分别规定。对于履行统一领导职责的人民政府而言,其职责包括以下三个方面:

首先,组织对突发事件造成的影响和损失进行调查评估。损失调查评估指的是查清突发事件所造成的各种损失,这是确定重建目标与措施、制定恢复策略的前提与基础。在恢复重建社会组织体系的基础上,灾后评估为恢复重建方案的制订和具体实施提供数据支持,以确定恢复重建所需要的资源与救助的种类与数量。评估应分为快速需求评估和初步损害评估两个阶段:快速需求评估的目的是认清灾难程度,确定在灾难应对中救生及维持生命所具备的资源;初步损害评估的目的是获得灾害影响的准确信息,以确定灾区所需服务、人员、资源的需求。

其次,制定恢复重建计划。恢复与重建规划的编制应该与事前制定的恢复预案相结合,尽管恢复预案难以完全切合实际,且不可能详尽,但在恢复与重建的初期,制定新的恢复方案需要时日,因此预案的确能起到一定的促进作用。当我们制定恢复与重建规划时也应参照原预案和现实情况,制定短期、中期的恢复计划和重建规划,内容应当包括政府承担的角色和责任以及准备采取的政策和措施。当然,恢复和重建规划也有可能只是对原预案的修订和完善,这需要在现实生活中的不断积累。评估突发事件的后果,实际上也是在总结经验教训。

最后,向上级人民政府报告。地方人民政府受上一级政府的直接领导,并对其负责。履行统一领导职责的人民政府应当将恢复与重建情况以及重建计划,向上一级政府报告,接受上一级政府的监督与指导。

对于受突发事件影响地区的人民政府而言，本条规定，受突发事件影响地区的人民政府主要通过组织协调相关部门，完成两方面工作职责，一方面要恢复相关社会秩序，另一方面则是恢复被损坏的公共设施。对于受突发事件影响地区的人民政府而言，维护社会稳定、恢复交通和通信通畅、安置灾民、疏散滞留人员等工作是恢复阶段中较为紧急的任务，而这些工作的完成必须基于诸多公共设施的尽快恢复使用，否则对于当地人民的生活保障、心理安慰、人身安全等都会造成负面影响，从而引发新的自然灾难或人为恐慌。

【适用指南】

首先，从我国有关应急立法的规定来看，损失评估一般包括以下四个方面的内容：（1）物质损失。物质损失既包括医院、供水设备、供热设备、桥梁、公用建筑物等公共设施的损失，也包括企业设备、厂房和公共住宅区、农村房屋倒塌、作物淹没等损失。物质损失也可从基础设施的损失角度来评估，基础设施一般包括主要基础设施和相关基础设施两类。前者诸如供水、供电、供气、排水、通信、道路、桥梁等设施，它们遭受的损失可以分为部分损失和整体损失；后者是指那些提供日常生活需要的设施，如商厦、医院、学校等，对其进行的评估应该包括受损数量、损失程度、修复或重建费用等。其他物质损失主要包括家庭住房的损失以及企业的不动产损失、流动资产损失等。（2）经济损失。经济损失在我国一般使用国内生产总值（gross domestic product，GDP）来衡量，其中包括工业（停产）损失、商业（停业）损失和随之而来的就业率、居民收入的下降等，其中突发事件对工业、农业、林业和畜牧业造成的损失最大。恢复与重建阶段在开始时对经济损失的评估往往只能是临时数据，客观数值往往需要时间来对前者作进一步的修正。（3）心理创伤。突发事件在造成巨大的物质损失和经济损失的同时，对受害者、救援者的心理冲击也是无法避免且长期存在的，尤其是对妇女和儿童造成的心理疾患是社会需要长期予以关注的。此类创伤难以给予量化评估，但可根据心理疾患的影响面和严重程度结合临床实践加以评估。对于这方面的损失，本法施行中如何执行还需进一步制定有关措施。（4）其他损失，包括人员和环境损失。人员损失一般使用统计手段就可以完成，参照赔偿和抚恤标准可以较为准确地计算，环境损失难以评估，需要专业的方法和机构予以完成。

其次，受突发事件影响地区的人民政府应当及时组织和协调应急管理、卫生健康、公安、交通、铁路、民航、邮政、电信、建设、生态环境、水利、能源、广播电视等有关部门恢复社会秩序，尽快修复被损坏的交通、通信、供水、排水、供电、供气、供热、医疗卫生、水利、广播电视等公共设施。本条有限列举了可能涉及恢复社会秩序和修复被损坏的相关公共设施的主管部门，新法在修订中也按照机构改革方案相应调整表述或者新增了应急管理、卫生健康、邮政、电信、生态环境、水利、能源、广播电视等部门。

【关联规范】

《中华人民共和国地方各级人民代表大会和地方各级人民政府组织法》第六十九条、第七十三条。

第八十八条 【政府间纵向支持与协调】 受突发事件影响地区的人民政府开展恢复重建工作需要上一级人民政府支持的，可以向上一级人民政府提出请求。上一级人民政府应当根据受影响地区遭受的损失和实际情况，提供资金、物资支持和技术指导，组织协调其他地区和有关方面提供资金、物资和人力支援。

【条文主旨】

本条是关于请求上一级人民政府支持恢复重建工作，以及上一级人民政府组织和协调恢复重建工作的规定。

【条文解读】

受突发事件影响的地区是指突发事件发生地以及其他受突发事件影响的毗邻或相关地区。我国实行的是属地管理为主的事后重建体制。之所以强调属地管理为主，是因为只有通过突发事件发生地政府的迅速反应、有效应对和及时处理，才能有效遏制突发事件的发展。强调属地管辖，并不排除上一级人民政府及其相关部门对受突发事件影响的地区工作的支援和指导；同时，也需要进一步发挥发生地之外的地区和有关方面的协同义务。受突发事件影响的地区人民政府应当首先及时履行职责，动员或者调集资源开展恢复重建工作，而在需要上一级人民政府支持的情形时，采用合理范围申请制度，获得上级人民政府的支持与帮助。此外，合理范围的认定关键在于受影响地区的人民政府提出的请求是否或者在多大程度上得到上一级人民政府的认同和满足，上一级人民政府可在自身能力范围内或协调其辖区内的其他地方、有关方面为受影响地区寻找、调配、划拨灾后恢复所需资源以及其他支持。

此制度的设计目的在于解决受突发事件影响地区在恢复和重建过程中的资源分配问题。受突发事件影响地区的人民政府应当善用新法规定的上级援助制度，在发挥自身潜力的同时，尽可能争取上一级人民政府的合理支援。

另外，受突发事件影响地区的人民政府请求上一级人民政府支持恢复重建工作，上一级人民政府除了自己提供资金、物资支持和技术指导，还可以协调其他地区和有关方面提供资金、物资和人力支援。

【适用指南】

根据本条规定，受突发事件影响地区的人民政府开展恢复重建工作需要上一级人民政府支持的，可以向上一级人民政府提出请求。对于上一级人民政府是否可以不经请求向受灾地政府提供援助，新法没有明确规定。笔者认为，上一级人民政府可以主动向受灾地区提供援助，无须等待当地政府的请求，如果查明当地政府官员故意隐瞒灾后损失的，还应依法给予其行政处分。

【关联规范】

《中华人民共和国地方各级人民代表大会和地方各级人民政府组织法》第七十三条。

第八十九条　【国家优惠政策、善后计划制定】 国务院根据受突发事件影响地区遭受损失的情况，制定扶持该地区有关行业发展的优惠政策。

受突发事件影响地区的人民政府应当根据本地区遭受的损失和采取应急处置措施的情况，制定救助、补偿、抚慰、抚恤、安置等善后工作计划并组织实施，妥善解决因处置突发事件引发的矛盾纠纷。

【条文主旨】

本条是关于国务院制定有关优惠政策，受突发事件影响地区的人民政府制定善后工作计划并组织实施以及奖励和抚恤的规定。

【条文解读】

根据本条规定，制定善后计划并加以实施，保障参与突发事件应对工作人员的待遇、奖励和抚恤等工作主要由地方人民政府负责，国务院应根据受突发事件影响地区遭受损失的情况，制定扶持该地区有关行业发展的优惠政策。

一、国家对受灾地区的优惠政策

本条第一款规定了国家对受灾地区的优惠政策，根据对突发事件影响地区受损情况的调查，或根据受影响地区政府的汇报和申请，国务院对上述地区的恢复和重建工作，可以通过对特定行业给予特殊的优惠政策予以扶持，具体方式可以体现在宏观国家经济政策当中。

二、受突发事件影响地区的人民政府制定善后工作计划并组织实施

"善后"，是指妥善地处理和解决某些事故、事件发生以后的有关问题。无论是突发事件的发生地，还是突发事件的波及地，其地方政府对当地遭受的生命和财产损失以及相关产业受到的影响有最准确的了解，据此受突发事件影响地区的人民政府可以制定合理的善后计划，以推进善后工作的有效进行，妥善解决因处置突发事件引发的矛盾纠纷。

值得注意的是，新法在原条文的基础上增加了政府制定善后计划的考量因素——"采取应急处置措施的情况"，在法律层面进一步明确针对应急状态采取的应急措施对相关人员产生的不利结果，需要相关政府采取相应的救助、补偿、抚慰、抚恤、安置等工作。

【适用指南】

首先，善后工作计划主要包括救助、补偿、抚慰、抚恤、安置等方面：第一，受突发事件影响地区的人民政府应当及时用各种方式对受突发事件影响地区的群众提供救助，以减少突发事件受害者损失，减轻突发事件受害者痛苦；第二，对于突发事件发生期间，有关人民政府及其部门为应对突发事件征用单位和个人的财产的，应当及时返还，如果财产被征用或者征用后毁损、灭失的，应当给予补偿；第三，抚慰是对经历突发事件

的受害者进行精神上的安慰，使受到灾害的人感受到政府的关怀，增强重建新生活的信心；第四，抚恤是指国家或者组织对因公受伤或者残废的人员，或者因公牺牲以及病故的人员的家属进行安慰并给予物质帮助；第五，修建居民住房和最基本的配套设施，对受突发事件影响地区的群众进行安置，同时，安置计划中应当考虑为这些群众开辟生活来源和就业渠道。

其次，除因突发事件直接造成的损失外，基于应急处置中必须坚持的公共利益保护最大化的原则，有关应急处置措施也可能对公民、法人、其他组织的权益造成侵害。因此，本法规定"受突发事件影响地区的人民政府应当根据本地区遭受的损失和采取应急处置措施的情况，制定救助、补偿、抚慰、抚恤、安置等善后工作计划并组织实施，妥善解决因处置突发事件引发的矛盾纠纷"。

> 第九十条 【单位职责】公民参加应急救援工作或者协助维护社会秩序期间，其所在单位应当保证其工资待遇和福利不变，并可以按照规定给予相应补助。

【条文主旨】

本条是关于公民参加应急救援工作或者协助维护社会秩序期间，单位维持其工资、福利不变和给予补助的规定。

【条文解读】

突发事件的事后重建与恢复工作，应当遵循社会协同、公众参与的社会治理原则。公民个人在参与突发事件的事后重建和恢复工作过程中，付出了正常劳动，又承担了特殊风险，应有获得酬劳的权利。本条规定，保障公民由于参与突发事件应对工作而应当享有的权益，即所在单位对其工资、福利的维持职责，同时可以根据有关规定给予补助。

修改前的法律在此处同时规定了县级以上人民政府对参加应急救援工作或者协助维护社会秩序过程中具有突出贡献的公民的表彰和奖励制度，修改后的法律将这部分内容纳入总则之中，即新法第十五条。因此，新法本条之规定，其主要内容被限缩为单位职责，即对参与救援工作公民的物质保障，不仅包括对公民工资与福利的维持，还包括提供相应的补助。

由于新法规定的应急救援工作队伍,包括国家综合性消防救援队伍,县级以上人民政府及其有关部门建立的以志愿者组成的救援队伍,乡政府、街道和居委会组建的基层救援队伍、单位组建的应急救援队伍,同时也包括源自社会力量自发成立的救援队伍。以上所有公民在参与应急救援工作或维持社会秩序都付出了相应劳动,承担了相应风险。所以,应从公民有单位与作为自由职业者两个维度解读该法条。第一,从现实的情况来看,如果本条规定中所谓的"其所在单位"指的是国家机关、事业单位、国有企业、人民团体等公有制单位,则隶属于这些单位的公民参与应急救援期间的工资待遇几乎不用担心。但如果这些公民是非公有制单位的工作人员,则其参与应急救援期间的工资待遇如何保障可能将成为问题。尽管本条规定的"其所在单位"包括民营企业等非公有制单位在内,但在贯彻实施时可能会遇到阻力,因为这些公民所在的单位对于这些资金的给付未必情愿。因此,一旦该种情况下公民与所在单位出现纠纷,当地人民政府应当采取措施保障公民的利益。第二,如果参与应急救援的公民没有"单位",属于自由职业者或者无业者,本条规定没有把他们涵盖进来。为了保障这一部分公民的利益,应当由当地人民政府保障其参与应急救援工作期间的待遇。

新法增设了单位对公民依规补助之规定。补助,顾名思义是补贴帮助的意思,是指单位针对本单位成员为应对突发事件的所做出的某类专项工作,使单位成员获利的行为,这些补助举措能让民众重拾重建家园的信心,激发民众恢复重建的内生动力,有效推动恢复重建。同时,应急工作相较于常态化工作,单位内部成员的工作强度增大,且面临特定的安全风险,可能需要专项资金予以补偿。此外,本条规定有关单位在补助的适用上,采取原则性、非必须性质的规定,即相应补助是否发放、补助的具体标准等具体细则,应根据国家、单位内部的有关规定与应急救援工作的实际情况进行确认。

【适用指南】

本条要求公民的所在单位承担其工作待遇,但这些单位在遭遇突发事件之后是否还存在相应的支付能力也是个问题。在某些特别重大的突发事件中,受灾地的许多机关、企业、单位可能被突发事件所摧毁,即使没有完全摧毁也可能难以继续维持正常的运转。有些单位可能在灾后得以重建,有些则不能获得重建或者重建之后也无法正常运转。如果属于后者,而这些单位又有某些工作人员参加了应急救援工作,那这些公民的工资待遇由谁发放呢？本条对此没有规定，笔者认为，如果出现这种情况，应当由当地人民政府更加往前一步，保证公民的工资待遇以保护公民的劳动利益，减少不必要的矛盾与纠纷。

【关联规范】

《中华人民共和国劳动法》第五十一条；《中华人民共和国突发事件应对法》第十五条、第三十九条。

> **第九十一条　【伤亡人员的保障】**县级以上人民政府对在应急救援工作中伤亡的人员依法落实工伤待遇、抚恤或者其他保障政策，并组织做好应急救援工作中致病人员的医疗救治工作。

【条文主旨】

本条是关于县级以上人民政府应向参与应急救援工作伤亡人员提供保障的规定。

【条文解读】

根据本条规定，县级以上人民政府需要依法落实工伤待遇、抚恤或者其他保障政策，确保这些在一线工作中受伤或牺牲的人员得到应有的关怀和补偿。此外，政府还须组织做好应急救援工作中致病人员的医疗救治工作，保障他们的健康和生命安全。修订后本法在县级以上人民政府对伤亡人员依法提供抚恤的基础上，细化政府的保障职责与措施，特别是新增了依法落实工伤待遇和组织做好医疗救治工作的内容，更有力地保障救援人员的权益。以下对县级以上人民政府应采取的主要保障措施进行简要解读。

一、落实应急救援工作中伤亡人员的工伤待遇

在民法典与《工伤保险条例》中规定，一般在形成劳动关系后，提供劳务一方因劳务原因出现伤亡，可以基于相关规定进行工伤认定，从而享受工伤保险待遇以及其他工伤待遇。而本法第三十九条规定，应急救援工作队伍，包括国家综合性消防救援队伍，县级以上人民政府及其有关部门建立的以成年志愿者组成的救援队伍，乡政府、街道和居委会组建的基层应急救援队伍、单位组建的应急救援队伍，同时也包括源自社会力量自发成立的救援队伍。同时，本法第二十三条规定了公民、法人和其他组织参与突发事件应对工作的义务。所以，存在没有与其所在单位订立劳动关系的人员在应急救援工作中出现伤亡的情形。根据修订前的法律制度，此类情况无法应用工伤待遇予以保障。新法则涵盖了所有在应急救援工作中出现伤亡的人员，并通过县级以上人民政府承担行政职责的方式，落实相关伤亡人员的工伤待遇，完善了相应制度。

二、落实应急救援工作中伤亡人员的抚恤

抚恤是指国家或者组织对因公伤残人员，或者因公牺牲的家属进行安慰并给予物质帮助。在应急救援工作中，参加应急救援工作的公民自身的健康和生命可能受到威胁。对于在应急救援工作中伤亡的人员由县级以上人民政府依法给予残疾抚恤或者死亡抚恤。例如，对于因公牺牲的公民，符合条件的，可以给予见义勇为奖励，依法依规评定为烈士等。这种抚恤既是对他们身体所受伤害的补偿，又是对他们工作的肯定。

三、其他保障政策

其他保障政策作为兜底规定，是突发事件事后恢复重建工作坚持以人为本的重要体现。其他保障政策，包括但不限于对应急救援工作中伤残人员与死亡人员的亲属的就业、教育、心理救助、社会保险缴纳等政策。当地政府根据当地经济发展情况，依法构建更加完善的伤亡人员保障制度。

四、组织应急救援工作中致病人员的医疗救治工作

县级以上人民政府还须组织做好应急救援工作中致病人员的医疗救治工作。这包括但不限于提供紧急医疗服务、药品、专业治疗，确保应急救援人员在受伤或生病时能够迅速获得专业的医疗人员的急救处理，降低病情恶化的风险。同时，在事后恢复重建过程中，县级以上人民政府要持续关注相应人员的后续恢复康复治疗、心理救助，以保证伤病人员更好地恢复到日常的工作生活当中去。

【关联规范】

《中华人民共和国民法典》第一百八十三条、第一百八十四条、第一千一百九十二条；《中华人民共和国突发事件应对法》第二十二条、第三十九条、第四十条；《工伤保险条列》第十五条、第三十一条至第四十条；《烈士褒扬条例》第八条、第十五条至第三十一条。

> **第九十二条 【分析原因、总结经验、提出报告】** 履行统一领导职责的人民政府在突发事件应对工作结束后，应当及时查明突发事件的发生经过和原因，总结突发事件应急处置工作的经验教训，制定改进措施，并向上一级人民政府提出报告。

【条文主旨】

本条是关于突发事件应对工作结束后，分析经过与原因，总结经验，并向上级政府报告的规定。

【条文解读】

突发事件应对工作根据属地管辖原则和事件发生的范围等因素确定负有统一领导职责的政府层级，该级人民政府作为应急责任主体应当及时查明突发事件的成因，并尽量以完整的记录反映事件全过程，总结应急处置工作的经验教训。该级人民政府还应根据已经查明的原因和记录的资料，反思、总结以形成理性的报告，供上一级人民政府审查、参考和决策。在原法律中未规定该工作进行的时间，而在新法中则明确规定在全部突发事件应对工作结束后进行。

一、事后总结与报告制度的内容

根据本条规定，事后总结与报告制度包括以下几个方面的内容：

其一，履行统一领导职责的人民政府是事后总结与报告的主体。所谓履行统一领导职责的人民政府，是按照属地管辖原则和事件发生的范围、烈度等因素确定的。一般情况下，县级人民政府对本行政区域内突发事件的应对工作负责，涉及两个以上行政区域的，由有关行政区域共同的上一级人民政府负责，或者由各有关行政区域的上一级人民政府共同负责。当突发事件比较严重，县级人民政府无法控制时，由其上级人民政府履行统一领导职责。

其二，事后总结与报告的内容主要包括突发事件发生的经过与原因、工作中的经验教训与制定改进措施等。第一，突发事件发生的经过与原因。履行统一领导职责的人民政府应当完整记录突发事件发生的时间、地点、严重程度、外在表现、造成的损失等各项要素，要详细描述突发事件从发生到消除的整个经过以及引起突发事件变化的各项自然因素和人为措施。要在客观描述的基础上，通过各种技术手段及各类统计方法分析突发事件产生的原因。第二，工作中的经验教训。履行统一领导职责的人民政府应当对突发事件的全过程进行分析，主要包括制定的应急预案，采取预防措施的有效性，应急准备是否充分，监测、预警系统是否及时、客观、真实反映突发事件的情况，应急处置措施和恢复重建措施是否合理、合法以及组织体系是否运转良好等。第三，制定改进措施。履行统一领导职责的人民政府应当针对应对工作中存在的问题，制定相应的改进措施，避免或减少突发事件中人为因素的发生，完善突发事件应对工作。

其三，新法明确将事后总结与报告的时间置于全部突发事件应对工作结束后。根据本法第二条第二款之规定，突发事件应对工作其内容包括突发事件的预防与应急准备、监测与预警、应急处置与救援、事后恢复与重建等应对活动。突发事件应对工作结束，也就意味着事后恢复与重建工作基本完成，此时履行统一领导职责的人民政府可以着手进行事后总结与报告，对突发事件应对全过程进行反思总结，并向上一级人民政府报告。

二、事后总结与报告制度的意义

履行统一领导职责的人民政府应对突发事件的预防、监测与预警、应急处置与救援、事后恢复与重建等各项工作的总结的意义在于以下三个方面：一是通过对事故的调查，能够确定事故性质与责任，可以依法对责任者提出处理意见。二是能够通过总结，认识到工作中的经验和教训，查找漏洞和薄弱环节，不断完善应急措施，更加明确各部门职责分工，理顺工作程序；将总结上报上一级人民政府，能够加强经验教训的借鉴作用，建立相对完善清晰的灾后学习制度，有利于本区域乃至全国突发事件应对工作的逐步完善。三是事后总结与报告的开始，也标志着突发事件应对工作的全部结束，承担应急职能的政府停止执行全部应急措施，相应的善后工作也全部完成。

【适用指南】

一般来说，在每项工作结束后进行经验教训的总结并撰写总结报告，是政府部门开展工作的一个必经程序。因此，本条并不是针对政府部门规定的一项新任务，而是将这项任务通过法律的形式重点强调，以引起各级人民政府的重视。

> **第九十三条 【审计监督】** 突发事件应对工作中有关资金、物资的筹集、管理、分配、拨付和使用等情况，应当依法接受审计机关的审计监督。

【条文主旨】

本条是关于审计机关审计监督突发事件应对工作的规定。

【条文解读】

本条是此次修法的新增内容。根据本条规定，突发事件应对工作中的审计监督制度可以从以下三个方面理解：

一、审计监督的主体与对象

审计工作的主体为国家审计机关。依法履行监督职责的审计机关，具有独立、客观、公正、超脱、涉及经济社会各方面的优势，因而能够有责任及时发现苗头性、倾向性问题，及早感受风险，提前发出警报，起到预警作用。根据审计法第三条规定，审计机关依法行使审计监督权。针对突发事件应对工作中可能出现的违法违规、经济犯罪、损失浪费等各种行为，审计监督必须查错纠弊，以保护经济社会运行的安全健康。在此基础上，审计机关还可以立足建设和服务，提出完善制度和规范管理的建议，促进抵御突发事件的能力，降低突发事件发生的概率。

审计的对象是与突发事件应对相关的资金和物资。而根据本法规定，相关资金主要包括事前本级人民政府应对突发事件的财政预算与物资储备、上级人民政府的拨款、社会捐赠、基于紧急需要对私主体征用的有关财产等方面。

二、审计监督的内容

审计的内容主要针对有权机关对物资的筹集、管理、分配、拨付和使用等情况。

从筹集层面，审计机关可以验证资金和物资的筹集是否遵循了法律法规，是否有适当的授权和批准，确保物资来源的合法化，例如，保障征用财产时程序合法；同时加强筹集过程中的信息公开，可以使物资捐赠者或受影响人员了解物资筹集的规模与来源。

从管理层面，审计机关可以检查现有的内部管理系统是否足以防止错误、欺诈和其他财务不当行为，是否符合相关物资管理标准，以加强对物资管理过程中潜在风险的识别,及时发现和整改管理过程中的违规问题,提高有权机关对物资管理的安全性。

从分配层面,审计机关可以检查分配资金和物资的标准是否明确,程序是否公平公正。根据审计机关的独立性与公正性,其可以更好地帮助有权机关对物资的分配进行优先级识别,保障物资分配的效益性。

从拨付层面,审计机关的参与可以对物资拨付的及时性进行监督,同时对拨付资金的流向进行全程性监督,保障相应款项拨付符合法定程序,促进物资的尽快落实与及时到位。

从使用层面,审计机关可以监督资金和物资的使用是否严格遵循了规定用途,防止相应资源的挪用与滥用;同时审计机关可以进行成本效益分析,评估资金和物资使用的效益,以实现资源的最大化利用,从而取得突发事件应对工作的预期效果。

三、发挥审计监督作用的意义

新法以及《自然灾害救助条例》等法规将突发事件应对工作中的审计工作纳入突发事件应对规范中,使审计机关自觉融入重大突发公共事件应对和处置工作。通过审计的监督控制和信息反馈,促进形成决策权、执行权、监督权既相互制约又相互协调的权力结构和运行体系,有效推进突发公共事件治理体系建设,保障重大突发性公共事项应急处置、预防预警、恢复重建等工作顺利进行,提升政府突发公共事件应对能力,促进社会的健康运行,防止资金的挪用滥用。

【适用指南】

新法虽然已经将审计工作纳入,但对审计工作主要为原则性规定,需要结合有关审计的规范,进一步明确审计机关对突发事件应对工作中的资金与物资审计监督的程序与细则。

【关联规范】

《中华人民共和国审计法》第二条、第三条、第二十七条、第二十八条;《中华人民共和国突发事件应对法》第十二条、第四十四条、第五十二条、第七十六条;《自然灾害救助条例》第二十八条。

> **第九十四条　【档案管理】**国家档案主管部门应当建立健全突发事件应对工作相关档案收集、整理、保护、利用工作机制。突发事件应对工作中形成的材料，应当按照国家规定归档，并向相关档案馆移交。

【条文主旨】

本条是关于建立健全突发事件应对工作档案管理制度的规定。

【条文解读】

本条作为本次修订的新增法条，规定了突发事件应对的档案管理制度，即对突发事件的事后档案的收集、整理、保护、利用以及对相关材料的归档，是事后处理阶段的一项重要制度。本条所规定的这项制度具有两方面的意义：

第一，从突发事件应对的整个过程来看，应急状态的终结以履行统一领导职责或者组织处置突发事件的人民政府宣布结束应急响应并停止执行应急处置措施为标志，但对某一突发事件处理的结束并不是以此为标志，而是以建立健全某一具体突发事件的档案并对应急工作中形成的全部材料依法归档为标志。包括相关政府所撰写的事后报告等内容，也需要收集整理到档案之中。

第二，档案制度确保了对已经结束的突发事件、决策和活动的记录，为历史研究提供了原始资料和证据，有助于理解某一特定突发事件的发展原因以及在未来与其相似突发事件发生时，为决策者提供相对科学高效的解决思路，使其能够以此构建灾后学习制度，扩大经验教训的学习范围，有利于本区域乃至全国突发事件应对工作的逐步完善。

本条对档案制度规定的内容主要分为两部分：一是规定国家档案机关依法对相应工作机制的建立健全，以档案管理的工作步骤建立相应工作机制，确立突发事件档案管理工作的政策、程序和标准，确保档案管理工作的有序进行。二是规定材料归档与移交程序，相应材料必须依照法定程序进行归档，并移交到相关档案馆。根据规定，各级各类档案馆是集中管理档案的文化事业机构，负责收集、整理、保管和提供利用各自分管范围内的档案。归档与移交程序的规定，使突发事件应对工作形成的材料获得相对统一的集中管理，进而实现档案的保存与共享，方便后续有关组织和个人对突发事件全宗档案的查阅利用。

【适用指南】

首先，将档案管理工作分为以下四个步骤。第一步，档案收集，档案主管部门需要指导和监督相关部门收集与事件相关的所有材料和信息，这需要跨部门的协调和合作，以确保信息收集的全面性和准确性。第二步，档案整理，将档案收集的材料编辑成册，以便于档案的存储和后续的检索。第三步，档案保护，依据档案法相关规定，通过对档案实体以数字化保护手段，即构建适宜档案保存的库房和必要的设施、设备，确保档案的安全，同时采用先进技术，实现档案管理的现代化。第四步，档案利用，突发事件档案制度的核心在于档案的利用，对档案信息资源的整合与掌握，对过往应对突发事件实践的系统总结，基于对突发事件产生、发展和应对措施的学习，避免类似突发事件发生，或者减轻类似突发事件的危害后果。

其次，本条对于突发事件应对工作中形成材料的归档主体未作出明确规定，在实践中不能将其认定为国家档案主管部门这一单一主体。通过对突发事件应对工作相关档案的收集过程进行分析可知，虽然本条将其规定为国家档案主管部门的职责，但在实践中，档案收集过程隐含着材料的提供方，因此其背后蕴含着提供方的职责。而在突发事件应对工作中，信息提供方主要是履行统一领导职责或者组织处置突发事件的人民政府。因此，对归档主体需要进行广义理解，以保证突发事件全宗档案的准确性与全面性。

【关联规范】

《中华人民共和国档案法》第二条、第八条、第十条、第十四条、第十九条、第二十条。

第七章　法律责任

本章围绕突发事件应对中的法律责任承担机制，就突发事件应对法第七章法律责任第九十五条至第一百零二条逐一解读，以帮助读者全面理解与正确适用。

第九十五条　【行政机关及其工作人员不履行或者不正确履行法定职责的法律责任】地方各级人民政府和县级以上人民政府有关部门违反本法规定，不履行或者不正确履行法定职责的，由其上级行政机关责令改正；有下列情形之一，由有关机关综合考虑突发事件发生的原因、后果、应对处置情况、行为人过错等因素，对负有责任的领导人员和直接责任人员依法给予处分：

（一）未按照规定采取预防措施，导致发生突发事件，或者未采取必要的防范措施，导致发生次生、衍生事件的；

（二）迟报、谎报、瞒报、漏报或者授意他人迟报、谎报、瞒报以及阻碍他人报告有关突发事件的信息，或者通报、报送、公布虚假信息，造成后果的；

（三）未按照规定及时发布突发事件警报、采取预警期的措施，导致损害发生的；

（四）未按照规定及时采取措施处置突发事件或者处置不当，造成后果的；

（五）违反法律规定采取应对措施，侵犯公民生命健康权益的；

（六）不服从上级人民政府对突发事件应急处置工作的统

> 一领导、指挥和协调的；
> 　　（七）未及时组织开展生产自救、恢复重建等善后工作的；
> 　　（八）截留、挪用、私分或者变相私分应急救援资金、物资的；
> 　　（九）不及时归还征用的单位和个人的财产，或者对被征用财产的单位和个人不按照规定给予补偿的。

【条文主旨】

本条是关于行政机关及其工作人员不履行或者不正确履行法定职责应当承担法律责任的规定。

【条文解读】

在本次修订中，除一些文字表述调整外，本条的主要变化有四处：一是增加了"不正确履行法定职责"为归责标准之一；二是完善了法律责任追究时的考虑因素，做到过罚相当，增加依法给予处分时"综合考虑突发事件发生的原因、后果、应对处置情况、行为人过错等因素"；三是明确了"授意他人迟报、谎报、瞒报以及阻碍他人报告有关突发事件的信息"须承担法律责任；四是明确了"违反法律规定采取应对措施，侵犯公民生命健康权益的"须承担法律责任。

一、地方各级人民政府和县级以上人民政府有关部门的法律责任

（一）承担法律责任的主体

根据本条规定，承担法律责任的主体为地方各级人民政府和县级以上人民政府有关部门。根据地方各级人民代表大会和地方各级人民政府组织法的相关规定，"地方各级人民政府"是指乡镇政府、县政府、市政府、省级政府，"县级以上人民政府有关部门"是指县级、市级、省级政府和国务院有关部门。

（二）违法行为的情形

承担行政责任的情形为违反本法规定，不履行或不正确履行法定职责。

1. 不履行法定职责

本法对于各级人民政府及有关部门的职责在各章中基本都有规定。如

第一章总则明确规定了人民政府和人民政府有关部门应对突发事件的职责和权限,在管理与指挥体制、预防与应急准备、监测与预警、应急处置与救援、事后恢复与重建等章中也规定了各项具体职责。如果地方各级人民政府和县级以上人民政府有关部门不依法履行上述职责的,应当承担相应的行政责任。

2. 不正确履行法定职责

将"不正确履行法定职责"纳入行政机关及其工作人员的归责标准,是此次修法的亮点之一,对行政机关履行本法规定的各项法定职责提出了更高的要求。"不正确"履行法定职责的行为,是指履职不全面、不充分的行为。表面上看,行政机关虽然采取了相关措施,履行了法定职责,但采取的措施并不能实现行政管理的目标,反而影响了工作秩序和工作效率,损害了行政管理相对人的合法权益,造成了不良影响或严重后果,也应承担相应的法律责任。本法第九条第二款也同样规定,任何单位和个人有权向有关人民政府和部门投诉、举报不履行或者不正确履行突发事件应对工作职责的行为。

新法作出这样的规定,是完善归责标准的需要。原法律只将行政机关及其工作人员应当承担责任的情形概括为"不履行法定职责",这样的归责标准不能完全概括原法律具体列举的各项责任事由,容易出现责任真空。新法明确"不正确履行法定职责"也要追究法律责任,完善了行政机关及其工作人员的归责标准,为容错纠错机制、动态激励机制留下了制度空间,有利于实现应急管理实质性防范化解公共危机的价值目标。[①]

(三)法律责任的形式

根据本条规定,不履行或不正确履行法定职责的,由其上级行政机关责令改正。根据地方各级人民代表大会和地方各级人民政府组织法的规定,我国上下级行政机关之间是领导与被领导的关系,上级行政机关对下级行政机关的日常工作负有领导和监督责任,如果发现下级行政机关存在不履行或不正确履行法定职责的行为,有权予以处理。

上级行政机关的处理方式是责令改正,即上级行政机关对下级行政机关不履行或不正确履行法定职责行为的处理,内容为要求其改正违法行为,全面、充分履行本法规定的各项职责。此处的责令改正不同于行政处罚法规定的责令当事人改正,而是责令行政机关改正,但责令改正本身并

---

① 林鸿潮主编:《〈突发事件应对法〉修订研究》,中国法制出版社2021年版,第264页。

不是处分，严格来说，更不是法律责任的形式，而是上级行政机关着眼于法律的贯彻实施，基于领导关系，要求下级行政机关认识到自己行为的违法性，主动消除违法状态、恢复合法行为，全面、充分履行法定职责，恢复被违法行为破坏的行政管理秩序。责令改正虽然不是独立的法律责任形式，但其为行政机关设定了改正违法行为的义务，在突发事件应对管理中具有重要意义。

二、负有责任的领导人员和直接责任人员的法律责任

（一）承担法律责任的主体

根据本条规定，对行政机关作出本条规定的九项违法行为负有责任的领导人员和直接责任人员，要以个人的名义承担法律责任。"负有责任的领导人员"是指在行政机关实施的违法行为中起决定、批准、授意、纵容、指挥等作用的人员，一般是行政机关的主要负责人；"直接责任人员"是指具体实施违法行为的人员，可以是单位的管理人员或者其他工作人员。这里的责任主体是特定的，其他人员对于行政机关作出本条规定的九项违法行为即使起了一定的作用，也不需要承担本法规定的法律责任。

（二）违法行为的情形

本条明确规定了九种应当承担法律责任的违法行为的情形，不存在兜底条款，这意味着负有责任的领导人员和直接责任人员只有在这九种情形下才需要承担法律责任。即使行政机关作出了本条列举的九项以外的违法行为，对该行为负有责任的领导人员和直接责任人员也不需要为此承担法律责任。

1. 违反预防和防范措施的义务

本条第一项规定的情形是行政机关违反预防和防范措施的义务，以突发事件的发生为分界点，包括两种情况：

（1）未按照规定采取预防措施，导致发生突发事件。突发事件应对工作的基本原则之一是"坚持预防为主、预防与应急相结合"，本法对行政机关建立应急预案、做好预防工作、采取预防措施作了明确规定。在突发事件发生前，如果行政机关未按照规定采取预防措施，导致发生突发事件的，应当承担相应的法律责任，可以从以下三个构成要件上予以理解：一是未按照规定采取预防措施，一般是法律、法规、规章要求行政机关采取的预防措施；二是发生了突发事件，是指本法所称的突发事件已经实际发生；三是具有因果关系，如果采取了预防措施，突发事件就可以避免发生，则可以认定"未按照规定采取预防措施"与"突发事件"之间具有因果关系。

（2）未采取必要的防范措施，导致发生次生、衍生事件的。本法第七十三条第十一项规定，自然灾害、事故灾难或者公共卫生事件发生后，履行统一领导职责的人民政府应当采取的应急处置措施中就包括了"采取防止发生次生、衍生事件的必要措施"。第八十六条规定，突发事件的威胁和危害得到控制或者消除后，履行统一领导职责或者组织处置突发事件的人民政府停止执行依照本法规定采取的应急处置措施后，同时采取或者继续实施必要措施，防止发生次生、衍生事件。可以看出，采取必要的防范措施避免发生次生、衍生事件，贯穿于突发事件应对的全过程。

2. 违反信息通报、报送、公布的义务

本条第二项规定的情形是行政机关违反信息通报、报送、公布的义务，即迟报、谎报、瞒报、漏报或者授意他人迟报、谎报、瞒报以及阻碍他人报告有关突发事件的信息，或者通报、报送、公布虚假信息，造成后果的。

信息供给是突发事件应对中最宝贵的资源之一。突发公共事件发生后，行政机关及时准确地通报、报送、公布事件信息，能避免谣言传播、增强社会信心，有利于采取针对性的应急处置措施，妥善处理突发事件，避免发生次生、衍生事件，也是其负责任的重要表现。本法在修订时，对突发事件中的信息通报、报送、发布作了明确规定。第七条规定了行政机关向社会公布突发事件信息的义务，第十七条、第六十一条、第六十二条、第六十四条、第六十九条分别规定了行政机关向有关机关通报、报送和报告突发事件信息的义务。有关单位和个人报送、报告突发事件信息，应当做到及时、客观、真实并按照法定的内容、程序、方式、时限等进行。如果行政机关违反了上述通报、报送、公布突发事件信息的义务，造成了后果，应当承担相应的法律责任。

"授意他人迟报、谎报、瞒报以及阻碍他人报告"也须承担法律责任是新法修改时增加的内容，与本法第六十一条第二款中规定的有关单位和人员报送、报告突发事件信息时的要求协调一致。值得注意的是对"造成后果"的理解，有关单位和人员违反了通报、报送、公布突发事件信息的义务，既可能造成一般后果，也可能造成严重后果。如果此类违法行为已经造成了严重后果，符合刑法关于"不报、谎报安全事故罪"的规定，需要追究刑事责任的，应当依法追究刑事责任；造成严重后果但不构成犯罪的，或者造成一般后果的，应当依照本法追究法律责任。本法使用"造成后果"的表述，既与刑法相区别，又能对此类违法行为形成全方位打击。

3. 违反警报与预警期措施的义务

本条第三项规定的情形是行政机关违反警报与预警期措施的义务,即未按照规定及时发布突发事件警报、采取预警期的措施,导致损害发生的。我国建立了突发事件预警制度,通过发布警报、采取预警期的措施,能够有效预防和应对潜在风险,提高突发事件的应对处理能力,保障社会和经济的安全稳定。本法对行政机关发布突发事件警报和采取预警期的措施作了明确规定,第六十三条规定了预警制度及级别,第六十四条规定了警报信息的发布、报告和通报,第六十五条规定了不同主体的预警发布要求,第六十六条和第六十七条分别规定了发布三级、四级预警和一级、二级预警后应当采取的措施。如果行政机关违反上述规定,导致损害发生的,应当承担相应的法律责任。

4. 违反及时与合理处置的义务

本条第四项规定的情形是行政机关违反及时与合理处置的义务,即未按照规定及时采取措施处置突发事件或者处置不当,造成后果的。突发事件发生后,行政机关应当采取措施处置突发事件,控制事态发展,努力减轻和消除对人民生命财产造成的损害,本法对此从三个方面对行政机关提出了明确要求:

(1) 及时性。第十七条要求发生地县级人民政府应当立即采取措施控制事态发展并立即向上一级人民政府报告,第七十二条要求履行统一领导职责或者组织处置突发事件的人民政府应当立即启动应急响应并依照有关规定采取应急处置措施,还有其他条文中多次出现"立即""及时"的字眼,这是由突发事件的特殊情况所决定的,突发事件往往具有不可预测性和突发性,及时处理可以防止事态的扩大化,减少损失。

(2) 合法性。这是合法行政原则的要求,行政机关只能依法采取应急处置措施处理突发事件,保证应急管理工作始终在法治轨道上运行。第七十三条、第七十四条分别对自然灾害、事故灾难、公共卫生事件和社会安全事件发生后,行政机关应当采取的应急处置措施作了规定;第七十五条规定了突发事件严重影响国民经济正常运行时,只能由国务院或者国务院授权的有关主管部门才可以采取保障、控制等必要的应急措施;第七十六条规定了行政机关在必要时可以采取征用、要求组织生产、保证供给、要求提供相应服务等措施。这些规定既是对行政机关权力的授予,也构成对行政机关行使权力的约束与控制。

(3) 适当性。这是合理行政原则的要求,行政机关采取措施处置突发事件,不仅要在形式上符合法律规定,还要在实质上合理适当,避免对公民、法人或其他组织的权益造成不必要的损害。原法律首次明文规定了比例原则，要求行政机关采取应对措施要与突发事件情况相适应，措施选择时要考虑对公民、法人和其他组织权益的最小影响，新法继续完善了这一原则，其第十条在原有基础上还要求行政机关根据情况变化及时调整。第七十二条规定行政机关启动应急响应时应当考虑突发事件的性质、特点、危害程度和影响范围等。如果行政机关违反了上述规定，客观上造成了后果，应当承担相应的法律责任。

5. 违反保护人民生命安全的义务

本条第五项规定的情形是行政机关违反保护人民生命安全的义务，即违反法律规定采取应对措施，侵犯公民生命健康权益的。新法将"坚持人民至上、生命至上""坚持依法科学应对，尊重和保障人权"列为突发事件应对工作的基本原则，贯穿全篇，体现在具体条文和制度设计之中，彰显了以人民为中心的发展理念。生命健康权益是公民的基本权利。本法将"保护人民生命财产安全"作为立法目的之一，强调突发事件应对工作中对公民生命健康权益的保护。例如，第十一条规定了特定群体的特殊、优先保护；第七十三条将"组织营救和救治受害人员"列为自然灾害、事故灾难或者公共卫生事件发生后行政机关应当采取的第一项应急处置措施；第七十五条规定了突发事件严重影响国民经济正常运行时，行政机关可以采取应急措施保障人民群众的基本生活需要；第七十六条明确了为受突发事件影响无人照料的无民事行为能力人和限制民事行为能力人提供及时有效的帮助；等等。民法典、刑法、基本医疗卫生与健康促进法等法律也均强调公民的生命健康权益受法律保护，任何组织或者个人不得侵害。

6. 违反统一指挥的义务

本条第六项规定的情形是行政机关违反统一指挥的义务，即不服从上级人民政府对突发事件应急处置工作的统一领导、指挥和协调的。

突发事件应急处置工作是一项复杂的系统性工程，必须统筹兼顾、整体谋划、协同推进，需要有高效有力的统一管理体制。新法设专章对管理与指挥体制作出规定，明确各方关系与责任。第十六条对应急管理体制和工作体系作了总体规定，第十七条规定了上级人民政府应当及时采取措施统一领导应急处置工作的情形，第十九条、第二十条分别规定了突发事件应急指挥机构及其职权与行为效力，还有一些条文也对上下级人民政府在突发事件应对处置工作中的关系作了规定。根据地方各级人民代表大会和地方各级人民政府组织法的规定，上下级行政机关之间是领导与被领导的关系。在突发事件中，信息不对称、各方力量分散等问题导致应急处置能力不足、效率低下，情况紧急，容易造成更大的危害后果。上级人民政府进行统一领导、指挥和协调有利于汇集各方信息、调配各方资源，作出更加科学、精细的应急处置措施。因此，行政机关必须服从上级人民政府对突发事件应对处置工作的统一领导、指挥和协调，否则应当承担相应的法律责任。

但要注意本法确立的突发事件应对管理权的分配原则：在属地范围内，由属地县级人民政府负责；超出属地能力范围或区域范围，由上级人民政府领导。因此，本项规定强调的是如果上级人民政府已经开始统一领导应急处置工作，下级人民政府及有关部门应当服从上级人民政府；上级人民政府尚未介入，下级人民政府能够自行处理的，应当依法采取应急处置措施，处理突发事件。

7. 违反善后工作的义务

本条第七项规定的情形是行政机关违反善后工作的义务，即未及时组织开展生产自救、恢复重建等善后工作的。突发事件的威胁和危害基本得到控制或消除后，行政机关应当立即组织开展生产自救、恢复重建等善后工作，组织受影响地区尽快恢复社会秩序，减轻突发事件对人民群众的生命财产和社会生产秩序造成的损失和影响。本法第六章对行政机关履行事后恢复与重建职责作了规定，要求履行统一领导职责的人民政府应当立即采取必要措施，组织协调有关部门予以配合，维护社会稳定、保障人民生活、促进经济发展，妥善处理和解决因处置突发事件引发的矛盾纠纷。事后恢复与重建工作是突发事件应对过程中的重要环节，如果行政机关未及时组织开展善后工作，无论是否造成后果，都应当承担相应的法律责任。

8. 违反资金与物资管理的义务

本条第八项规定的情形是行政机关违反资金与物资管理的义务，即截留、挪用、私分或者变相私分应急救援资金、物资的。应急救援资金和物资是突发事故应急救援和处置的重要物资支撑，是应急救援体系的重要组成部分，直接关系到应对重特大自然灾害应急保障成效，因此本法对应急救援资金和物资的管理和使用作了明确规定。新法在第五十四条专门要求有关单位应当加强应急救援资金、物资的管理，提高使用效率。任何单位和个人不得截留、挪用、私分或者变相私分应急救援资金、物资。行政机关及其工作人员有本项规定的违法行为的，要承担相应的法律责任，如果符合刑法关于挪用特定款物罪等罪的规定，应当依法追究刑事责任。

9. 违反财产征用的义务

本条第九项规定的情形是行政机关违反财产征用的义务，即不及时归还征用的单位和个人的财产，或者对被征用财产的单位和个人不按照规定给予补偿的。在突发事件应急处置工作中，行政机关为应对紧急需要可以依法征用单位和个人的财产，无须取得征用单位和个人的同意。征用行为构成对征用单位和个人财产权的限制，为了防止行政机关滥用权力，侵犯公民、法人和其他组织的合法权益，本法第十二条虽然规定行政机关为了应对突发事件的紧急需要可以征用单位和个人的财产，但为行政机关设定了两项义务：一是应当在使用完毕或者突发事件应急处置工作结束后及时返还；二是考虑到征用行为可能会对征用财产造成损害，如果财产被征用或者征用后毁损、灭失的，行政机关应当给予公平、合理的补偿。民法典第二百四十五条、传染病防治法第四十五条也作了同样规定。行政机关在突发事件应急处置工作中采取了征用措施，但未做到依法归还、依法补偿的，应当承担相应的法律责任。

（三）法律责任的形式

根据本条规定，对行政机关作出违法行为负有责任的领导人员和直接责任人员追究法律责任的形式是处分。此处的处分应作广义理解，既包括任免机关、单位依据公务员法、行政机关公务员处分条例给予的处分，也包括由监察机关依据监察法、公职人员政务处分法给予的政务处分。有关机关作出处分或政务处分的管理权限应当依据公职人员政务处分法第三条确定，但对公职人员的同一违法行为，有关机关不得重复给予处分和政务处分。根据公务员法第六十二条和公职人员政务处分法第七条的规定，处分和政务处分分为：警告、记过、记大过、降级、撤职、开除。

法律责任的追究，需要考虑与突发事件有关的各种主客观条件，做到过罚相当，这样更符合突发事件往往情势紧迫的实际情况，有利于鼓励干部在临机处置时勇于担当作为，推动建立动态激励和容错纠错机制。[①] 有关机关对负有责任的领导人员和直接责任人员追究法律责任时，要综合考虑突发事件发生的原因、后果、应对处置情况、行为人过错等因素，确定是否给予处分或者给予何种处分，而不是只要出现违法行为，就要给予负有责任的领导人员和直接责任人员处分。在突发事件应对处置工作中，情况往往比较紧急和复杂，需要领导干部快速根据事件情况作出判断，如果违法行为的发生不是出于有关人员的主观故意，而是由突发事件的客观情况所决定，追究法律责任时应当综合考虑这些情况，以做到过罚相当，可

[①] 《突发事件应对法修订草案提请审议 拟完善突发事件应对中责任追究相关规定》，载《法治日报》2024年6月26日。

以说是责任主义在处分中的体现。

【适用指南】

对于行政机关而言，如果违反本法规定不履行或不正确履行法定职责的，其承担责任的形式是被上级行政机关责令改正。对于行政机关的工作人员而言，其所在行政机关实施了本条所列举的九项特定违法行为之后，其承担责任的形式是处分。但是，针对何种违法行为应当给予何种处分，本法未作详细规定，而是由有关机关根据突发事件发生的原因、后果、应对处置情况、行为人过错等因素综合考虑。应急管理领域的共识是：无论是法律法规，还是行政机关及其工作人员，都无法完全预测所有突发事件的具体情况并提前作出准备。因此，对不正确履行法定职责的判断，不宜站在事后的角度，将突发事件应对处置过程孤立看待，不能简单认为采取的应对处置措施未避免突发事件的发生或损害扩大就是行政机关未正确履行法定职责，而应当综合有关方面的情况，作出客观全面的判断。突发事件应对处置本身具有特殊性，如果不履行或者不正确履行法定职责，不是由于行政机关及其工作人员的过错，而是由于突发事件应对能力不足等客观情况导致的，不应一概追究行政机关工作人员的责任，要避免追责的泛化。

【关联规范】

《中华人民共和国防震减灾法》第九十条；《中华人民共和国气象法》第四十条；《中华人民共和国防洪法》第六十四条；《中华人民共和国安全生产法》第九十条；《中华人民共和国消防法》第七十一条；《中华人民共和国传染病防治法》第六十五条至第六十九条；《中华人民共和国公务员法》第五十七条、第六十二条；《中华人民共和国公职人员政务处分法》第三条、第七条、第十条；《行政机关公务员处分条例》第二十条。

第九十六条　【有关单位不履行法定义务的法律责任】
有关单位有下列情形之一，由所在地履行统一领导职责的人民政府有关部门责令停产停业，暂扣或者吊销许可证件，并处五万元以上二十万元以下的罚款；情节特别严重的，并处二十万元以上一百万元以下的罚款：

> （一）未按照规定采取预防措施，导致发生较大以上突发事件的；
> （二）未及时消除已发现的可能引发突发事件的隐患，导致发生较大以上突发事件的；
> （三）未做好应急物资储备和应急设备、设施日常维护、检测工作，导致发生较大以上突发事件或者突发事件危害扩大的；
> （四）突发事件发生后，不及时组织开展应急救援工作，造成严重后果的。
> 其他法律对前款行为规定了处罚的，依照较重的规定处罚。

【条文主旨】

本条是关于有关单位不履行本法规定的义务应当承担法律责任的规定。

【条文解读】

一、承担法律责任的主体

根据本条规定，有关单位不履行本法规定的突发事件应对义务时，应当承担法律责任。这里的"有关单位"是一个比较广义的概念，主要是指行政机关之外根据本法规定承担了部分突发事件应对义务的其他单位——社会单位和生产经营单位。如第三十六条规定的"矿山、金属冶炼、建筑施工单位和易燃易爆物品、危险化学品、放射性物品等危险物品的生产、经营、运输、储存、使用单位"，第三十七条规定的"公共交通工具、公共场所和其他人员密集场所的经营单位或者管理单位"，第七十八条第一款规定的"受到自然灾害危害或者发生事故灾难、公共卫生事件的单位"。在确定责任主体时，有两点需要注意：一是村民委员会、居民委员会等基层群众自治组织不属于本条规定的有关单位，本法在条文表述上将两者予以区分处理；二是个人不属于本条规定的有关单位。

二、违法行为的情形

本法除强调行政机关要依法履行法定职责外，同样明确有关单位也要在突发事件应对工作中承担一定义务，这对有效减少、避免突发事件的发生率以及降低突发事件带来的影响和危害都具有重要意义。如果有关单位未履行法定义务，有本条规定的四项情形之一的，应当依法追究法律责任。

（一）违反预防措施的义务

本条第一款第一项规定的情形是有关单位违反预防措施的义务，即未按照规定采取预防措施，导致发生较大以上突发事件的。本法第三十三条第二款规定："省级和设区的市级人民政府应当对本行政区域内容易引发特别重大、重大突发事件的危险源、危险区域进行调查、登记、风险评估，组织进行检查、监控，并责令有关单位采取安全防范措施。"因此，有关单位有义务对相关危险源、危险区域采取安全防范措施。第三十五条规定："所有单位应当建立健全安全管理制度，定期开展危险源辨识评估，制定安全防范措施……对本单位可能发生的突发事件和采取安全防范措施的情况，应当按照规定及时向所在地人民政府或者有关部门报告。"按照上述规定，如果有关单位未采取预防措施，导致发生了较大以上突发事件，表明其对危险源和危险区域的预防和管控存在重大疏漏，影响了公共安全，应当承担相应的法律责任。

（二）违反消除隐患的义务

本条第一款第二项规定的情形是有关单位违反消除隐患的义务，即未及时消除已发现的可能引发突发事件的隐患，导致发生较大以上突发事件的。本法第三十五条规定了所有单位应当建立健全安全管理制度，定期检查本单位各项安全防范措施的落实情况，及时消除事故隐患；掌握并及时处理本单位存在的可能引发社会安全事件的问题，防止矛盾激化和事态扩大。第三十六条规定了矿山、金属冶炼、建筑施工单位和易燃易爆物品、危险化学品、放射性物品等危险物品的生产、经营、运输、储存、使用单位应当对生产经营场所、有危险物品的建筑物、构筑物及周边环境开展隐患排查，及时采取措施管控风险和消除隐患，防止发生突发事件。如果有关单位能按照规定及时消除已发现的可能引发突发事件的隐患，就可以避免突发事件的发生，否则因未及时消除隐患导致发生较大以上突发事件的，应当承担相应的法律责任。

（三）违反物资储备与设备维护的义务

本条第一款第三项规定的情形是有关单位违反消除隐患的义务，即未做好应急物资储备和应急设备、设施日常维护、检测工作，导致发生较大以上突发事件或者突发事件危害扩大的。

本法第三十六条规定，矿山、金属冶炼、建筑施工单位和易燃易爆物品、危险化学品、放射性物品等危险物品的生产、经营、运输、储存、使用单位，应当配备必要的应急救援器材、设备和物资。第三十七条规定，公共交通工具、公共场所和其他人员密集场所的经营单位或者管理单位应当为交通工具和有关场所配备报警装置和必要的应急救援设备、设施；同时，有关单位应当定期检测、维护其报警装置和应急救援设备、设施，使其处于良好状态，确保正常使用。因此，有关单位既要做好应急物资储备，配备必要的器材、设备和物资，又要做好日常维护、检测工作，使其处于良好状态，防止其在应急救援时不能正常发挥作用。如果有关单位没有履行相关义务，导致发生较大以上突发事件或者突发事件危害扩大的，说明有关单位的违法行为与突发事件发生或危害扩大具有因果关系，应当承担相应的法律责任。

（四）违反应急救援的义务

本条第一款第四项规定的情形是有关单位违反应急救援的义务，即突发事件发生后，不及时组织开展应急救援工作，造成严重后果的。本法第七十八条第一款规定，受到自然灾害危害或者发生事故灾难、公共卫生事件的单位，应当立即组织本单位应急救援队伍和工作人员营救受害人员，疏散、撤离、安置受到威胁的人员，控制危险源，标明危险区域，封锁危险场所，并采取其他防止危害扩大的必要措施，同时向所在地县级人民政府报告。"坚持人民至上、生命至上"是突发事件应对工作的基本原则。突发事件发生后，有关单位应当立即开展应急救援工作，将营救受害人员作为首要任务，如果组织开展不及时，造成了严重后果，应当承担相应的法律责任。

三、法律责任的形式

有关单位有本条第一款列举的四项情形之一的，承担的法律责任形式是行政处罚。

处罚主体是所在地履行统一领导职责的人民政府有关部门，由有关部门根据其职责权限予以处罚。处罚措施是责令停产停业，暂扣或者吊销许可证件，并处五万元以上二十万元以下的罚款；情节特别严重的，并处二十万元以上一百万元以下的罚款。新法将原法律中"暂扣或者吊销许可证或者营业执照"调整为"暂扣或者吊销许可证件"，与行政处罚法的规定相一致；针对原法律过罚不相适应、违法成本较低的问题，增加了情节特别严重的处罚档次，体现法律的威慑力，能有效发挥规制作用。

本法是突发事件应对的一般法，其他法律是突发事件应对的特别法，如果有关单位的行为同时违反了本法和其他法律，一般应当按照"特别法优于一般法"的原则，适用特别法的规定处罚。但新法明确了竞合情形下择一重处的规则，从而排斥了"特别法优于一般法"的适用。

【适用指南】

本法作为突发事件应对的基础性、综合性法律，无法对有关单位的职责和义务作详尽列举，只对一些共性的违法行为作了规定。如果有关单位具有本条第一款列举的四项违法情形，需要追究法律责任的，行政机关不仅要依照本法规定，还应根据突发事件的具体性质考虑安全生产法、矿山安全法、防震减灾法等专门法律是否对有关单位的具体职责和义务作出规定并明确了法律责任。特别法也规定了处罚的，不当然选择适用特别法的规定，而应当从中选择较重的规定进行处罚。

【关联规范】

《中华人民共和国气象法》第三十六条、第三十七条；《中华人民共和国安全生产法》第九十八条、第九十九条；《中华人民共和国消防法》第六十条；《中华人民共和国矿山安全法》第四十条、第四十七条；《破坏性地震应急条例》第三十七条；《核电厂核事故应急管理条例》第三十八条；《突发公共卫生事件应急条例》第五十一条。

第九十七条 【编造、传播虚假信息的法律责任】 违反本法规定，编造并传播有关突发事件的虚假信息，或者明知是有关突发事件的虚假信息而进行传播的，责令改正，给予警告；造成严重后果的，依法暂停其业务活动或者吊销其许可证件；负有直接责任的人员是公职人员的，还应当依法给予处分。

【条文主旨】

本条是关于编造、传播虚假信息应当承担法律责任的规定。

【条文解读】

一、承担法律责任的主体

本法第七条第二款规定，任何单位和个人不得编造、故意传播有关突发事件的虚假信息。第八条第二款规定，新闻媒体采访报道突发事件应当及时、准确、客观、公正。这意味着，任何单位和个人都可以成为编造、故意传播有关突发事件的虚假信息的实施主体，既包括公民、法人或其他组织，也包括国家公职人员、新闻媒体等，但并不限于这些主体。如果违反规定编造、传播虚假信息，要根据其身份承担不同的法律责任。

二、违法行为的情形

本条规定了两种违法行为需要承担法律责任。一是编造并传播有关突发事件的虚假信息。行为人必须既实施了编造有关突发事件的虚假信息的行为，又实施了传播该虚假信息的行为。单纯的编造行为一般不会产生影响，不构成违法行为，不予处罚。二是明知是有关突发事件的虚假信息而进行传播。行为人虽然没有实施编造行为，但明知所获悉的有关突发事件的信息是虚假信息，仍然进行传播，将虚假信息的负面影响进一步扩大，表明其具备了传播的主观故意，应当承担相应的法律责任。这两种情形并不要求产生损害后果，即只要实施了编造、传播行为，就具有可罚性，应当科以行政处罚。损害后果的轻重，只影响承担法律责任的具体形式。

三、法律责任的形式

根据本条规定，如果行为人编造、传播有关突发事件的虚假信息的，应当承担以下法律责任：

1. 责令改正，给予警告。责令改正不是行政处罚，并不具备制裁性，而是一种补救性的行政处理措施，只是要求行为人停止违法行为、消除不良后果和恢复原状，不是对行政相对人新的不利处分，本质上来说是一种恢复性行为。[1] 关于责令改正的性质，虽然一直存在行政处罚、行政强制措施、行政命令、行政指导等争议，但它仍然无法归入现有的行政行为范畴。行政处罚法第二十八条第一款规定，行政机关实施行政处罚时，应当责令当事人改正或者限期改正违法行为。这既明确了责令改正与行政处罚的相异性，又强调了责令改正与行政处罚的伴随性。警告作为对行为人权益损害最小的行政处罚种类，对应违法行为的一般情形，即没有造成后果

---

[1] 杨伟东主编：《中华人民共和国行政处罚法理解与适用》，中国法制出版社2021年版，第45页。

或者尚未造成严重后果，是行为人应当承担的法律责任。责令改正不是独立的法律责任形式，一般不能单独作出，应当与警告共同作出。

2. 造成严重后果的，依法暂停其业务活动或者吊销其许可证件。编造、传播有关突发事件的虚假信息的行为本身就具有可罚性，如果造成严重后果，如引发社会恐慌、影响社会稳定、扰乱社会和经济管理秩序等，应当科以更加严厉的行政处罚，即对有违法行为的单位或者个人依法暂停其业务活动或者吊销其许可证件。

3. 负有直接责任的人员是公职人员的，还应当依法给予处分。对公职人员应当以更高的标准进行约束。如果编造、传播有关突发事件的虚假信息的，除了应当给予行政处罚，还应当按照公务员法、监察法、公职人员政务处分法等法律规定，由有关机关给予处分。此处的处分应作广义理解，既包括任免机关、单位依据公务员法、行政机关公务员处分条例给予的处分，也包括由监察机关依据监察法、公职人员政务处分法给予的政务处分。

【适用指南】

突发事件的信息发布、采访报道和舆论监督是突发事件应对工作的重要内容，特别是在互联网时代，公众对信息透明度的要求大幅提升，对虚假信息的容忍度显著降低。本法在作出具体规定时，既明确了编造、传播虚假信息应当承担的法律责任，又充分保障了公众对于突发事件的知情权和新闻媒体的监督权。第八条规定了突发事件的新闻采访报道制度，使新闻媒体开展采访报道和舆论监督有法可依。但新闻媒体如果编造、传播有关突发事件的虚假信息，或者有其他违法行为的，有关单位和个人要承担本法和《新闻记者证管理办法》规定的法律责任。值得注意的是，如果新闻媒体依照法律规定获取了有关突发事件的情况和事态发展的信息并对外发布，尽管未经行政机关披露，也不构成编造，不承担法律责任。

【关联规范】

《中华人民共和国刑法》第二百九十一条之一；《中华人民共和国治安管理处罚法》第二十五条；《中华人民共和国网络安全法》第十二条、第七十条；《中华人民共和国传染病防治法》第五十二条；《中华人民共和国行政处罚法》第二十八条。

> **第九十八条 【违反决定、命令的法律责任】** 单位或者个人违反本法规定，不服从所在地人民政府及其有关部门依法发布的决定、命令或者不配合其依法采取的措施的，责令改正；造成严重后果的，依法给予行政处罚；负有直接责任的人员是公职人员的，还应当依法给予处分。

【条文主旨】

本条是关于单位或者个人不服从或不配合行政机关应急处置工作应当承担法律责任的规定。

【条文解读】

一、承担法律责任的主体与违法行为的情形

本法第七十八条第二款规定，突发事件发生地的其他单位应当服从人民政府发布的决定、命令，配合人民政府采取的应急处置措施。第七十九条规定，突发事件发生地的个人应当依法服从人民政府、居民委员会、村民委员会或者所属单位的指挥和安排，配合人民政府采取的应急处置措施。因此，任何单位和个人都应配合行政机关的突发事件应急处置工作，义务主体既包括公民、法人或其他组织，也包括国家公职人员等，但并不限于这些主体。如果违反本条规定，要根据其身份承担不同的法律责任。

本条规定了两种违法行为需要承担法律责任：一是不服从所在地人民政府及其有关部门依法发布的决定、命令；二是不配合所在地人民政府及其有关部门依法采取的措施。行政机关依法发布的决定、命令、措施，是具有法律效力的权利义务安排，具有强制力，应当得到执行和服从，否则有关单位或者个人应当承担相应的法律责任。本法第二十条规定了突发事件应急指挥机构在突发事件应对过程中发布的决定、命令、措施与设立它的人民政府发布的决定、命令、措施具有同等效力。因此，此处的"决定""命令""措施"也包括突发事件应急指挥机构的决定、命令、措施。

二、法律责任的形式

根据本条规定，如果行为人不服从所在地人民政府及其有关部门依法发布的决定、命令或者不配合其依法采取的措施的，应当承担以下法律责任：

1. 一般情况下，责令改正。行为人在突发事件中有本条规定的违法行为，但没有造成严重后果的，不需要科以行政处罚，可以改正的，行政机关应当责令其改正。如果违法行为人拒不改正，或者无法改正的，可以将责令改正进一步升级为行政处罚。这一规定给予了违法行为人改正错误的空间，体现了处罚与教育相结合原则和比例原则。与本法第九十七条规定相同，责令改正不是行政处罚，不是独立的法律责任形式，但行政处罚的首要任务就是为了纠正违法行为，责令改正为行为人设定了作为或不作为义务，使其中止违法行为，促使其履行应当履行的义务，或者以其他方式达到与履行义务相当的状态[①]，将其放在法律责任的形式部分，具有合理性。

2. 造成严重后果的，依法给予行政处罚。行为人在突发事件中有本条规定的违法行为，造成了严重后果，行政机关应当依法给予行政处罚。这里的"依法"是一个广义的概念，既包括法律，也包括行政法规、地方性法规和规章等，都可以作为行政机关的处罚依据。应急管理、卫生健康等有关部门应当在各自职责范围内按照有关法律、法规和规章的规定，对不服从所在地人民政府及其有关部门依法发布的决定、命令或者不配合依法采取的措施的违法行为给予行政处罚。

3. 负有直接责任的人员是公职人员的，还应当依法给予处分。公职人员如果实施了本条规定的违法行为，不仅违反了本法，应予行政处罚，也违反了公务员法、公职人员政务处分法等规定的，应当由有关机关给予处分，包括由任免机关、单位作出的处分和由监察机关作出的政务处分。行政处罚与处分是基于不同法律关系作出的惩戒，互不吸收、并行不悖。

【适用指南】

本条分别规定了单位和个人的有关法律责任：规范适用时，一是对于行政相对人，根据其违反本法规定的情形，分程度和阶段予以责令改正、行政处罚等处理；二是对于负有直接责任的公职人员，应当依法给予处分。

【关联规范】

《中华人民共和国治安管理处罚法》第五十条；《中华人民共和国公职人员政务处分法》第四十九条。

[①] 吴高盛主编：《〈中华人民共和国行政处罚法〉释义及实用指南》，中国民主法制出版社2015年版，第71页。

> **第九十九条　【违反个人信息保护规定的法律责任】**单位或者个人违反本法第八十四条、第八十五条关于个人信息保护规定的，由主管部门依照有关法律规定给予处罚。

【条文主旨】

本条是关于单位或个人违反突发事件应对中个人信息保护规定应当承担法律责任的规定。

【条文解读】

增加有关突发事件应对中加强公民个人信息保护的规定，严格规范个人信息处理活动，是新法的一大亮点，既与个人信息保护法保持了很好的衔接，也结合突发事件应对的特点和重点问题作出了专门规定。本法第八十四条规定："在突发事件应急处置中，有关单位和个人因依照本法规定配合突发事件应对工作或者履行相关义务，需要获取他人个人信息的，应当依照法律规定的程序和方式……"第八十五条规定，因依法履行突发事件应对工作职责或者义务获取的个人信息，只能用于突发事件应对，并在突发事件应对工作结束后予以销毁；确因特殊情况需要留存或者延期销毁的，应当按照规定进行评估并采取相应措施，严格依法使用。如果任何单位或个人违反了上述条文规定，由主管部门依照个人信息保护法、数据安全法、网络安全法等有关法律规定给予处罚。这里的处罚应当作广义理解，既包括行政处罚，也包括处分。如果行政机关违反本条规定的，负有直接责任的领导人员和其他直接责任人员也应依法给予处分。

【适用指南】

本条主要区分单位或者个人违反个人信息保护规定的法律责任，由主管部门依法予以处罚。

【关联规范】

《中华人民共和国个人信息保护法》第六条至第十条、第六十六条、第六十八条；《中华人民共和国网络安全法》第六十四条；《中华人民共和国刑法》第二百五十三条之一。

> **第一百条　【违反本法规定的民事责任】**单位或者个人违反本法规定，导致突发事件发生或者危害扩大，造成人身、财产或者其他损害的，应当依法承担民事责任。

【条文主旨】

本条是关于单位或个人违反本法规定应当承担民事责任的规定。

【条文解读】

单位或者个人违反本法规定，导致突发事件发生或者危害扩大，属于行政违法行为，应当承担行政责任。但如果同时造成人身、财产或者其他损害的，属于民事侵权行为，应当一并承担民事责任。

根据本条规定，单位或个人承担民事法律责任的应当同时满足以下条件：一是单位或者个人违反本法规定，导致突发事件发生或者危害扩大。本法中对单位或个人的法定义务作了明确规定，如果单位或个人违反规定，导致突发事件发生或者危害扩大的，应当承担相应的法律责任，主要是行政法律责任，包括行政处罚和行政处分。二是造成人身、财产或者其他损害。损害事实的存在，是承担侵权责任的构成要件，没有损害事实的，不承担民事责任。新法将受损害的权益范围从"人身、财产"扩大到"人身、财产或者其他损害"，与民事权益保护的范围相一致，体现了对权益受损害的公民、法人或其他组织的全面保护。三是突发事件发生或者危害扩大与人身、财产或者其他损害具有因果关系。单位或个人违反本法规定，导致了突发事件发生或者危害扩大，而突发事件发生或者危害扩大又直接造成了人身、财产或者其他损害的，应当承担民事责任。如果突发事件发生或者危害扩大是由于自然因素造成的，则不属于本条规定的情况。

民法典及其有关司法解释已经对民事责任的承担方式作出了明确规定，本条是民事责任的转致条款，并未规定实体规则，只是强调在突发事件应对中民事法律关系的存在。如果要求单位和个人承担民事责任，应当按照民事法律规范确定其具体责任。

【适用指南】

本条适用时须注意导致突发事件发生或者危害扩大致损的具体情形来

追究民事责任。

【关联规范】

《中华人民共和国行政处罚法》第八条；《中华人民共和国治安管理处罚法》第八条。

第一百零一条　【突发事件中的紧急避险】 为了使本人或者他人的人身、财产免受正在发生的危险而采取避险措施的，依照《中华人民共和国民法典》、《中华人民共和国刑法》等法律关于紧急避险的规定处理。

【条文主旨】

本条是关于公民在突发事件中可以采取紧急避险措施的规定。

【条文解读】

紧急避险一般是指为了使本人或者他人的人身、财产免受正在发生的危险，不得已采取避险行为，造成损害的，不承担责任或者减轻责任的情形。紧急避险的责任认定主要涉及刑事责任和民事责任，因此民法典第一百八十二条、刑法第二十一条都明确规定了紧急避险制度。考虑到在突发事件应对过程中，往往会有公民为了避免人身、财产损害而采取紧急避险行为的情况，本法对公民采取紧急避险措施的相关法律责任承担作出规定，给公民在突发事件应急处置中开展自救互救、减少损失提供了法律依据，符合本法的立法目的。基于民法典、刑法中已规定有紧急避险制度，本条只作了衔接性规定，没有规定实体规则，如果因采取紧急避险措施造成他人损害的，应当按照民法典、刑法等法律规定确定其具体责任。

【适用指南】

本条适用中须特别注意认知我国民法上和刑法上分别规定的紧急避险规范的立法旨意、具体情形和追责差异。

【关联规范】

《中华人民共和国民法典》第一百八十二条；《中华人民共和国刑法》第二十一条。

> **第一百零二条　【违反本法规定的治安管理处罚与刑事责任】** 违反本法规定，构成违反治安管理行为的，依法给予治安管理处罚；构成犯罪的，依法追究刑事责任。

【条文主旨】

本条是关于违反本法规定的治安管理处罚和刑事责任的规定。

【条文解读】

本法第七章专章对突发事件应对中的违法行为规定了法律责任，主要涉及行政处罚和处分。单位或个人的违法行为构成违反治安管理行为和构成犯罪的，本条对依法给予治安管理处罚或者依法追究刑事责任作出规定，目的是加强与行政责任、刑事责任的衔接，与上文的行政处罚、行政处分、民事责任共同构成系统完整的法律责任体系。

一、违反本法规定的治安管理处罚

治安管理处罚法第二条规定，扰乱公共秩序，妨害公共安全，侵犯人身权利、财产权利，妨害社会管理，具有社会危害性，尚不够刑事处罚的，由公安机关依照该法的规定给予治安管理处罚。违反本法规定，构成违反治安管理行为的，应当按照治安管理处罚法的规定，由公安机关作出警告、罚款、行政拘留、吊销公安机关发放的许可证等处罚。如本法第九十八条规定，单位或者个人违反本法规定，不服从所在地人民政府及其有关部门依法发布的决定、命令或者不配合其依法采取的措施的，应当承担相应的法律责任，具体是行政处罚与行政处分。治安管理处罚法第五十条第一款第一项、第二项规定，拒不执行人民政府在紧急状态情况下依法发布的决定、命令的，阻碍国家机关工作人员依法执行职务的，处警告或者二百元以下罚款；情节严重的，处五日以上十日以下拘留，可以并处五百元以下罚款。如果单位或个人"不服从或者不配合"的违法行为已经达到治安管理处罚法规定的"拒不执行人民政府在紧急状态情况下依法发布的决定、命令的"或者"阻碍国家机关工作人员依法执行职务的"程度，应当依照治安管理处罚法的规定给予治安管理处罚。

二、违反本法规定的刑事责任

刑事责任是指犯罪行为人实施刑事法律禁止的行为所必须承担的法律后果。对于违反本法规定的行为，构成犯罪的，应当依照刑法的有关规定，由司法机关追究刑事责任，给予管制、拘役、有期徒刑、无期徒刑或者死刑等刑罚。无论是公民、法人或其他组织，还是行政机关及其工作人员，实施了违反本法规定的违法行为，构成犯罪的，都要追究刑事责任。责任主体为行政机关及其工作人员，可能触犯刑法的滥用职权罪、玩忽职守罪、挪用特定款物罪等；责任主体为有关单位，可能触犯刑法的重大责任事故罪、破坏环境资源罪、以危险方法危害公共安全罪等；责任主体为个人，可能触犯刑法的编造、故意传播虚假信息罪以及妨害公务罪、寻衅滋事罪、非法经营罪、故意伤害罪等。

【适用指南】

本条适用时须特别注意行政处罚与刑事制裁之间的联系和辩证关系。

【关联规范】

《中华人民共和国行政处罚法》第七十五条、第八十二条、第八十三条。

第八章　附　　则

　　法律文本的最后一章附则，一般会就特别制度、特设机制、特殊概念、施行时间和解释机构等特殊问题作出专门规定。本章对《中华人民共和国突发事件应对法》第八章附则第一百零三条至第一百零六条进行逐一解读，帮助读者全面理解与正确适用。

> **第一百零三条　【特别重大突发事件与紧急状态处置】**
> 发生特别重大突发事件，对人民生命财产安全、国家安全、公共安全、生态环境安全或者社会秩序构成重大威胁，采取本法和其他有关法律、法规、规章规定的应急处置措施不能消除或者有效控制、减轻其严重社会危害，需要进入紧急状态的，由全国人民代表大会常务委员会或者国务院依照宪法和其他有关法律规定的权限和程序决定。
> 　　紧急状态期间采取的非常措施，依照有关法律规定执行或者由全国人民代表大会常务委员会另行规定。

【条文主旨】

　　本条是关于特别重大突发事件与紧急状态处置的规定。

【条文解读】

　　根据本条规范，在发生特别重大突发事件时，也即对人民生命财产安全、国家安全、公共安全、生态环境安全或者社会秩序五大安全要素构成重大威胁，无法通过有关法律、法规、规章予以有效应对时，全国人大常委会或国务院可根据宪法和相关法律规定的权限和程序决定进入紧急状态并采取非常措施，这包括：（1）由谁以及如何决定和宣布进入紧急状态；（2）进入紧急状态后采取何种措施加以应对——当然是采取非常措施；（3）需要采取的非常措施的法律依据既包括存量法律规范（依照有关法律规定执行的部分），还包括增量法律规范及其来源（由全国人大常委会通过紧急立法另行规定的部分）。关于特别重大突发事件与紧急状态处置的相关内容，仍保留了原法律第六十九条规定的紧急状态法律规范，即在新法第一百零三条专门授权予以概括调整，并予以紧急立法授权。这次修法，本条的改动有一处，即在第四个安全要素——"环境安全"中增加了"生态"二字，修改为"生态环境安全"，这更加符合总体国家安全、大安全观的要求。本条虽仅有两款，但对于我国紧急状态法治最基本要素，即适用条件、进入权限和程序、非常措施及其来源依据等作出了规定，可视为集中概括授权的紧急状态法律规范专门条款。

宪法第六十七条规定："全国人民代表大会常务委员会行使下列职权……（二十一）决定全国或者个别省、自治区、直辖市进入紧急状态……"第八十九条规定："国务院行使下列职权……（十六）依照法律规定决定省、自治区、直辖市的范围内部分地区进入紧急状态……"戒严法第二条规定："在发生严重危及国家的统一、安全或者社会公共安全的动乱、暴乱或者严重骚乱，不采取非常措施不足以维护社会秩序、保护人民的生命和财产安全的紧急状态时，国家可以决定实行戒严。"第三条规定："全国或者个别省、自治区、直辖市的戒严，由国务院提请全国人民代表大会常务委员会决定；中华人民共和国主席根据全国人民代表大会常务委员会的决定，发布戒严令。省、自治区、直辖市的范围内部分地区的戒严，由国务院决定，国务院总理发布戒严令。"关于紧急状态与戒严的关系问题。2004年宪法修正案以"紧急状态"替代"戒严"，且修正案草案说明中明确表示"紧急状态"包括"戒严"但不限于"戒严"。[①] 治安管理处罚法第五十条规定："有下列行为之一的，处警告或者二百元以下罚款；情节严重的，处五日以上十日以下拘留，可以并处五百元以下罚款：（一）拒不执行人民政府在紧急状态情况下依法发布的决定、命令的……"

【适用指南】

本条对于我国紧急状态法治最基本要素作出了集中规定，应当将其作

---

① 王兆国：《关于〈中华人民共和国宪法修正案（草案）〉的说明》，http://www.npc.gov.cn/zgrdw/npc/xinwen/lfgz/flca/2004-03/15/content_329508.htm，最后访问时间：2024年7月15日。

为我国紧急状态处置的概括授权法律规范加以完整理解和正确适用。

【关联规范】

《中华人民共和国戒严法》第二条、第三条；《中华人民共和国国家安全法》第三十五条至第三十七条；《中华人民共和国治安管理处罚法》第五十条。

> **第一百零四条 【域外突发事件风险应对】** 中华人民共和国领域外发生突发事件，造成或者可能造成中华人民共和国公民、法人和其他组织人身伤亡、财产损失的，由国务院外交部门会同国务院其他有关部门、有关地方人民政府，按照国家有关规定做好应对工作。

【条文主旨】

本条是关于域外突发事件伤害风险防控和政府有关部门协同应对工作机制的规定。

【条文解读】

这是本次修订的新增条款，规定了域外发生突发事件造成行政相对人人身财产伤害风险时如何有效防控，我国有关政府部门如何协同应对做好防控保护工作。本条可从四个方面加以认识：

其一，域外突发事件风险。本条首先规定了在域外发生突发事件，会造成或者可能造成中华人民共和国公民、法人和其他组织人身伤亡、财产损失的风险的，就需要发挥行政应急职能予以介入。

其二，伤害保护主要对象，包括主体对象和内容对象。一是主体对象，是指中华人民共和国公民、法人和其他组织，也即行政法学常指称的行政相对人；二是内容对象，是指人身伤亡、财产损失，也即保护人身权、财产权不受伤害。

其三，协同应对工作机制。本条规定，域外发生突发事件造成伤害风险，由国务院外交部门会同国务院其他有关部门、有关地方人民政府，一起来做好应对工作，保护行政相对人的人身权和财产权。

其四，依法依规开展工作。域外发生突发事件造成行政相对人的人身财产伤害风险时，当然要依法展开应对工作；但是，突发事件应对工作的应急行为依据非常广泛，当然可以按照包括法律规定在内的国家有关规定来展开应对工作，旨在更有效地保护行政相对人的人身权和财产权。

【适用指南】

域外发生突发事件造成行政相对人的人身财产伤害风险时由有关政府部门协同应对有效做好保护工作，这是完整认识和正确适用本条的重点。

【关联规范】

《中华人民共和国对外贸易法》第三十七条、第四十条、第四十五条、第四十六条；《中华人民共和国国家安全法》第八十条、第八十一条。

第一百零五条 【境内的涉外突发事件应对】 在中华人民共和国境内的外国人、无国籍人应当遵守本法，服从所在地人民政府及其有关部门依法发布的决定、命令，并配合其依法采取的措施。

【条文主旨】

本条是关于突发事件中外国人、无国籍人须履行配合义务的规定。

【条文解读】

本条为此次修订新增条款，规定了在突发事件中，在我国境内的外国人、无国籍人作为自然人，应当遵守我国相关法律规定，并服从依法发布的决定、命令，积极配合相关措施，共同维护自己与他人的合法权益。

我国境内的外国人、无国籍人的合法权益和利益受法律保护，我国境内的外国人、无国籍人也应当遵守中国法律，不得危害中国国家安全、损害社会公共利益、破坏社会公共秩序。出境入境管理法第三条第二款规定："在中国境内的外国人的合法权益受法律保护。在中国境内的外国人应当遵守中国法律，不得危害中国国家安全、损害社会公共利益、破坏社会公共秩序。"

外国人、无国籍人在中国境内期间应及时办理居留、住宿登记，并自觉接受公安机关证件查验。出境入境管理法第三十八条规定："年满十六周岁的外国人在中国境内停留居留，应当随身携带本人的护照或者其他国际旅行证件，或者外国人停留居留证件，接受公安机关的查验。在中国境内居留的外国人，应当在规定的时间内到居留地县级以上地方人民政府公安机关交验外国人居留证件。"第三十九条规定："外国人在中国境内旅馆住宿的，旅馆应当按照旅馆业治安管理的有关规定为其办理住宿登记，并向所在地公安机关报送外国人住宿登记信息。外国人在旅馆以外的其他住所居住或者住宿的，应当在入住后二十四小时内由本人或者留宿人，向居住地的公安机关办理登记。"

在突发事件期间，我国境内的外国人、无国籍人如拒绝执行相关措施，将承担相应的法律责任，受到警告、罚款、拘留等处罚，构成犯罪的，依法追究刑事责任。治安管理处罚法第二十五条规定："有下列行为之一的，处五日以上十日以下拘留，可以并处五百元以下罚款；情节较轻的，处五日以下拘留或者五百元以下罚款：（一）散布谣言，谎报险情、疫情、警情或者以其他方法故意扰乱公共秩序的；（二）投放虚假的爆炸性、毒害性、放射性、腐蚀性物质或者传染病病原体等危险物质扰乱公共秩序的；（三）扬言实施放火、爆炸、投放危险物质扰乱公共秩序的。"刑法第三百三十条规定："违反传染病防治法的规定，有下列情形之一，引起甲类传染病以及依法确定采取甲类传染病预防、控制措施的传染病传播或者有传播严重危险的，处三年以下有期徒刑或者拘役；后果特别严重的，处三年以上七年以下有期徒刑……（五）拒绝执行县级以上人民政府、疾病预防控制机构依照传染病防治法提出的预防、控制措施的……"

对违反我国法律法规的外国人、无国籍人，公安机关将视其违法情形依法作出宣布证件作废、注销或收缴证件、限期出境、遣送出境、驱逐出境等决定。出境入境管理法第六十二条规定："外国人有下列情形之一的，可以遣送出境：（一）被处限期出境，未在规定期限内离境的；（二）有不准入境情形的；（三）非法居留、非法就业的；（四）违反本法或者其他法律、行政法规需要遣送出境的。其他境外人员有前款所列情形之一的，可以依法遣送出境。被遣送出境的人员，自被遣送出境之日起一至五年内不准入境。"第六十七条规定："签证、外国人停留居留证件等出境入境证件发生损毁、遗失、被盗抢或者签发后发现持证人不符合签发条件等情形的，由签发机关宣布该出境入境证件作废。伪造、变造、骗取或者被证件签发机关宣布作废的出境入境证件无效。公安机关可以对前款规定的或被他人冒用的出境入境证件予以注销或者收缴。"

【适用指南】

在行政相对人的多种类型人员中，外国人、无国籍人是比较特殊的类型，特别是在我国既往的立法和行政立法中，往往没有设计专门条款对于外国人、无国籍人的守法义务和配合义务作出专门规定，易于导致对治理对象的立法疏漏和理解偏差。因此，本法实施过程和境内突发事件应对工作中，应当注重外国人、无国籍人履行配合义务这个疑难问题的深入认识和妥善解决。

【关联规范】

《中华人民共和国出境入境管理法》第三条至第五条、第三十八条、第三十九条、第六十二条、第六十七条；《中华人民共和国刑法》第一百一十四条、第一百一十五条、第三百三十条、第三百三十二条；《中华人民共和国治安管理处罚法》第二十五条；《中华人民共和国国境卫生检疫法》第十二条；《中华人民共和国传染病防治法》第十二条、第七十七条；《突发公共卫生事件应急条例》第四十四条。

第一百零六条　【施行日期】本法自 2024 年 11 月 1 日起施行。

【条文主旨】

本条是关于法律实施时间的规定。

【条文解读】

法律文本通过后予以公布，需要明确规定施行起始日期，一般是规定择期开始施行，特殊和紧急立法也可从通过公布之日起施行，这在立法法上有明确规定，施行起始日期的规定有利于法律文本实施的规范化。本法于 2024 年 6 月 28 日修订通过并公布，自 2024 年 11 月 1 日起施行。

【适用指南】

各地方、各部门和各组织机构必须注重做好实施准备工作,为修订后的本法实施创造条件。

【关联规范】

《中华人民共和国立法法》第六十一条、第六十二条。

附　录

中华人民共和国突发事件应对法

（2007年8月30日第十届全国人民代表大会常务委员会第二十九次会议通过　2024年6月28日第十四届全国人民代表大会常务委员会第十次会议修订　2024年6月28日中华人民共和国主席令第25号公布　自2024年11月1日起施行）

目　录

第一章　总　则
第二章　管理与指挥体制
第三章　预防与应急准备
第四章　监测与预警
第五章　应急处置与救援
第六章　事后恢复与重建
第七章　法律责任
第八章　附　则

第一章　总　则

第一条　为了预防和减少突发事件的发生，控制、减轻和消除突发事件引起的严重社会危害，提高突发事件预防和应对能力，规范突发事件应对活动，保护人民生命财产安全，维护国家安全、公共安全、生态环境安全和社会秩序，根据宪法，制定本法。

第二条　本法所称突发事件，是指突然发生，造成或者可能造成严重社会危害，需要采取应急处置措施予以应对的自然灾害、事故灾难、公共卫生事件和社会安全事件。

突发事件的预防与应急准备、监测与预警、应急处置与救援、事后恢复与重建等应对活动，适用本法。

《中华人民共和国传染病防治法》等有关法律对突发公共卫生事件应对作出规定的，适用其规定。有关法律没有规定的，适用本法。

第三条　按照社会危害程度、影响范围等因素，突发自然灾害、事故灾难、公共卫生事件分为特别重大、重大、较大和一般四级。法律、行政法规或者国务院另有规定的，从其规定。

突发事件的分级标准由国务院或者国务院确定的部门制定。

第四条 突发事件应对工作坚持中国共产党的领导，坚持以马克思列宁主义、毛泽东思想、邓小平理论、"三个代表"重要思想、科学发展观、习近平新时代中国特色社会主义思想为指导，建立健全集中统一、高效权威的中国特色突发事件应对工作领导体制，完善党委领导、政府负责、部门联动、军地联合、社会协同、公众参与、科技支撑、法治保障的治理体系。

第五条 突发事件应对工作应当坚持总体国家安全观，统筹发展与安全；坚持人民至上、生命至上；坚持依法科学应对，尊重和保障人权；坚持预防为主、预防与应急相结合。

第六条 国家建立有效的社会动员机制，组织动员企业事业单位、社会组织、志愿者等各方力量依法有序参与突发事件应对工作，增强全民的公共安全和防范风险的意识，提高全社会的避险救助能力。

第七条 国家建立健全突发事件信息发布制度。有关人民政府和部门应当及时向社会公布突发事件相关信息和有关突发事件应对的决定、命令、措施等信息。

任何单位和个人不得编造、故意传播有关突发事件的虚假信息。有关人民政府和部门发现影响或者可能影响社会稳定、扰乱社会和经济管理秩序的虚假或者不完整信息的，应当及时发布准确的信息予以澄清。

第八条 国家建立健全突发事件新闻采访报道制度。有关人民政府和部门应当做好新闻媒体服务引导工作，支持新闻媒体开展采访报道和舆论监督。

新闻媒体采访报道突发事件应当及时、准确、客观、公正。

新闻媒体应当开展突发事件应对法律法规、预防与应急、自救与互救知识等的公益宣传。

第九条 国家建立突发事件应对工作投诉、举报制度，公布统一的投诉、举报方式。

对于不履行或者不正确履行突发事件应对工作职责的行为，任何单位和个人有权向有关人民政府和部门投诉、举报。

接到投诉、举报的人民政府和部门应当依照规定立即组织调查处理，并将调查处理结果以适当方式告知投诉人、举报人；投诉、举报事项不属于其职责的，应当及时移送有关机关处理。

有关人民政府和部门对投诉人、举报人的相关信息应当予以保密，保护投诉人、举报人的合法权益。

第十条 突发事件应对措施应当与突发事件可能造成的社会危害的性质、

程度和范围相适应；有多种措施可供选择的，应当选择有利于最大程度地保护公民、法人和其他组织权益，且对他人权益损害和生态环境影响较小的措施，并根据情况变化及时调整，做到科学、精准、有效。

第十一条 国家在突发事件应对工作中，应当对未成年人、老年人、残疾人、孕产期和哺乳期的妇女、需要及时就医的伤病人员等群体给予特殊、优先保护。

第十二条 县级以上人民政府及其部门为应对突发事件的紧急需要，可以征用单位和个人的设备、设施、场地、交通工具等财产。被征用的财产在使用完毕或者突发事件应急处置工作结束后，应当及时返还。财产被征用或者征用后毁损、灭失的，应当给予公平、合理的补偿。

第十三条 因依法采取突发事件应对措施，致使诉讼、监察调查、行政复议、仲裁、国家赔偿等活动不能正常进行的，适用有关时效中止和程序中止的规定，法律另有规定的除外。

第十四条 中华人民共和国政府在突发事件的预防与应急准备、监测与预警、应急处置与救援、事后恢复与重建等方面，同外国政府和有关国际组织开展合作与交流。

第十五条 对在突发事件应对工作中做出突出贡献的单位和个人，按照国家有关规定给予表彰、奖励。

第二章 管理与指挥体制

第十六条 国家建立统一指挥、专常兼备、反应灵敏、上下联动的应急管理体制和综合协调、分类管理、分级负责、属地管理为主的工作体系。

第十七条 县级人民政府对本行政区域内突发事件的应对管理工作负责。突发事件发生后，发生地县级人民政府应当立即采取措施控制事态发展，组织开展应急救援和处置工作，并立即向上一级人民政府报告，必要时可以越级上报，具备条件的，应当进行网络直报或者自动速报。

突发事件发生地县级人民政府不能消除或者不能有效控制突发事件引起的严重社会危害的，应当及时向上级人民政府报告。上级人民政府应当及时采取措施，统一领导应急处置工作。

法律、行政法规规定由国务院有关部门对突发事件应对管理工作负责的，从其规定；地方人民政府应当积极配合并提供必要的支持。

第十八条 突发事件涉及两个以上行政区域的，其应对管理工作由有关行政区域共同的上一级人民政府负责，或者由各有关行政区域的上一级人民政府共同负责。共同负责的人民政府应当按照国家有关规定，建立信息共享和协调配合机制。根据共同应对突发事件的需要，地方人民政府之间可以建立协同应对机制。

第十九条 县级以上人民政府是突发事件应对管理工作的行政领导机关。

国务院在总理领导下研究、决定和部署特别重大突发事件的应对工作；根据实际需要，设立国家突发事件应急指挥机构，负责突发事件应对工作；必要时，国务院可以派出工作组指导有关工作。

县级以上地方人民政府设立由本级人民政府主要负责人、相关部门负责人、国家综合性消防救援队伍和驻当地中国人民解放军、中国人民武装警察部队有关负责人等组成的突发事件应急指挥机构，统一领导、协调本级人民政府各有关部门和下级人民政府开展突发事件应对工作；根据实际需要，设立相关类别突发事件应急指挥机构，组织、协调、指挥突发事件应对工作。

第二十条 突发事件应急指挥机构在突发事件应对过程中可以依法发布有关突发事件应对的决定、命令、措施。突发事件应急指挥机构发布的决定、命令、措施与设立它的人民政府发布的决定、命令、措施具有同等效力，法律责任由设立它的人民政府承担。

第二十一条 县级以上人民政府应急管理部门和卫生健康、公安等有关部门应当在各自职责范围内做好有关突发事件应对管理工作，并指导、协助下级人民政府及其相应部门做好有关突发事件的应对管理工作。

第二十二条 乡级人民政府、街道办事处应当明确专门工作力量，负责突发事件应对有关工作。

居民委员会、村民委员会依法协助人民政府和有关部门做好突发事件应对工作。

第二十三条 公民、法人和其他组织有义务参与突发事件应对工作。

第二十四条 中国人民解放军、中国人民武装警察部队和民兵组织依照本法和其他有关法律、行政法规、军事法规的规定以及国务院、中央军事委员会的命令，参加突发事件的应急救援和处置工作。

第二十五条 县级以上人民政府及其设立的突发事件应急指挥机构发布的有关突发事件应对的决定、命令、措施，应当及时报本级人民代表大会常务委员会备案；突发事件应急处置工作结束后，应当向本级人民代表大会常务委员会作出专项工作报告。

第三章 预防与应急准备

第二十六条 国家建立健全突发事件应急预案体系。

国务院制定国家突发事件总体应急预案，组织制定国家突发事件专项应急预案；国务院有关部门根据各自的职责和国务院相关应急预案，制定国家突发事件部门应急预案并报国务院备案。

地方各级人民政府和县级以上地方人民政府有关部门根据有关法律、法规、规章、上级人民政府及其有关部门的应急预案以及本地区、本部门的实际情况，制定相应的突发事件应急预案并按国务院有关规定备案。

第二十七条 县级以上人民政府应急管理部门指导突发事件应急预案体系建设，综合协调应急预案衔接工作，增强有关应急预案的衔接性和实效性。

第二十八条 应急预案应当根据本法和其他有关法律、法规的规定，针对突发事件的性质、特点和可能造成的社会危害，具体规定突发事件应对管理工作的组织指挥体系与职责和突发事件的预防与预警机制、处置程序、应急保障措施以及事后恢复与重建措施等内容。

应急预案制定机关应当广泛听取有关部门、单位、专家和社会各方面意见，增强应急预案的针对性和可操作性，并根据实际需要、情势变化、应急演练中发现的问题等及时对应急预案作出修订。

应急预案的制定、修订、备案等工作程序和管理办法由国务院规定。

第二十九条 县级以上人民政府应当将突发事件应对工作纳入国民经济和社会发展规划。县级以上人民政府有关部门应当制定突发事件应急体系建设规划。

第三十条 国土空间规划等规划应当符合预防、处置突发事件的需要，统筹安排突发事件应对工作所必需的设备和基础设施建设，合理确定应急避难、封闭隔离、紧急医疗救治等场所，实现日常使用和应急使用的相互转换。

第三十一条 国务院应急管理部门会同卫生健康、自然资源、住房城乡建设等部门统筹、指导全国应急避难场所的建设和管理工作，建立健全应急避难场所标准体系。县级以上地方人民政府负责本行政区域内应急避难场所的规划、建设和管理工作。

第三十二条 国家建立健全突发事件风险评估体系，对可能发生的突发事件进行综合性评估，有针对性地采取有效防范措施，减少突发事件的发生，最大限度减轻突发事件的影响。

第三十三条 县级人民政府应当对本行政区域内容易引发自然灾害、事故灾难和公共卫生事件的危险源、危险区域进行调查、登记、风险评估，定期进行检查、监控，并责令有关单位采取安全防范措施。

省级和设区的市级人民政府应当对本行政区域内容易引发特别重大、重大突发事件的危险源、危险区域进行调查、登记、风险评估，组织进行检查、监控，并责令有关单位采取安全防范措施。

县级以上地方人民政府应当根据情况变化，及时调整危险源、危险区域的登记。登记的危险源、危险区域及其基础信息，应当按照国家有关规定接入突发事件信息系统，并及时向社会公布。

第三十四条 县级人民政府及其有关部门、乡级人民政府、街道办事处、居民委员会、村民委员会应当及时调解处理可能引发社会安全事件的矛盾纠纷。

第三十五条 所有单位应当建立健全安全管理制度，定期开展危险源辨识评估，制定安全防范措施；定期检查本单位各项安全防范措施的落实情况，及时消除事故隐患；掌握并及时处理本单位存在的可能引发社会安全事件的问题，防止矛盾激化和事态扩大；对本单位可能发生的突发事件和采取安全防范措施的情况，应当按照规定及时向所在地人民政府或者有关部门报告。

第三十六条 矿山、金属冶炼、建筑施工单位和易燃易爆物品、危险化学品、放射性物品等危险物品的生产、经营、运输、储存、使用单位，应当制定具体应急预案，配备必要的应急救援器材、设备和物资，并对生产经营场所、有危险物品的建筑物、构筑物及周边环境开展隐患排查，及时采取措施管控风险和消除隐患，防止发生突发事件。

第三十七条 公共交通工具、公共场所和其他人员密集场所的经营单位或者管理单位应当制定具体应急预案，为交通工具和有关场所配备报警装置和必要的应急救援设备、设施，注明其使用方法，并显著标明安全撤离的通道、路线，保证安全通道、出口的畅通。

有关单位应当定期检测、维护其报警装置和应急救援设备、设施，使其处于良好状态，确保正常使用。

第三十八条 县级以上人民政府应当建立健全突发事件应对管理培训制度，对人民政府及其有关部门负有突发事件应对管理职责的工作人员以及居民委员会、村民委员会有关人员定期进行培训。

第三十九条 国家综合性消防救援队伍是应急救援的综合性常备骨干力量，按照国家有关规定执行综合应急救援任务。县级以上人民政府有关部门可以根据实际需要设立专业应急救援队伍。

县级以上人民政府及其有关部门可以建立由成年志愿者组成的应急救援队伍。乡级人民政府、街道办事处和有条件的居民委员会、村民委员会可以建立基层应急救援队伍，及时、就近开展应急救援。单位应当建立由本单位职工组成的专职或者兼职应急救援队伍。

国家鼓励和支持社会力量建立提供社会化应急救援服务的应急救援队伍。社会力量建立的应急救援队伍参与突发事件应对工作应当服从履行统一领导职责或者组织处置突发事件的人民政府、突发事件应急指挥机构的统一指挥。

县级以上人民政府应当推动专业应急救援队伍与非专业应急救援队伍联合

培训、联合演练，提高合成应急、协同应急的能力。

第四十条 地方各级人民政府、县级以上人民政府有关部门、有关单位应当为其组建的应急救援队伍购买人身意外伤害保险，配备必要的防护装备和器材，防范和减少应急救援人员的人身伤害风险。

专业应急救援人员应当具备相应的身体条件、专业技能和心理素质，取得国家规定的应急救援职业资格，具体办法由国务院应急管理部门会同国务院有关部门制定。

第四十一条 中国人民解放军、中国人民武装警察部队和民兵组织应当有计划地组织开展应急救援的专门训练。

第四十二条 县级人民政府及其有关部门、乡级人民政府、街道办事处应当组织开展面向社会公众的应急知识宣传普及活动和必要的应急演练。

居民委员会、村民委员会、企业事业单位、社会组织应当根据所在地人民政府的要求，结合各自的实际情况，开展面向居民、村民、职工等的应急知识宣传普及活动和必要的应急演练。

第四十三条 各级各类学校应当把应急教育纳入教育教学计划，对学生及教职工开展应急知识教育和应急演练，培养安全意识，提高自救与互救能力。

教育主管部门应当对学校开展应急教育进行指导和监督，应急管理等部门应当给予支持。

第四十四条 各级人民政府应当将突发事件应对工作所需经费纳入本级预算，并加强资金管理，提高资金使用绩效。

第四十五条 国家按照集中管理、统一调拨、平时服务、灾时应急、采储结合、节约高效的原则，建立健全应急物资储备保障制度，动态更新应急物资储备品种目录，完善重要应急物资的监管、生产、采购、储备、调拨和紧急配送体系，促进安全应急产业发展，优化产业布局。

国家储备物资品种目录、总体发展规划，由国务院发展改革部门会同国务院有关部门拟订。国务院应急管理等部门依据职责制定应急物资储备规划、品种目录，并组织实施。应急物资储备规划应当纳入国家储备总体发展规划。

第四十六条 设区的市级以上人民政府和突发事件易发、多发地区的县级人民政府应当建立应急救援物资、生活必需品和应急处置装备的储备保障制度。

县级以上地方人民政府应当根据本地区的实际情况和突发事件应对工作的需要，依法与有条件的企业签订协议，保障应急救援物资、生活必需品和应急处置装备的生产、供给。有关企业应当根据协议，按照县级以上地方人民政府要求，进行应急救援物资、生活必需品和应急处置装备的生产、供给，并确保符合国家有关产品质量的标准和要求。

国家鼓励公民、法人和其他组织储备基本的应急自救物资和生活必需品。有关部门可以向社会公布相关物资、物品的储备指南和建议清单。

第四十七条 国家建立健全应急运输保障体系，统筹铁路、公路、水运、民航、邮政、快递等运输和服务方式，制定应急运输保障方案，保障应急物资、装备和人员及时运输。

县级以上地方人民政府和有关主管部门应当根据国家应急运输保障方案，结合本地区实际做好应急调度和运力保障，确保运输通道和客货运枢纽畅通。

国家发挥社会力量在应急运输保障中的积极作用。社会力量参与突发事件应急运输保障，应当服从突发事件应急指挥机构的统一指挥。

第四十八条 国家建立健全能源应急保障体系，提高能源安全保障能力，确保受突发事件影响地区的能源供应。

第四十九条 国家建立健全应急通信、应急广播保障体系，加强应急通信系统、应急广播系统建设，确保突发事件应对工作的通信、广播安全畅通。

第五十条 国家建立健全突发事件卫生应急体系，组织开展突发事件中的医疗救治、卫生学调查处置和心理援助等卫生应急工作，有效控制和消除危害。

第五十一条 县级以上人民政府应当加强急救医疗服务网络的建设，配备相应的医疗救治物资、设施设备和人员，提高医疗卫生机构应对各类突发事件的救治能力。

第五十二条 国家鼓励公民、法人和其他组织为突发事件应对工作提供物资、资金、技术支持和捐赠。

接受捐赠的单位应当及时公开接受捐赠的情况和受赠财产的使用、管理情况，接受社会监督。

第五十三条 红十字会在突发事件中，应当对伤病人员和其他受害者提供紧急救援和人道救助，并协助人民政府开展与其职责相关的其他人道主义服务活动。有关人民政府应当给予红十字会支持和资助，保障其依法参与应对突发事件。

慈善组织在发生重大突发事件时开展募捐和救助活动，应当在有关人民政府的统筹协调、有序引导下依法进行。有关人民政府应当通过提供必要的需求信息、政府购买服务等方式，对慈善组织参与应对突发事件、开展应急慈善活动予以支持。

第五十四条 有关单位应当加强应急救援资金、物资的管理，提高使用效率。

任何单位和个人不得截留、挪用、私分或者变相私分应急救援资金、物资。

第五十五条 国家发展保险事业，建立政府支持、社会力量参与、市场化运作的巨灾风险保险体系，并鼓励单位和个人参加保险。

第五十六条 国家加强应急管理基础科学、重点行业领域关键核心技术的研究，加强互联网、云计算、大数据、人工智能等现代技术手段在突发事件应对工作中的应用，鼓励、扶持有条件的教学科研机构、企业培养应急管理人才和科技人才，研发、推广新技术、新材料、新设备和新工具，提高突发事件应对能力。

第五十七条 县级以上人民政府及其有关部门应当建立健全突发事件专家咨询论证制度，发挥专业人员在突发事件应对工作中的作用。

第四章 监测与预警

第五十八条 国家建立健全突发事件监测制度。

县级以上人民政府及其有关部门应当根据自然灾害、事故灾难和公共卫生事件的种类和特点，建立健全基础信息数据库，完善监测网络，划分监测区域，确定监测点，明确监测项目，提供必要的设备、设施，配备专职或者兼职人员，对可能发生的突发事件进行监测。

第五十九条 国务院建立全国统一的突发事件信息系统。

县级以上地方人民政府应当建立或者确定本地区统一的突发事件信息系统，汇集、储存、分析、传输有关突发事件的信息，并与上级人民政府及其有关部门、下级人民政府及其有关部门、专业机构、监测网点和重点企业的突发事件信息系统实现互联互通，加强跨部门、跨地区的信息共享与情报合作。

第六十条 县级以上人民政府及其有关部门、专业机构应当通过多种途径收集突发事件信息。

县级人民政府应当在居民委员会、村民委员会和有关单位建立专职或者兼职信息报告员制度。

公民、法人或者其他组织发现发生突发事件，或者发现可能发生突发事件的异常情况，应当立即向所在地人民政府、有关主管部门或者指定的专业机构报告。接到报告的单位应当按照规定立即核实处理，对于不属于其职责的，应当立即移送相关单位核实处理。

第六十一条 地方各级人民政府应当按照国家有关规定向上级人民政府报送突发事件信息。县级以上人民政府有关主管部门应当向本级人民政府相关部门通报突发事件信息，并报告上级人民政府主管部门。专业机构、监测网点和信息报告员应当及时向所在地人民政府及其有关主管部门报告突发事件信息。

有关单位和人员报送、报告突发事件信息，应当做到及时、客观、真实，不得迟报、谎报、瞒报、漏报，不得授意他人迟报、谎报、瞒报，不得阻碍他人报告。

第六十二条 县级以上地方人民政府应当及时汇总分析突发事件隐患和监测信息，必要时组织相关部门、专业技术人员、专家学者进行会商，对发生突发事件的可能性及其可能造成的影响进行评估；认为可能发生重大或者特别重大突发事件的，应当立即向上级人民政府报告，并向上级人民政府有关部门、当地驻军和可能受到危害的毗邻或者相关地区的人民政府通报，及时采取预防措施。

第六十三条 国家建立健全突发事件预警制度。

可以预警的自然灾害、事故灾难和公共卫生事件的预警级别，按照突发事件发生的紧急程度、发展势态和可能造成的危害程度分为一级、二级、三级和四级，分别用红色、橙色、黄色和蓝色标示，一级为最高级别。

预警级别的划分标准由国务院或者国务院确定的部门制定。

第六十四条 可以预警的自然灾害、事故灾难或者公共卫生事件即将发生或者发生的可能性增大时，县级以上地方人民政府应当根据有关法律、行政法规和国务院规定的权限和程序，发布相应级别的警报，决定并宣布有关地区进入预警期，同时向上一级人民政府报告，必要时可以越级上报；具备条件的，应当进行网络直报或者自动速报；同时向当地驻军和可能受到危害的毗邻或者相关地区的人民政府通报。

发布警报应当明确预警类别、级别、起始时间、可能影响的范围、警示事项、应当采取的措施、发布单位和发布时间等。

第六十五条 国家建立健全突发事件预警发布平台，按照有关规定及时、准确向社会发布突发事件预警信息。

广播、电视、报刊以及网络服务提供者、电信运营商应当按照国家有关规定，建立突发事件预警信息快速发布通道，及时、准确、无偿播发或者刊载突发事件预警信息。

公共场所和其他人员密集场所，应当指定专门人员负责突发事件预警信息接收和传播工作，做好相关设备、设施维护，确保突发事件预警信息及时、准确接收和传播。

第六十六条 发布三级、四级警报，宣布进入预警期后，县级以上地方人民政府应当根据即将发生的突发事件的特点和可能造成的危害，采取下列措施：

（一）启动应急预案；

（二）责令有关部门、专业机构、监测网点和负有特定职责的人员及时收集、报告有关信息，向社会公布反映突发事件信息的渠道，加强对突发事件发生、发展情况的监测、预报和预警工作；

（三）组织有关部门和机构、专业技术人员、有关专家学者，随时对突发事件信息进行分析评估，预测发生突发事件可能性的大小、影响范围和强度以及可能发生的突发事件的级别；

（四）定时向社会发布与公众有关的突发事件预测信息和分析评估结果，并对相关信息的报道工作进行管理；

（五）及时按照有关规定向社会发布可能受到突发事件危害的警告，宣传避免、减轻危害的常识，公布咨询或者求助电话等联络方式和渠道。

第六十七条　发布一级、二级警报，宣布进入预警期后，县级以上地方人民政府除采取本法第六十六条规定的措施外，还应当针对即将发生的突发事件的特点和可能造成的危害，采取下列一项或者多项措施：

（一）责令应急救援队伍、负有特定职责的人员进入待命状态，并动员后备人员做好参加应急救援和处置工作的准备；

（二）调集应急救援所需物资、设备、工具，准备应急设施和应急避难、封闭隔离、紧急医疗救治等场所，并确保其处于良好状态、随时可以投入正常使用；

（三）加强对重点单位、重要部位和重要基础设施的安全保卫，维护社会治安秩序；

（四）采取必要措施，确保交通、通信、供水、排水、供电、供气、供热、医疗卫生、广播电视、气象等公共设施的安全和正常运行；

（五）及时向社会发布有关采取特定措施避免或者减轻危害的建议、劝告；

（六）转移、疏散或者撤离易受突发事件危害的人员并予以妥善安置，转移重要财产；

（七）关闭或者限制使用易受突发事件危害的场所，控制或者限制容易导致危害扩大的公共场所的活动；

（八）法律、法规、规章规定的其他必要的防范性、保护性措施。

第六十八条　发布警报，宣布进入预警期后，县级以上人民政府应当对重要商品和服务市场情况加强监测，根据实际需要及时保障供应、稳定市场。必要时，国务院和省、自治区、直辖市人民政府可以按照《中华人民共和国价格法》等有关法律规定采取相应措施。

第六十九条　对即将发生或者已经发生的社会安全事件，县级以上地方人民政府及其有关主管部门应当按照规定向上一级人民政府及其有关主管部门报告，必要时可以越级上报，具备条件的，应当进行网络直报或者自动速报。

第七十条　发布突发事件警报的人民政府应当根据事态的发展，按照有关规定适时调整预警级别并重新发布。

有事实证明不可能发生突发事件或者危险已经解除的，发布警报的人民政府应当立即宣布解除警报，终止预警期，并解除已经采取的有关措施。

第五章　应急处置与救援

第七十一条　国家建立健全突发事件应急响应制度。

突发事件的应急响应级别，按照突发事件的性质、特点、可能造成的危害程度和影响范围等因素分为一级、二级、三级和四级，一级为最高级别。

突发事件应急响应级别划分标准由国务院或者国务院确定的部门制定。县级以上人民政府及其有关部门应当在突发事件应急预案中确定应急响应级别。

第七十二条　突发事件发生后，履行统一领导职责或者组织处置突发事件的人民政府应当针对其性质、特点、危害程度和影响范围等，立即启动应急响应，组织有关部门，调动应急救援队伍和社会力量，依照法律、法规、规章和应急预案的规定，采取应急处置措施，并向上级人民政府报告；必要时，可以设立现场指挥部，负责现场应急处置与救援，统一指挥进入突发事件现场的单位和个人。

启动应急响应，应当明确响应事项、级别、预计期限、应急处置措施等。

履行统一领导职责或者组织处置突发事件的人民政府，应当建立协调机制，提供需求信息，引导志愿服务组织和志愿者等社会力量及时有序参与应急处置与救援工作。

第七十三条　自然灾害、事故灾难或者公共卫生事件发生后，履行统一领导职责的人民政府应当采取下列一项或者多项应急处置措施：

（一）组织营救和救治受害人员，转移、疏散、撤离并妥善安置受到威胁的人员以及采取其他救助措施；

（二）迅速控制危险源，标明危险区域，封锁危险场所，划定警戒区，实行交通管制、限制人员流动、封闭管理以及其他控制措施；

（三）立即抢修被损坏的交通、通信、供水、排水、供电、供气、供热、医疗卫生、广播电视、气象等公共设施，向受到危害的人员提供避难场所和生活必需品，实施医疗救护和卫生防疫以及其他保障措施；

（四）禁止或者限制使用有关设备、设施，关闭或者限制使用有关场所，中止人员密集的活动或者可能导致危害扩大的生产经营活动以及采取其他保护措施；

（五）启用本级人民政府设置的财政预备费和储备的应急救援物资，必要时调用其他急需物资、设备、设施、工具；

（六）组织公民、法人和其他组织参加应急救援和处置工作，要求具有特定专长的人员提供服务；

（七）保障食品、饮用水、药品、燃料等基本生活必需品的供应；

（八）依法从严惩处囤积居奇、哄抬价格、牟取暴利、制假售假等扰乱市场秩序的行为，维护市场秩序；

（九）依法从严惩处哄抢财物、干扰破坏应急处置工作等扰乱社会秩序的行为，维护社会治安；

（十）开展生态环境应急监测，保护集中式饮用水水源地等环境敏感目标，控制和处置污染物；

（十一）采取防止发生次生、衍生事件的必要措施。

第七十四条 社会安全事件发生后，组织处置工作的人民政府应当立即启动应急响应，组织有关部门针对事件的性质和特点，依照有关法律、行政法规和国家其他有关规定，采取下列一项或者多项应急处置措施：

（一）强制隔离使用器械相互对抗或者以暴力行为参与冲突的当事人，妥善解决现场纠纷和争端，控制事态发展；

（二）对特定区域内的建筑物、交通工具、设备、设施以及燃料、燃气、电力、水的供应进行控制；

（三）封锁有关场所、道路，查验现场人员的身份证件，限制有关公共场所内的活动；

（四）加强对易受冲击的核心机关和单位的警卫，在国家机关、军事机关、国家通讯社、广播电台、电视台、外国驻华使领馆等单位附近设置临时警戒线；

（五）法律、行政法规和国务院规定的其他必要措施。

第七十五条 发生突发事件，严重影响国民经济正常运行时，国务院或者国务院授权的有关主管部门可以采取保障、控制等必要的应急措施，保障人民群众的基本生活需要，最大限度地减轻突发事件的影响。

第七十六条 履行统一领导职责或者组织处置突发事件的人民政府及其有关部门，必要时可以向单位和个人征用应急救援所需设备、设施、场地、交通工具和其他物资，请求其他地方人民政府及其有关部门提供人力、物力、财力或者技术支援，要求生产、供应生活必需品和应急救援物资的企业组织生产、保证供给，要求提供医疗、交通等公共服务的组织提供相应的服务。

履行统一领导职责或者组织处置突发事件的人民政府和有关主管部门，应当组织协调运输经营单位，优先运送处置突发事件所需物资、设备、工具、应急救援人员和受到突发事件危害的人员。

履行统一领导职责或者组织处置突发事件的人民政府及其有关部门，应当为受突发事件影响无人照料的无民事行为能力人、限制民事行为能力人提供及时有效帮助；建立健全联系帮扶应急救援人员家庭制度，帮助解决实际困难。

第七十七条　突发事件发生地的居民委员会、村民委员会和其他组织应当按照当地人民政府的决定、命令，进行宣传动员，组织群众开展自救与互救，协助维护社会秩序；情况紧急的，应当立即组织群众开展自救与互救等先期处置工作。

第七十八条　受到自然灾害危害或者发生事故灾难、公共卫生事件的单位，应当立即组织本单位应急救援队伍和工作人员营救受害人员，疏散、撤离、安置受到威胁的人员，控制危险源，标明危险区域，封锁危险场所，并采取其他防止危害扩大的必要措施，同时向所在地县级人民政府报告；对因本单位的问题引发的或者主体是本单位人员的社会安全事件，有关单位应当按照规定上报情况，并迅速派出负责人赶赴现场开展劝解、疏导工作。

突发事件发生地的其他单位应当服从人民政府发布的决定、命令，配合人民政府采取的应急处置措施，做好本单位的应急救援工作，并积极组织人员参加所在地的应急救援和处置工作。

第七十九条　突发事件发生地的个人应当依法服从人民政府、居民委员会、村民委员会或者所属单位的指挥和安排，配合人民政府采取的应急处置措施，积极参加应急救援工作，协助维护社会秩序。

第八十条　国家支持城乡社区组织健全应急工作机制，强化城乡社区综合服务设施和信息平台应急功能，加强与突发事件信息系统数据共享，增强突发事件应急处置中保障群众基本生活和服务群众能力。

第八十一条　国家采取措施，加强心理健康服务体系和人才队伍建设，支持引导心理健康服务人员和社会工作者对受突发事件影响的各类人群开展心理健康教育、心理评估、心理疏导、心理危机干预、心理行为问题诊治等心理援助工作。

第八十二条　对于突发事件遇难人员的遗体，应当按照法律和国家有关规定，科学规范处置，加强卫生防疫，维护逝者尊严。对于逝者的遗物应当妥善保管。

第八十三条　县级以上人民政府及其有关部门根据突发事件应对工作需要，在履行法定职责所必需的范围和限度内，可以要求公民、法人和其他组织提供应急处置与救援需要的信息。公民、法人和其他组织应当予以提供，法律另有规定的除外。县级以上人民政府及其有关部门对获取的相关信息，应当严格保密，并依法保护公民的通信自由和通信秘密。

第八十四条　在突发事件应急处置中，有关单位和个人因依照本法规定配合突发事件应对工作或者履行相关义务，需要获取他人个人信息的，应当依照法律规定的程序和方式取得并确保信息安全，不得非法收集、使用、加工、传输他人个人信息，不得非法买卖、提供或者公开他人个人信息。

第八十五条　因依法履行突发事件应对工作职责或者义务获取的个人信息，只能用于突发事件应对，并在突发事件应对工作结束后予以销毁。确因依法作为证据使用或者调查评估需要留存或者延期销毁的，应当按照规定进行合法性、必要性、安全性评估，并采取相应保护和处理措施，严格依法使用。

第六章　事后恢复与重建

第八十六条　突发事件的威胁和危害得到控制或者消除后，履行统一领导职责或者组织处置突发事件的人民政府应当宣布解除应急响应，停止执行依照本法规定采取的应急处置措施，同时采取或者继续实施必要措施，防止发生自然灾害、事故灾难、公共卫生事件的次生、衍生事件或者重新引发社会安全事件，组织受影响地区尽快恢复社会秩序。

第八十七条　突发事件应急处置工作结束后，履行统一领导职责的人民政府应当立即组织对突发事件造成的影响和损失进行调查评估，制定恢复重建计划，并向上一级人民政府报告。

受突发事件影响地区的人民政府应当及时组织和协调应急管理、卫生健康、公安、交通、铁路、民航、邮政、电信、建设、生态环境、水利、能源、广播电视等有关部门恢复社会秩序，尽快修复被损坏的交通、通信、供水、排水、供电、供气、供热、医疗卫生、水利、广播电视等公共设施。

第八十八条　受突发事件影响地区的人民政府开展恢复重建工作需要上一级人民政府支持的，可以向上一级人民政府提出请求。上一级人民政府应当根据受影响地区遭受的损失和实际情况，提供资金、物资支持和技术指导，组织协调其他地区和有关方面提供资金、物资和人力支援。

第八十九条　国务院根据受突发事件影响地区遭受损失的情况，制定扶持该地区有关行业发展的优惠政策。

受突发事件影响地区的人民政府应当根据本地区遭受的损失和采取应急处置措施的情况，制定救助、补偿、抚慰、抚恤、安置等善后工作计划并组织实施，妥善解决因处置突发事件引发的矛盾纠纷。

第九十条　公民参加应急救援工作或者协助维护社会秩序期间，其所在单位应当保证其工资待遇和福利不变，并可以按照规定给予相应补助。

第九十一条　县级以上人民政府对在应急救援工作中伤亡的人员依法落实工伤待遇、抚恤或者其他保障政策，并组织做好应急救援工作中致病人员的医疗救治工作。

第九十二条　履行统一领导职责的人民政府在突发事件应对工作结束后，应当及时查明突发事件的发生经过和原因，总结突发事件应急处置工作的经验教训，制定改进措施，并向上一级人民政府提出报告。

第九十三条　突发事件应对工作中有关资金、物资的筹集、管理、分配、拨付和使用等情况，应当依法接受审计机关的审计监督。

第九十四条　国家档案主管部门应当建立健全突发事件应对工作相关档案收集、整理、保护、利用工作机制。突发事件应对工作中形成的材料，应当按照国家规定归档，并向相关档案馆移交。

第七章　法律责任

第九十五条　地方各级人民政府和县级以上人民政府有关部门违反本法规定，不履行或者不正确履行法定职责的，由其上级行政机关责令改正；有下列情形之一，由有关机关综合考虑突发事件发生的原因、后果、应对处置情况、行为人过错等因素，对负有责任的领导人员和直接责任人员依法给予处分：

（一）未按照规定采取预防措施，导致发生突发事件，或者未采取必要的防范措施，导致发生次生、衍生事件的；

（二）迟报、谎报、瞒报、漏报或者授意他人迟报、谎报、瞒报以及阻碍他人报告有关突发事件的信息，或者通报、报送、公布虚假信息，造成后果的；

（三）未按照规定及时发布突发事件警报、采取预警期的措施，导致损害发生的；

（四）未按照规定及时采取措施处置突发事件或者处置不当，造成后果的；

（五）违反法律规定采取应对措施，侵犯公民生命健康权益的；

（六）不服从上级人民政府对突发事件应急处置工作的统一领导、指挥和协调的；

（七）未及时组织开展生产自救、恢复重建等善后工作的；

（八）截留、挪用、私分或者变相私分应急救援资金、物资的；

（九）不及时归还征用的单位和个人的财产，或者对被征用财产的单位和个人不按照规定给予补偿的。

第九十六条　有关单位有下列情形之一，由所在地履行统一领导职责的人民政府有关部门责令停产停业，暂扣或者吊销许可证件，并处五万元以上二十万元以下的罚款；情节特别严重的，并处二十万元以上一百万元以下的罚款：

（一）未按照规定采取预防措施，导致发生较大以上突发事件的；

（二）未及时消除已发现的可能引发突发事件的隐患，导致发生较大以上突发事件的；

（三）未做好应急物资储备和应急设备、设施日常维护、检测工作，导致发生较大以上突发事件或者突发事件危害扩大的；

（四）突发事件发生后，不及时组织开展应急救援工作，造成严重后果的。

其他法律对前款行为规定了处罚的，依照较重的规定处罚。

第九十七条 违反本法规定，编造并传播有关突发事件的虚假信息，或者明知是有关突发事件的虚假信息而进行传播的，责令改正，给予警告；造成严重后果的，依法暂停其业务活动或者吊销其许可证件；负有直接责任的人员是公职人员的，还应当依法给予处分。

第九十八条 单位或者个人违反本法规定，不服从所在地人民政府及其有关部门依法发布的决定、命令或者不配合其依法采取的措施的，责令改正；造成严重后果的，依法给予行政处罚；负有直接责任的人员是公职人员的，还应当依法给予处分。

第九十九条 单位或者个人违反本法第八十四条、第八十五条关于个人信息保护规定的，由主管部门依照有关法律规定给予处罚。

第一百条 单位或者个人违反本法规定，导致突发事件发生或者危害扩大，造成人身、财产或者其他损害的，应当依法承担民事责任。

第一百零一条 为了使本人或者他人的人身、财产免受正在发生的危险而采取避险措施的，依照《中华人民共和国民法典》、《中华人民共和国刑法》等法律关于紧急避险的规定处理。

第一百零二条 违反本法规定，构成违反治安管理行为的，依法给予治安管理处罚；构成犯罪的，依法追究刑事责任。

第八章 附 则

第一百零三条 发生特别重大突发事件，对人民生命财产安全、国家安全、公共安全、生态环境安全或者社会秩序构成重大威胁，采取本法和其他有关法律、法规、规章规定的应急处置措施不能消除或者有效控制、减轻其严重社会危害，需要进入紧急状态的，由全国人民代表大会常务委员会或者国务院依照宪法和其他有关法律规定的权限和程序决定。

紧急状态期间采取的非常措施，依照有关法律规定执行或者由全国人民代表大会常务委员会另行规定。

第一百零四条 中华人民共和国领域外发生突发事件，造成或者可能造成中华人民共和国公民、法人和其他组织人身伤亡、财产损失的，由国务院外交部门会同国务院其他有关部门、有关地方人民政府，按照国家有关规定做好应对工作。

第一百零五条 在中华人民共和国境内的外国人、无国籍人应当遵守本法，服从所在地人民政府及其有关部门依法发布的决定、命令，并配合其依法采取的措施。

第一百零六条 本法自 2024 年 11 月 1 日起施行。

图书在版编目（CIP）数据

中华人民共和国突发事件应对法理解与适用／莫于川，林鸿潮主编. -- 北京：中国法治出版社，2025.3.
ISBN 978-7-5216-4624-5

Ⅰ. D922.145

中国国家版本馆 CIP 数据核字第 2024WE8670 号

策划编辑：王熹　　　　责任编辑：王熹　贺鹏娟　李若瑶　　　　封面设计：李宁

中华人民共和国突发事件应对法理解与适用
ZHONGHUA RENMIN GONGHEGUO TUFA SHIJIAN YINGDUIFA LIJIE YU SHIYONG

主编／莫于川　林鸿潮
经销／新华书店
印刷／三河市紫恒印装有限公司

开本/730 毫米×1030 毫米　16 开	印张 / 15　字数 / 202 千
版次/2025 年 3 月第 1 版	2025 年 3 月第 1 次印刷

中国法治出版社出版

书号 ISBN 978-7-5216-4624-5　　　　　　　　　　　　　　　　定价：65.00 元

北京市西城区西便门西里甲 16 号西便门办公区
邮政编码：100053　　　　　　　　　　　　　　　传真：010-63141600
网址：http://www.zgfzs.com　　　　　　　　　编辑部电话：010-63141795
市场营销部电话：010-63141612　　　　　　　　印务部电话：010-63141606

（如有印装质量问题，请与本社印务部联系。）